21 世纪高等院校老年服务与管理专业系列规划教材

老年服务伦理与礼仪

主编 孟令君 贾丽彬
参编 韩振秋 隗苗苗 段 木
　　 易 丹 金昱伶

内 容 简 介

《老年服务伦理与礼仪》一书是全国高等院校老年服务与管理专业团队研究的最新成果,填补了老年服务与管理专业学生道德素养和职业礼仪课程教材的空白。本书对老年服务伦理和老年服务礼仪两方面予以同等重视。在老年服务伦理部分,分别从老年服务伦理的内涵、学习老年服务伦理的重要性、老年服务伦理的基本范畴、老年服务职业道德的基本要求等四个方面作了较为系统的介绍。此外,本书还回顾和探讨了老年服务伦理的历史和现代转化,说明了老年服务道德的培养方法。在老年服务礼仪部分,分别从老年服务礼仪概述、职业形象的塑造、学点儿说话的艺术、在工作中让礼仪与技能同行、让礼仪活动传递你的真诚与热爱等五个方面,对老年服务涉及的基本礼仪进行归类,并明确了基本知识和方法。本书专为老年服务与管理专业学生道德素养与礼仪课程而设计,同时可作为老年服务相关专业学生的专业基础教材,亦可作为养老护理员培训的参考用书。

图书在版编目(CIP)数据

老年服务伦理与礼仪/孟令君,贾丽彬主编.—北京:北京大学出版社,2013.6
(全国高等院校老年服务与管理专业系列规划教材)
ISBN 978-7-301-22517-2

Ⅰ.①老… Ⅱ.①孟…②贾… Ⅲ.①老年人-社会服务-礼仪-医学院校-教材 Ⅳ.①D669.6

中国版本图书馆 CIP 数据核字(2013)第 099714 号

书　　　名	老年服务伦理与礼仪
著作责任者	孟令君　贾丽彬　主编
策 划 编 辑	胡伟晔
责 任 编 辑	胡伟晔　王慧馨
标 准 书 号	ISBN 978-7-301-22517-2/C · 0905
出 版 发 行	北京大学出版社
地　　　址	北京市海淀区成府路 205 号　100871
网　　　址	http://www.pup.cn　新浪官方微博:@北京大学出版社
编辑部邮箱	zyjy@pup.cn
总编室邮箱	zpup@pup.cn
电　　　话	邮购部 62752015　发行部 62750672　编辑部 62765126　出版部 62754962
印 刷 者	北京虎彩文化传播有限公司
经 销 者	新华书店
	787 毫米×1092 毫米　16 开本　11.25 印张　265 千字
	2013 年 6 月第 1 版　2023 年 8 月第 11 次印刷
定　　　价	25.00 元

未经许可,不得以任何方式复制或抄袭本书之部分或全部内容。
版权所有,侵权必究
举报电话:010-62752024　电子信箱:fd@pup.pku.edu.cn

21世纪高等院校老年服务与管理专业系列规划教材

编 委 会

主任委员：
邹文开　北京社会管理职业学院院长、教授

副主任委员：
孟令君　北京社会管理职业学院社会福利系主任、教授

编委会成员（按拼音排序）：
曹淑娟　北京市第一社会福利院院长、教授
陈　刚　蚌埠医学院护理学系党总支书记、教授
陈卓颐　长沙民政职业技术学院医学院院长、教授
李朝鹏　邢台医学高等专科学校副校长、教授
李　欣　东北师范大学人文学院福祉学院院长、教授
刘利君　北京社会管理职业学院老年服务与管理专业主任、讲师
石晓燕　江苏经贸职业技术学院老年产业管理学院院长、教授
田小兵　钟山职业技术学院副院长、教授
王建民　北京劳动保障职业学院工商管理系主任、教授
王晓旭　河南省民政学校校长、教授
袁光亮　北京青年政治学院社会工作系主任、副教授
张岩松　大连职业技术学院社会事业学院院长、教授
周良才　重庆城市管理职业学院社会工作学院院长、教授
朱图陵　深圳市残疾人辅助器具资源中心研究员

21世纪高等院校老年服务与管理专业系列规划教材

总　序

人口老龄化是现代社会发展的必然趋势，也是当今世界各国共同关注的话题。作为人口大国，人口老龄化将成为未来一个时期我国基本的国情，随着人口老龄化加剧而带来的养老问题正日趋突出。

中国自古以来就有"尊老重老"的文化传统。新中国成立以来，更加重视老年人福利体系建设。早在1949年内政部设立时，社会福利事业包括老年福利事业管理就是内政部的重要职能之一。1978年民政部设立时，依然将社会福利事业纳入工作范畴内。改革开放以来，我国的老年福利事业有了长足的发展，面向所有老年人，以居家为基础、社区为依托、机构为支撑的老年人福利体系逐步建立，较好地保障了特殊困难老人的养老问题。

进入21世纪后，我国人口比例上的变化给新时期的老年福利工作提出了挑战。按照国际的通常理解，当一国60岁以上的人口占总人口的10%或者65岁以上的人口占总人口的7%时，这个国家就进入老龄化。1999年，我国60岁以上老年人口占总人口的10%，已经进入老龄化阶段。我国人口老龄化呈现出速度快、基数大、未富先老等特点。2011年年底我国总人口达13.47亿人，其中60岁及以上人口约为1.85亿人，占全国总人口数的13.7%，65岁及以上人口约为1.23亿人，占全国总人口的9.1%。"十二五"时期，随着第一个老年人口增长高峰到来，我国人口老龄化进程将进一步加快。从2011年到2015年，全国60岁以上老年人将由1.85亿增加到2.21亿，平均每年增加老年人860万；老年人口比重将由13.7%增加到16%，平均每年递增0.54个百分点。

同一历史时期，我国处于经济体制深刻变革、社会结构深刻变动、利益格局深刻调整、思想观念深刻变化的阶段，老龄化进程与家庭小型化、空巢化相伴随，与经济社会转型期的矛盾相交织，社会养老保障和养老服务的需求将急剧增加，这给应对人口老龄化增加了新难度。人口老龄化问题涉及政治、经济、文化和社会生活各个方面，是关系国计民生和国家长治久安的重大社会问题，已经并将进一步成为我国改革发展中不容忽视的全局性、战略性问题。为应对这种新的变化趋势，我国提出推进养老服务社会化的政策。

社会化养老服务一方面带来全社会共同参与养老服务的良好局面，另一方面也面临着人才队伍严重短缺的困境。目前，我国养老服务人才队伍的问题突出表现在人才严重短缺、队伍不稳定、文化程度偏低、服务技能和专业知识差、年龄老化等方面。这些困难严重制约我国养老服务水平的提高，严重影响老年人多样化的养老服务需求的实现。

"十二五"期间是我国老龄事业发展的重要机遇期，老龄事业任重道远。特别是党的十八大报告明确提出，要积极应对人口老龄化，大力发展老龄服务事业和产业。"养老服务体系"建设直接决定着老年人晚年生活质量的高低。养老服务体系离不开人才队伍建设。养老服务专业人才特别是养老护理员、老龄产业管理人员的培养尤为重要。

养老护理是一项专业性强的技术工作，它既需要从业者具有专业护理、心理沟通、精神慰藉等方面的专业知识，更需要从业者具备尊老、爱老、敬老和甘于奉献的职业美德。没有良好的文化素养、没有经过专业的技能培养不能胜任这一岗位。老龄产业管理者的管理理念、管理方法、管理水平在很大程度上决定了养老服务机构的发展方向和服务水平。这就要求我们培养一大批理论与实务能力兼备的管理人才，带动养老服务管理的科学化、高效化、信息化和制度化。

"行业发展、教育先行"，人才队伍建设离不开教育，大力推进老年服务与管理相关专业的发展是未来一个历史时期民政部和教育部的重点工作之一。在这样的社会背景下，组织全国多所大专院校联合开发"全国高等院校老年服务与管理专业系列规划教材"，旨在以教材推进课程建设和专业建设，进而提高老年服务与管理人才培养质量。

在内容选取上，系列教材立足老年服务与管理岗位需求，内容涵盖老年服务与管理岗位人才需要掌握的多项技能，包括老年健康照护、老年社会工作、老年服务伦理与礼仪、老年康复保健、老年人权益保障、老年活动策划与组织、老年营养与膳食保健等多个方面。

在编写体例上，反映了高职教育"高素质技能型人才"培养的要求，每本教材根据内容的不同采取不同的编写体例，其主旨在于突出教材的实用性和与岗位的贴合性，以任务导向、兴趣导向、技能导向等多种方式进行编写，既提高了学生学习教材的兴趣，又实现了理论与实践的结合。

"十年树木，百年树人"，人才队伍建设非一朝一夕可实现。在此，我们要感谢参与编写系列教材的所有编写人员和出版社，是你们的全心投入和努力，让我们看到这样一系列优秀教材的出版。我们要感谢各院校以及扎根于一线老年服务与管理人才教育的广大教师，是你们的默默奉献，为养老服务行业输送了大量的高素质人才。当然，我们还要感谢有志于投身养老服务事业的青年学子们，是你们让我们对养老服务事业发展充满信心。

我们相信，在教育机构和行业机构的共同努力下，在校企共育的合作机制下，我国的养老服务人才必定不断涌现，推动养老服务行业走上规范、健康、持续发展的道路。

本书编委会
二〇一三年一月

前　言

　　《老年服务伦理与礼仪》旨在使学生通过学习弄清老年服务伦理的基本问题，掌握老年服务基本礼仪。本书可供老年服务类专业学生的一学期的道德素养课程教学之用。

　　本书对老年服务伦理和老年服务礼仪两方面予以同等重视。在老年服务伦理部分，第一章考察了"什么是老年服务伦理"这一问题；第二章论述了学习老年服务伦理的重要性；第三章论述了老年服务伦理的基本范畴；第四章明确了老年服务职业道德的基本要求；第五章回顾和探讨了老年服务伦理的历史和现代转化；第六章说明了老年服务道德的培养方法；附录部分提供了5个典型案例，作为学生课堂案例分析或自学之用。在老年服务礼仪部分，分别从老年服务礼仪概述、职业形象的塑造、学点儿说话的艺术、在工作中让礼仪与技能同行、让礼仪活动传递你的真诚与热爱等五个方面，对老年服务涉及的基本礼仪进行归类，并明确了基本知识和方法。

　　虽然老年服务伦理和老年服务礼仪不尽相同，但它们却相互关联。从表现层次来看，老年服务礼仪是老年服务伦理水平的外在表现；从社会功能的发挥看，老年服务伦理为老年服务礼仪展现提供巨大的精神力量。我们希望，本书将激励学习者去思考哪些决定可控制你从事老年服务工作的道德尺度；同时思考，在为老年人服务时，如何表现这种道德观，这种道德观如何发生变化，以及如何更能坚信自己的道德观。为老年人服务的礼仪也影响着我们能否更完美地实现自己的道德观，影响着我们为老年人服务的质量。

　　本书的目标是论述老年服务伦理的基本理论，提供老年服务的基本礼仪。但是，本书最终的目标在全书中被分割成众多容易实现的小目标。为使一些小目标更加清楚，每章开头都列出学习目的，有助于提高学习的有效性，理解许多不同的概念和练习各种技巧。

　　本书的编者是从事老年服务伦理和礼仪研究和教学的团队。作为老年服务类专业第一本老年服务伦理和礼仪的教科书，团队成员总结和梳理了老年服务类专业近20年的发展历程，集多家学说之所长，并在此基础上补充自己的观点。团队有针对性地选取老年服务实践中的案例，挖掘、归纳规律性的东西，作为观点的有力佐证。但是由于时间和能力所限，尚有许多不尽如人意之处，团队定会在不断实践的基础上进一步完善。

编者

2013年2月

目　　录

上篇　老年服务伦理

第一章　老年服务伦理的界定 ⋯⋯⋯⋯⋯⋯⋯⋯⋯⋯⋯⋯⋯⋯⋯⋯⋯⋯⋯⋯ 2
　　第一节　伦理、道德与职业道德 ⋯⋯⋯⋯⋯⋯⋯⋯⋯⋯⋯⋯⋯⋯⋯⋯⋯⋯ 2
　　第二节　老年服务伦理 ⋯⋯⋯⋯⋯⋯⋯⋯⋯⋯⋯⋯⋯⋯⋯⋯⋯⋯⋯⋯⋯ 6

第二章　学习老年服务伦理的意义 ⋯⋯⋯⋯⋯⋯⋯⋯⋯⋯⋯⋯⋯⋯⋯⋯⋯ 12
　　第一节　认识和预测：老年服务人才自身完美人格的塑造 ⋯⋯⋯⋯⋯⋯ 12
　　第二节　"职业性、事业心"：老年服务人才的两张证书 ⋯⋯⋯⋯⋯⋯⋯ 15
　　第三节　"和为贵"：道德在调整老年服务职业内部关系中的作用 ⋯⋯⋯ 18

第三章　老年服务伦理的基本范畴 ⋯⋯⋯⋯⋯⋯⋯⋯⋯⋯⋯⋯⋯⋯⋯⋯⋯ 23
　　第一节　道德义务：强烈的内心需要和高度自觉 ⋯⋯⋯⋯⋯⋯⋯⋯⋯⋯ 23
　　第二节　良心：主体对自身道德义务的自觉意识和情感体验 ⋯⋯⋯⋯⋯ 27
　　第三节　荣誉：推动履行道德义务的精神力量 ⋯⋯⋯⋯⋯⋯⋯⋯⋯⋯⋯ 31
　　第四节　幸福观：增进社会幸福的过程中实现幸福人生 ⋯⋯⋯⋯⋯⋯⋯ 35

第四章　老年服务职业道德的要求 ⋯⋯⋯⋯⋯⋯⋯⋯⋯⋯⋯⋯⋯⋯⋯⋯⋯ 40
　　第一节　关心同情，理解尊重——老年服务职业道德的首要规范 ⋯⋯⋯ 40
　　第二节　服务第一，爱岗敬业——做好工作的原动力 ⋯⋯⋯⋯⋯⋯⋯⋯ 45
　　第三节　遵章守法，自律奉献——义务与责任的统一 ⋯⋯⋯⋯⋯⋯⋯⋯ 50

第五章　老年服务伦理的历史和现代转化 ⋯⋯⋯⋯⋯⋯⋯⋯⋯⋯⋯⋯⋯⋯ 56
　　第一节　"百善孝为先"：中华传统的孝文化 ⋯⋯⋯⋯⋯⋯⋯⋯⋯⋯⋯ 56
　　第二节　"孝是生生不息的爱心"：传统孝道的现代转化 ⋯⋯⋯⋯⋯⋯⋯ 61

第六章　老年服务道德的培养方法 ⋯⋯⋯⋯⋯⋯⋯⋯⋯⋯⋯⋯⋯⋯⋯⋯⋯ 68
　　第一节　躬行实践：道德培养的方法和目的 ⋯⋯⋯⋯⋯⋯⋯⋯⋯⋯⋯⋯ 68
　　第二节　内省和兼听：道德素养的重要途径 ⋯⋯⋯⋯⋯⋯⋯⋯⋯⋯⋯⋯ 70
　　第三节　慎独：一种精神境界 ⋯⋯⋯⋯⋯⋯⋯⋯⋯⋯⋯⋯⋯⋯⋯⋯⋯⋯ 72
　　第四节　善于学习：永无止境的过程 ⋯⋯⋯⋯⋯⋯⋯⋯⋯⋯⋯⋯⋯⋯⋯ 74

附录：老年服务伦理案例 ⋯⋯⋯⋯⋯⋯⋯⋯⋯⋯⋯⋯⋯⋯⋯⋯⋯⋯⋯⋯⋯ 78

下篇　老年服务礼仪

第七章　老年服务礼仪概述……………………………………………………86
　　第一节　老年服务礼仪与老年服务伦理的区别与联系…………………86
　　第二节　老年服务礼仪的原则和本质……………………………………88
　　第三节　老年服务礼仪的基本理论………………………………………91

第八章　职业形象的塑造………………………………………………………94
　　第一节　重视仪容整洁……………………………………………………94
　　第二节　把握得体穿着……………………………………………………98
　　第三节　举止自信从容……………………………………………………102
　　第四节　学会展露微笑……………………………………………………112

第九章　学点儿说话的艺术……………………………………………………116
　　第一节　老年服务从业人员语言规范……………………………………116
　　第二节　非语言符号的运用………………………………………………122
　　第三节　常用沟通交流技巧………………………………………………125

第十章　在工作中让礼仪与技能同行…………………………………………131
　　第一节　老年生活照料礼仪规范…………………………………………131
　　第二节　老年人心理健康服务礼仪规范…………………………………137
　　第三节　老年产品推广与营销礼仪规范…………………………………140

第十一章　让礼仪活动传递你的真诚与热爱…………………………………148
　　第一节　老年婚恋服务礼仪………………………………………………148
　　第二节　老年寿庆礼仪……………………………………………………161

参考书目及相关文献……………………………………………………………169

上篇

老年服务伦理

第一章 老年服务伦理的界定

学完本章,你应能够:
——陈述伦理、道德及职业道德的基本含义;
——解释老年服务伦理的概念;
——了解老年服务伦理的特点;
——列出老年服务伦理建设的意义。

第一节 伦理、道德与职业道德

一、伦理

伦理二字最早出现在《礼记·乐记》:"乐者,通伦理者也。""伦"字的本义,含有辈、等、类、顺序等各种意思,意思是指宇宙万物类属间参差错综的条理,原本不包含人伦的道德意义在内;"理"字则含有义理、道理、分理、条理、事理等意思,意思是指一切事物都有其类属,类属与类属间必有分别,彼此间并不讲求相互关系处理的道理。而用"伦理"二字来指涉人类社会生活关系,则首推中国的孟子、荀子二人。孟子和荀子所谓的人伦,指的是人类社会生活当中,各种相待相倚的正当关系。因为人类只有生活在社会之中才能生存。在社会之中,人与人之间被划分种种辈分,而每种辈分即为人伦,彼此间都应遵守本分和一定的道理。由此可以看出,伦理是各种人际关系共同遵守的行为规范,也是一种做人的道理。

在人类历史的发展过程中,当人作为一种社会动物逐渐从其他的动物群体中分化出来之后,人类为了维持自己的生存和发展,为了不断完善自身,为了最终实现自己的社会理想,在人与人之间逐渐形成的习俗、规范和行为准则的基础上,产生了对这些关系的思考,从而形成了一系列道德观念和道德认识。随着社会生产力和生产关系的发展,以及政治、经济和文化体制的不断完善,这一系列道德认识和道德观念也在不断地发展和变化,从而形成了较为系统和全面的伦理思想,进而产生了伦理学。伦理学是一门关于道德问题的科学,它以人类的道德问题作为自己的研究对象。

不仅中国古代思想家对伦理早有思考和表述,西方早期社会的思想家也对伦理进行了表述。伦理学最初来源于希腊文,表示一群人共居的地方,后来引申到包括了居住在这一地方的那群人的性格、气质及其所形成的风俗习惯。苏格拉底和柏拉图等人特别注意对道德和善恶问题的考察,亚里士多德把古希腊关于伦理的意思扩大和改造,构建了一门新的科学,即伦理学。从西方早期思想家对伦理问题的思考,我们可以看出,伦理学从一开始,就包含着对人的行为和思想以及人际关系、人与社会关系的调节和管理的作用,它既起着维护社会公共秩序和约束人们社会行为的作用,又促进了人的全面发展和完善,因而,具有调节人们社会行为、管理社会的功能。

二、道德

在中国,人们的道德思考,可以上溯到殷商时期。在商朝的甲骨文中就有对"德"字的记载,但是意义比较模糊,还不具有独立的意识形态的语义。西周初期的大盂鼎铭文的"德"字,明确地包含着按照当时的规范去行事才有所得的意思。在我国古代,"道"与"德"是分开的两个概念。"道"指道路,后引申为原则、规范、道理甚至法律的意思。孔子在《论语》中便说:"朝闻道,夕死可矣。"指的便是为人处世、立业治国的根本原则。而对"德"字的解释,庄子认为:"物得以生为之德。"(《庄子·天地》)就是说,食物得以发展、生长的道理及依据便叫"德"。东汉的许慎在《说文解字》一书中解释为:"德,外得于人,内得于己也。"就是说,一个人在处理各种关系时,一方面能够能提高自己的修养水平,获得精神上的愉快,这就是"内得于己";另一方面,对外做事讲求道德操守,不损害他人利益,这就是"外得于人"。从这些"道"与"德"的解释可以看出,它们已经接近人们后来对"道德"概念的认识。"道德"二字连用,成为一个概念,始于战国时的荀况。荀子将"道德"作为一个单独的概念来用,而且赋予它比较明确的定义,指人们在社会生活中所形成的一套调整人与人之间关系的道德品质、道德原则和道德规范。同时,"道德"一词,通常对人而言,有时也涉及物,但仍以人为主体,所以道德为人类社会所独有,也是人类行为规范的理论与实际,更是人类社会中人伦关系是非善恶判断的标准。我国从古至今有关道德的故事比比皆是。

吴猛饱蚊

晋朝时候,有个孝子,姓吴,单名猛,表字世云。他是豫章分宁地方的人,年纪才只有八岁便服侍他的父亲母亲,非常孝顺。因为他家里很是穷苦,所以他们的床上都没有挂着蚊帐。

到了夏天晚上的时候,蚊虫很多,嗡嗡地飞来,叮在吴猛的皮肤上面。虽然叮他的蚊虫很多,吴猛却从不用手去驱赶它们,而是任凭它们饱吸自己的血液。原来,吴猛是怕这蚊虫放弃自己的皮肤不叮,就必然飞去叮父亲母亲的皮肤。

为了使别人过得更美好

雷锋在日记中写道:"我觉得要使自己活着,就是为了使别人过得更美好。"这就是雷锋崇高的道德信仰。在实践中,他时时刻刻总是想到帮助别人,多为人民做好事。

1961年5月的一天,雷锋冒雨到沈阳出差。在去车站的路上,他看见一个妇女携带着两个孩子在滂沱的大雨中向车站走去。雷锋急忙上前,脱下自己的雨衣,披在那位妇女身上,并帮助她们上了火车,到了沈阳又把她们送回家。

1961年夏日的一天,雷锋到佳木斯执行任务,在火车上扶老携幼,帮助列车员忙这忙那。列车到了滨江站,外面下雨,装卸工人忙着藏盖站台上的行李,火车一停,雷锋便下车和工人们一起干了起来,一直干到开车铃响。

春节期间,人人都在休息,可是雷锋却想:这种日子,服务部门一定很忙。于是他就主动到火车站帮忙,给旅客倒开水、找座位、扫候车室。看见一位老太太背包袱上车吃力,雷锋就跑上前去,接过包袱,扶她上车。

雷锋就是这样永不停息地为人民做好事。他说过:"人的生命是有限的,可是,为人民服务是无限的,我要把有限的生命,投入到无限的为人民服务中去。"

在西方,"道德"一词起源于拉丁语,意为风俗和习惯。西方的道德观有着自身的特点,西方的道德观回归到个体的自我检视,对他人的批判不叫道德,对自己的反省才是道德。苏格拉底被判处死刑时,学生要他逃走,他在服刑和逃跑之间,选择了饮下毒汁而死,因为他认为,他的死刑是经过民主投票的,所以他必须遵守这样的道德意识,接受这样的结局,这才是道德。可见,道德由一定社会的经济基础所决定,并为一定的社会经济基础服务。人类的道德观念是受到后天一定的生产关系和社会舆论的影响而逐渐形成的。不同的时代,不同的阶级往往具有不同的道德观念。不同的文化中,所重视的道德元素及其优先性、所持的道德标准也常常有所差异。

在我国,"伦理"与"道德"的意义基本相同,指的是一种社会行为规范及其内化为人们的自觉操守。在西方,道德、伦理两个概念在相当长的历史时期内也是混用和难以区分的。总而言之,伦理的社会功能必须通过道德的环节,使之成为人们的自觉意识或认同的意识并在行动中加以体现,才能体现出作用。伦理学以人类的道德问题作为自己的研究对象,而道德作为人能够有所直觉、有所意识的一种社会风尚和规范,会对人产生或多或少的制约作用。

三、职业道德

职业道德的概念有广义和狭义之分。广义的职业道德是指从业人员在职业活动中应该遵循的行为准则,涵盖了从业人员与服务对象、职业与职工、职业与职业之间的关系。狭义的职业道德是指在一定职业活动中应遵循的、体现一定职业特征的、调整一定职业关系的职业行为准则和规范。职业道德既是从业人员在进行职业活动时应遵循的行为规范,同时又是从业人员对社会所应承担的道德责任和义务。不同职业的人员在特定的职业活动中形成了特殊的职业关系、职业利益、职业活动范围和方式,由此形成了不同职业人员的道德规范。

职业道德是随着社会分工的发展,并出现相对固定的职业集团时产生的。人们的职业生活实践是职业道德产生的基础。各种职业集团,为了维护职业利益和信誉,适应社会的需要,从而在职业实践中,根据一般社会道德的基本要求,逐渐形成了职业道德规范。一定社会的职业道德是受当时社会的分工状况和经济制度所决定和制约的。在封建社会,自给自足的自然经济和封建等级制不仅限制了职业之间的交往,而且阻碍了职业道德的发展。资本主义商品经济的发展,促进了社会分工的扩大,职业和行业也日益增多、复杂。各种职业集团,为了增强竞争能力,增值利润,纷纷提倡职业道德,以提高职业信誉。但是,由于资产阶级的利己主义和金钱至上的观念,也由于资本主义社会的性质,决定了某些职业道德的虚伪性,需要时提倡它,不需要时就践踏它,并往往做表面文章,自我吹嘘。社会主义的职业道德是适应社会主义物质文明和精神文明建设的需要,在共产主义道德原则的指导下,批判地继承了历史上优秀的职业道德传统的基础上发展起来的。不同职业的人们可以形成共同的要求和道德理想,树立热爱本职工作的责任感和荣誉感。养老院院长侯庆庆用"四心"敬老亲老的行为就是对职业道德的践行。

历下区元新养老院院长侯庆庆用"四心"孝亲敬老

走进工业南路28号一幢建筑面积1062平方米的三层小楼,一楼大厅的南墙上写着这样八句话:思老人之所想,帮老人之所需,解老人之所困,缓老人之所急,解老人之所忧,成老人之所求,助老人之所乐,满老人之所愿。这是元新养老院的工作标准。这座养老院的院长叫侯庆庆,她带着13名工作人员用"真心、爱心、耐心、贴心"为住在这里的56位老人服务,用她的宽厚仁爱支撑起这个特殊家庭,用"四心"谱写出人间爱的华丽风采。她8年如一日,用真爱呵护孤寡老人的事迹被当地传为佳话。2009年侯庆庆被评为"济南市十大孝星"。

今年39岁的侯庆庆是在2004年来养老院做义工并成为服务员的。2005年10月老院长因身体原因要离退,就让她这个服务员挑起了院长的重担,这一干就是8年。她就像老天派来的天使,自从干上这行,时刻守护在公寓老人们的身边。

养老院的老人除了老的不能动的,就是脑子有问题、老年痴呆的,除了23位能够自理的,有3位完全不能自理,30位不能完全自理。当那些脑子有问题、爱挑毛病的老人故意为难时,侯庆庆总是耐心疏导尽量满足。有一次,一位老人想吃葡萄,让服务员去买,服务员一忙,给忘了,可老人却耿耿于怀,一夜没睡,第二天,就把侯院长叫来质问说:"因为服务员没给买葡萄,气得一夜没睡好。"院长用自己的方法最后让老人消了气。养老院里有几位患有脑萎缩的老人,说发脾气就发脾气,工作人员不管谁碰上,不仅不生老人的气、不埋怨老人,而且用真心、爱心与耐心安慰她们,令他们开心,及时排解他们内心的不快乐。养老院的服务人员每天晚上给老人们洗脚、搓脚,不管何时,只要碰到老人拉屎撒尿,工作人员就停下手中的活,立即为老人擦洗屁股上的大小便,为老人换上干净的衣服。在养老院义务服务的老护士长李玉芳阿姨说:庆庆视老人如自己的父母,不是空话,当老人生病时,她都是亲自送老人到医院,挂号、办好住院手续后,见到老人的子女后才离开,回来后,还不时打电话问候,一有时间就到医院看望老人,每当老人看到庆庆来医院,就掉眼泪,说庆庆比自己的儿女还孝顺。

93岁的李春燕老人从去年下半年就有时糊涂有时清醒,每天拿着呼叫器不停地按,不管深夜还是白天,庆庆都是微笑着,马上到老人床前。和老人住在一间屋的弱智儿子,50多岁的六顺看不下去了。庆庆耐心说服老人的儿子,尽量满足老人的要求。老人说:"如果不是在养老院养老,我早就死了,我走以后,请一定把我这个儿子六顺留在这里啊。"庆庆说:"奶奶,你放心吧,一定会留他在这里,照顾好他。"

这位貌不惊人、普普通通的女性,用她的"真心、爱心、耐心、贴心"谱写着人间大爱,为我们树立起孝亲敬老的楷模,也同样受到了人们的理解和尊重。李春燕老人的其他儿女到养老院看望母亲,见到养老院的床单旧了,就买来70条新床单为全部老人换上;每逢冬至、春节吃饺子,怕工作人员忙不过来,就从肉联厂批发水饺送到养老院来。他们说:"养老院的服务人员为老人奉献了这么多,我们该为工作人员做点力所能及的事,以表示我们的敬意……"

"真心、爱心、耐心、贴心"既是她担任院长八年如一日孝亲敬老的真实写照,更是她以"女儿"的身份,默默无闻地奉献,赢得养老院老人和社会的一致认可!她,用自己的言行践行了"视老人为亲人、待老人胜父母"的格言,恪守着孝亲敬老的传统美德,给我们年轻一代树立了学习的榜样。

(2012-11-30　作者:焦燕　来源:历下区老龄办)

职业道德是社会道德体系的重要组成部分,它一方面具有社会道德的一般作用,另一方面又具有自身的特殊作用,具体表现如下。

1. 调节职业交往中从业人员内部以及从业人员与服务对象间的关系

职业道德的基本职能是调节职能。它一方面可以调节从业人员内部的关系,即运用职业道德规范约束职业内部人员的行为,促进职业内部人员的团结与合作。如职业道德规范要求各行各业的从业人员都要团结、互助、爱岗、敬业、齐心协力地为发展本行业、本职业服务。另一方面,职业道德又可以调节从业人员和服务对象之间的关系。如职业道德规定了制造产品的工人要怎样对用户负责,养老服务人员怎样对老人负责,医生怎样对病人负责,教师怎样对学生负责,等等。

2. 有助于维护和提高本行业的信誉

一个行业的信誉,也就是他们的形象、信用和声誉,是指行业及其产品与服务在社会公众中的信任程度。提高行业的信誉主要靠产品的质量和服务质量,而从业人员职业道德水平高是产品质量和服务质量的有效保证。若从业人员职业道德水平不高,则很难生产出优质的产品和提供优质的服务。

3. 促进本行业的发展

行业的发展有赖于高效益,而高的经济效益源于高的员工素质。员工素质主要包含知识、能力、责任心三个方面,其中责任心是最重要的。而职业道德水平高的从业人员其责任心是极强的,因此,职业道德能促进本行业的发展。

4. 有助于提高全社会的道德水平

职业道德是整个社会道德的主要内容。一方面,职业道德涉及每个从业者如何对待职业,如何对待工作,同时也是一个从业人员的生活态度、价值观念的表现,是一个人的道德意识、道德行为发展的成熟阶段,具有较强的稳定性和连续性。另一方面,职业道德也是一个职业集体,甚至一个行业全体人员的行为表现。如果每个行业,每个职业集体都具备优良的道德,对整个社会道德水平的提高肯定会发挥重要作用。[①]

第二节　老年服务伦理

老年服务是社会中的新兴职业之一,如何做好老年服务工作,不仅关系到老年人的晚年生活是否幸福,而且关系到整个国家的养老事业发展是否顺利。老年服务业由于其服务对象的特殊性,要求从业人员具有高度的责任感,恪守职业道德的要求,形成老年服务伦理意识。

---

① 中国就业培训指导中心.职业道德[M].北京:中央广播电视大学出版社,2010.

一、老年服务伦理的界定

1. 老年服务行业的发展

老年服务行业主要指为老年人提供供养和生活照料服务、医疗保健和康复服务、教育服务、社会参与服务、文体娱乐服务的行业。老年服务伦理是老年服务行业发展的产物,我国老年服务行业的发展,要求老年服务从业人员在进行服务过程中践行老年服务伦理,更周到、更全面地为老人进行服务。

众所周知,我国于1999年10月进入人口老龄化国家。按照第六次全国人口普查最新数据,大陆31个省区市和现役军人,总人口为1 339 724 852人(不含港、澳、台地区)。其中,60岁及以上人口已占13.26%,已经达到1.776亿,比2000年上升2.93个百分点;65岁及以上人口占8.87%,上升1.91个百分点,已达到1.188亿。人口老龄化一方面使得我国人口负担比加重,社会赡养率增大,养老资源日益紧张,社会养老服务供求矛盾突出,社会保障压力空前;另一方面也为养老服务业的发展带来前所未有的机遇。在人口老龄化日益加剧的背景下,作为为老年人提供生活照顾和护理服务、满足老年人生活需求服务的养老服务业的发展显得尤为必要和紧迫。近年来,我国老年服务行业取得了较快发展,呈现服务对象公众化、投资主体多元化、经营机制市场化、服务方式多样化、服务队伍专业化的发展趋势。但我国的养老服务业目前仍处于起步阶段,还存在不少亟待解决的问题。例如供需矛盾突出、服务项目偏少、社区和居家养老服务发展缓慢、城乡之间发展不平衡、经营模式单一、政府投入不足、民间参与不充分以及服务队伍专业化程度不高等等。

老年人由于生理、心理的变化,对所需商品和服务有着不同于其他年龄人口的特殊要求,这就要求老年服务从业人员应针对老年人的特点,开拓多样化的老年服务方式。应充分利用机构养老、社区养老和居家养老等服务方式,然后根据其不同功能,提供不同的服务,满足老人多样化需求。服务多样化的前提是作为服务主体的老年服务从业人员具备最基本的老年服务伦理道德观念,在探索各种服务方式过程中,不断提升服务理念。

2. 老年服务伦理的界定

老年服务伦理是指从事老年服务职业的人在其职业活动中必须遵循的、与老年服务活动相适应的行为准则。它是以善恶良莠为评价标准,通过社会舆论、风俗习惯和老年服务从业人员的内心信念来维系的、调整老年服务从业人员与老年人之间、老年服务从业人员与老年服务从业人员之间以及老年服务从业人员与社会之间相互关系的行为规范的总和。

随着社会的发展和生物医学的进步,人类的寿命逐渐延长,老年人在总人口的比例也就越来越大。而随着老年人口的增大和老年事业的发展,对老年服务也提出了更高的要求。在为老年人服务的过程中,要以中华民族传统道德义化为出发点,遵从老年服务伦理,提高老年人的晚年生活质量。

二、老年服务伦理的特点

老年服务伦理意识的形成,对调节老年服务行业中的各种矛盾,促进老年服务行业发展、维护老年行业信誉、推动老年服务从业人员养成良好的职业品质,都具有十分重要的作用。老年服务伦理在调节老年服务行为过程中,不仅有巨大的能动作用,而且其自身也有许多特点。

1. 鲜明的服务性

老年服务伦理是与老年服务活动紧密联系在一起的。不同的职业,由于工作的内容和方式不同,因而各职业的道德标准也不同。老年服务是一个特殊的职业,在老年服务中要充分尊重、理解老年人。老年人工作几十年,阅历深,经验丰富,事业上有成就,无论在社会还是家庭中都有影响、有地位。一旦离开了自己熟悉的工作岗位,环境变了,社会角色也变了,会使老年人的自尊受到压抑,从而产生孤独、焦虑、忧郁和痛苦,对服务人员的一举一动,一言一行都会十分细致和敏感。因此,作为服务人员,要充分尊重老年人,理解老年心理,尊重他们,认真倾听老年人的要求和意见,尽可能满足老年人的需要,为老人服务。

老年人是一个特殊的服务群体,对老年人要多一份关心与帮助。人到老年,体弱多病,力不从心,缺乏自理能力或部分缺乏自理能力。作为老年服务从业人员,对老年人要更多一份关心,多一份帮助。通过老年服务从业人员的关心与帮助,护理与照顾,使老年人感到"不是亲人,胜似亲人",感到安全、温暖和舒适。

2. 具体的适用性

老年服务伦理是从老年服务活动中逐渐总结出来的,它的内容和要求都比较具体、适用,如老年服务职业道德的要求、老年服务伦理的现代转化、老年服务道德的培养方法等等。把老年服务的道德要求具体化,容易为老年服务从业人员所接受和运用,有利于在工作中更好地为老人提供各种各样的服务,满足老年人的需要。下面是一个老年公寓对职工职业道德的具体要求,有利于老年服务从业人员在工作中具体应用。

老年公寓职工职业道德规范

一、尊老爱老敬老,合法权益确保;

二、人人遵章守纪,个个端正仪表;

三、工作尽职尽责,言行文明礼貌;

四、不怕吃苦受累,服务热情周到;

五、康复健身多样,精心护理理疗;

六、饮食调剂可口,千方百计做到;

七、钱车水电房气,用好修好管好;

八、清正严洁奉公,不贪不占不要。

(2012-02-14　来源:颐天养老网,http://www.ytwcn.com)

老年服务伦理作为伦理学的一个特殊分支,具备了伦理学共有的学科属性,因此,它具有一定的实践性。它立足于现实的老年服务现象,强调由知、情、意向行的转化,实现知、情、意、行的统一,重在研究老年服务伦理的适用性,建立科学的道德实践的运行机制,形成爱老护老的良好社会氛围和现实成效。

3. 特殊的价值性

老年服务伦理有着特殊的价值性,它通过研究老年服务行为的道德价值问题,提供价值指向,因此,它是功利价值与精神价值、外在价值与内在价值的统一。老年服务伦理的基本精神是以人为本,互尊互爱,倡导对老年人有一颗爱老之心,形成一种尊老之德,在全社会形成一种全心全意为老人服务的社会气氛。

老年服务伦理的价值性主要体现在实现老有所养,老有所爱,老人幸福,家庭温馨,社会和谐的价值总目标。具体而言,价值目标主要有三个方面。其一,服务老年人。我国老年人人数多,老年人由于身体的自然老化,疾病较多,需要医院、福利机构、社区及家庭给予精心服务。家家有老人,人人都要老,我们要形成对老年群体的关爱,在全社会形成良好的老年人服务风气。其二,呵护老年人。老年人属于特殊群体,身体、心理都发生很大的变化,应倡导全社会共同呵护老年人,呵护今天的老年人也就是呵护明天的自己。其三,重视老年人。老年服务伦理的归宿点是实现老年人的幸福,所以,在服务老年人、呵护老年人的同时,应该做到重视老年人,经常深入社区、养老机构看望老人、慰藉老人,重视老年人的每一种物质需求,同时也重视老年人的情感需要。

4. 相对的稳定性

道德与其他社会意识形态相比,具有很大的稳定性。老年服务伦理,作为对老年服务从业人员道德层面上的要求,当然也保留着这种稳定性。同时,老年服务伦理深入到人们的内心深处,同尊老、敬老、爱老的优良传统相结合,根深蒂固地影响着养老服务人员的举止和行为。由于这种稳定性,使得养老服务人员在老年服务伦理道德的影响下,多角度、多方位地采取老年人乐意接受,也喜欢接受的方法进行整体服务。与此同时,这种道德要求还会在世世代代相传的历史进程中巩固和发展起来。

三、老年服务伦理建设的意义与原则

1. 老年服务伦理建设的意义

(1) 老年服务伦理建设是进一步做好老年服务工作的需要。

加强老年服务伦理建设是由老年服务行业的工作性质和任务决定的,是老年服务行业自身发展的需要。加强行业的伦理道德建设,是各行业都面临的共性问题。每一项工作都有与之相对应的伦理道德,这样各项工作才能做好。与其他任何一个工作一样,老年服务工作也要有自己的伦理道德建设,这是毫无疑义的。但是仅仅看到这一点还不够,还要从老年服务工作的性质和任务来进行分析,从中深刻理解加强老年服务伦理建设的必要性和重要性。老年服务工作十分辛苦,社会地位不高,工作任务非常繁重,这是老年服务工作自身的特点。应对这种工作特点,就要求老年服务从业人员有更高的道德水准。实际上,在老年服务行业,越来越多的机构开始注重伦理建设,把提高员工的道德素质作为提升服务质量的重要环节。从下面的例子可以看出,为了使老年人能有一个幸福的晚年生活,应该从服务人员自身的道德素质出发,加强老年服务伦理建设。

首钢老年福敬老院组织职业道德教育讲座

2011年3月16日,北京首钢实业有限公司幼儿保教中心首钢老年福敬老院为提高员工道德观念,特邀请中国作家协会会员、《小说选刊》前主编冯立三同志,以发扬中华民族敬老、爱老优秀文化传统,做好养老工作为主题,为全体员工进行职业道德教育讲座。

在讲座中,冯老师结合我国目前突出的养老问题,讲述了中华民族传统爱老、敬老、孝道的典型事例,介绍了作为养老工作人员应具备的思想道德与修养,以及做好养老工作的重要意义,并且希望首钢敬老院全体员工在工作中,能够将中华民族的传统美德与养老服务工作相结合,把养老工作做细、做好。

最后首钢老年福敬老院院长张美光对本次职业道德教育讲座进行了总结。她表示,作为养老工作人员,要忠于国家,忠于事业,孝敬父母,孝敬老人,要以为他人服务为快乐。近期,敬老院还将通过各种形式,开展职业道德教育,不断提高员工队伍素质。

此次教育讲座,使员工们进一步认识到了自身的责任,以职业道德标准严格要求自己,认真履行岗位职责,为敬老院今后的发展打下了坚实的基础。

(2011-03-22 来源:北京首钢实业有限公司,http://www.bjsgsy.com)

老年服务工作既是一项很重要的工作,同时又是一项十分辛苦、十分繁重的工作。老年服务工作的对象是老年群体,为老年人提供服务,比对社会上其他任何人提供服务更需要有一种崇高的思想和完全彻底为老人服务的精神,否则,就不能做好这一工作。

西方的老年服务历史也非常悠久,他们对待老人的服务诚然是热心的,但是他们多是出于一种人道的精神,有不少人是受宗教意识支配的。我国的情况有所不同,在老年服务方面,我们既提倡发扬革命的人道主义精神,但更多的是要靠树立全心全意为老年人服务的思想。这主要靠老年服务伦理道德建设,把老年服务从业人员的服务思想、工作态度集中到伦理道德的规范上面来,形成一种固有的工作作风,进一步把老年服务工作做好。

(2)老年服务伦理建设是促进老年服务行业制度化和规范化的需要。

道德是人们共同遵守的一种行为规范。道德的社会功能主要体现于它的规范性和约束性。它的主要作用就是调节人与人之间、人与社会之间的相互利益关系,维护社会的稳定和发展。老年服务工作的特殊性决定了加强老年服务伦理建设的必要性。我国的老年服务工作起步较晚,如何对待老人,从思想上如何提高对老年服务工作的认识,在道德上应该树立一些什么观念,在实际工作中应该按照什么标准去做等问题都缺乏一些系统的研究和统一的认识。这样,老年服务从业人员在工作中就难以进一步发挥自身的工作积极性、主动性和全心全意为老人服务的精神,有时甚至出现一些不该出现的事故和问题。

加强老年服务伦理建设,统一老年服务从业人员的行为标准,无论是对从事老年服务工作多年的老同志,还是对刚刚走上老年服务工作岗位的年轻人,都有十分重要的意义。按照统一的老年服务伦理道德标准来约束自己和开展工作,不仅可以使老年服务工作逐步走向制度化、规范化,而且对老年服务行业的专业化发展也有着重要作用。

(3)老年服务伦理建设是提高老年服务从业人员队伍自身素质的需要。

民政事业发展"十二五"规划纲要指出,要推进社会福利社会化,建立完善的社会化养老体系。完善的社会化养老体系需要养老服务专业人才来夯实。养老服务专业人才的发展是加快建立有中国特色的养老服务体系的关键。目前国家非常重视养老服务专业人才的发展,通过各种方式促进其发展。但是,我国目前养老服务专业人才的发展还处在起步阶段,让我们欣慰的是他们在老年服务岗位上埋头苦干、无私奉献,为我国的老年事业做出了自己的贡献。在这支队伍中,涌现出了不少老年服务劳动模范,他们的先进事迹受到的全国人民的高度称赞。同时不可否认的是,由于我国老年服务行业起步较晚,服务人员队伍还存在很多的问题,如老年服务人才短缺、服务人才专业化、综合素质等方面水平参差不齐等等。在工作过程中,有些人工作不认真、不负责任;有些人缺乏全心全意为老年人服务的思想,不安心工作;有些人服务态度不热情,工作推着干;有些人工作纪律松懈,得过且过;等等。

榜样的力量是无穷的,多年来,在我们老年服务的战线上,涌现出不少先进人物。他们在平凡的岗位上做出了不平凡的业绩,他们在为老年人服务的同时,一直把老年服务伦理道德作为最基本的准则来要求自己。在新时期,我们大力加强老年服务伦理建设,通过提高老年服务从业人员队伍的道德水平来加强服务人员队伍的自身建设。

2. 老年服务伦理建设的原则

发展老年服务行业,必须加强建设老年服务伦理。建设过程中,我们应该遵守如下原则。

(1)强调无私奉献精神,全心全意为老人服务,要把热爱老年服务工作、发扬爱老、敬老精神作为老年服务伦理的出发点和归宿点。

(2)要关心老人、爱护老人、尊重老人,帮助有困难的老人克服困难,让每个老人都能度过一个愉快的晚年生活。

(3)要弘扬中华民族的优良品德。中国几千年流传下来很多优良的道德传统,如"老吾老,以及人之老,幼吾幼以及人之幼""出入相友、守望相助、疾病相扶持"等。这些都应当是老年服务伦理的一个思想来源。

(4)要把老年服务伦理建设与推动老年服务行业建设更好地结合起来,把促进老年服务行业发展、更好地进行老年服务作为老年服务伦理建设的根本任务。

▼ 思考题

1. 什么是伦理?它和道德有什么区别?
2. 职业道德的作用是什么?
3. 如何界定老年服务伦理?
4. 老年服务伦理建设的原则和意义是什么?

第二章 学习老年服务伦理的意义

 学习目的

学完本章,你应能够:
——列出人格的多种含义;
——解释道德素质和技能的关系;
——说明同事关系的类型;
——陈述大学生重技能、轻道德的误区;
——明确"和为贵"的伦理含义。

第一节 认识和预测:老年服务人才自身完美人格的塑造

"如果智慧是一半,人格道德是另外一半。"这是一位著名心理学家所言,意谓人格塑造的重要性。"人格"一词有多重意义,有心理学意义上的人格,指的是人的性情、气质、能力等特征的总和;有法律意义上的人格,指的是人按照法律、道德或其他社会准则应享有的权利或资格。这里指的人格,是从道德上界定的,指的是品格之高尚或低下而言人的道德品质。即人格的道德规定性,是一个人内在的道德素质和外在的道德行为的有机统一,也即一个人的尊严、价值和品格的综合体现。

一、认识、预测与道德

什么是认识和预测?认识是指人的头脑对客观世界的反映,预测是指预先推测或测定。广义上,认识和预测是在同一个层面上使用的,指的是人们有目的地发现客观事物发展的趋势以及对自身的作用和影响,发现现实或未来的矛盾和问题,探索应对和解决矛盾的意向和方案的行为。学习老年服务伦理,就是为了塑造自身完美的人格道德。而人格道德的塑造是老年服务伦理认识和预测功能的重要体现。

伦理和道德反映的是人和现实世界之间的价值关系,因而,它也是使人理解和认识、预测社会发展的一种特殊手段。这种手段不是通过科学研究和理论论证,而是借助于道德价值的评价和道德理想的憧憬来实现的。先说道德价值的评价。哪些行为是善的?哪些行为是恶的?哪些行为是光荣的?哪些行为是耻辱的?哪些行为是正当的?哪些行为是不正当的?人们总是依据一定的道德标准对他人和自己的行为进行道德价值的评论和断定。对善的、光荣的、正当的行为给以赞扬、褒奖,对恶的、耻辱的、不正当的行为加以批评、谴责,进而

帮助人们明确自己承担的道德责任。这就是道德价值的评价。道德的认识作用，可以揭示一个人行为的善恶价值，判明这些行为是否符合一定的道德原则和规范，是否符合道德理想。而道德的预测指的是人们可以通过社会舆论和内心信念，形成一种巨大的精神力量，弃恶扬善，以调整人与人之间以及个人与社会之间的关系。也可以讲，当人们对社会道德关系的调节和认识发生"应当如何"的指令时，实际上就暗含了对某种道德生活的预测和追求，并借此预见社会发展的前景。

二、道德的认识功能

对于学习老年服务伦理的意义而言，道德的认识功能是指学习老年服务伦理，有助于帮助老年服务从业人员正确认识自己在服务老年人的实践活动过程中对他人、集体、社会应尽的义务和责任，并在此基础上形成一定的道德观念和道德判断能力。首先，学习老年服务伦理有助于明确区分老年服务实践活动中的"真善美"和"假恶丑"，从而使老年服务从业人员在工作中辨别哪些服务观念是正确的、符合人性的，哪些服务观念是违反人性的；哪些服务行为是有利的、应该做的，哪些服务为是不利的、不应该做的；什么样的职业生活是幸福的，什么样的职业生活是低级庸俗的；等等。其次，学习老年服务伦理还可以帮助老年服务从业人员凭借道德预测，预见老年服务实践活动中可能发生的各种矛盾和冲突，以及某种行为可能产生的后果，并为此做好道德选择的准备。

2011年11月17日，荆州晚报。记者杨彩虹等的一篇"如果不救老人，我会良心不安"的报道不仅引来众多媒体关注，也引发我们的思考：面对需要帮扶的老人，大学生应该怎样做？

事情的梗概是这样的：2011年11月16日，荆州晚报一版《苦寻一个月 恩人在长大》的报道，引发社会广泛关注和讨论。当目睹老人被撞倒在地昏迷，肇事司机逃逸时，长江大学工程技术学院学生张晓和周小宇伸手相助，拨打120、110，并且一直守护在老人身边，直到老人被送上救护车后，她们才悄然离去。她们的事迹经报道后，使得湖北卫视、《湖北日报》等媒体也闻讯前来采访。

从伸手帮助老人，到向交警举报了肇事司机车牌号的见义勇为，直到事迹被媒体报道，两人至今未告诉家里人。原因一是怕家里人担心，因为当时向交警举报了肇事司机车牌号，家里人可能担心自己遭报复；二是良心使然，如果不救老人，自己会觉得良心不安，所以没把这事放心上。"我们所做只是举手之劳，事后很快就忘了。"张晓和周小宇看到《荆州晚报》报道她们的事迹后表示，媒体报道和关注是意料之外，但会收藏这份报纸作纪念。

媒体报道后，大学生热议救人之举。一名大学生在新浪微博上发起微话题讨论，"老人被撞，肇事司机逃逸，你会义无反顾地冲向现场施救吗？"是什么原因让他们义无反顾地英勇施救？高等教育培养出高素质大学生，90后也有担当？还是人性的本能？是什么原因造成原本不值得关注的"救人事件"，屡屡引起社会热议？扶不起的社会公德心还是利益在作怪？

对荆州女大学生救人事件，大部分网友认为应该救人。"帮扶老人是基本社会道德，这次身边同学的救人之举有善果，起到了很好示范作用。"

两名大学生伸手帮助老人并非一个职业行为，但对于老年服务从业人员来讲，依然可以得出这样的启示：一个人的道德修养，不仅会影响其对他人的评价，更为重要的是也决定了自身的道德行为。认为救老人，是做了良心事；见死不救，则会受谴责。两名大学生通过救人,自身人格上升华了;两名大学生的义举,感动了身边的人,在促进社会关系的完善和个人自身人格的完美方面也起到了示范作用。

三、道德的预测功能

道德的预测功能就是道德对人们的预测活动具有积极作用。

首先,道德对人们的预测活动起着激化作用。从广义上讲,道德是人生观、理想、信念、道德情感、道德意志等精神因素的综合体。就老年服务行业而言,它不仅对从业人员起到道德上的控制和约束,而且也可以激发老年服务从业人员的力量。无论是老年服务机构还是个人,有了正确的人生观、远大的理想、坚定的信念,就会有自觉的活动动机和预定的目标,就会产生对老年服务的美好未来产生强烈的向往,并积极主动地预测未来。相反,一个道德沦丧的社会或德行差的个人,是不会对未来憧憬和对新生活渴望的,更不会关心老年人,服务于老年人,只能是鼠目寸光、及时行乐、最终自我毁灭的。

其次,道德对人们的预测活动起定向作用。人们,特别是青年人经常谈到的人生观、理想、信念等等,都是世界观的具体化。从根本上讲,道德具有一定的世界观性质,人们的道德观是世界观的重要组成部分,是对道德世界的根本性认识。道德不同,人们预测的目的、角度和方法也不同。一个极端利己主义者,就会认为人都是自私的,人不为己,天诛地灭,所以人生就是为自己,就是及时行乐,不需要有什么崇高理想和追求。一个集体主义者,就会以为他人谋幸福,以高尚友善的人际关系的建立作为出发点,就会表现出道德上的乐观主义。

海口"80后"总经理当义工:为老人们服务很幸福

80后的董明,是海南摩罗科技有限公司的总经理。无论多么累、无论有多么重要的应酬,董明周末都会如期来到老年公寓陪这些孤寂的老人们,周六是和同事一起,周日是和妻子一起,风雨无阻。

周末推掉所有应酬,专陪老年公寓老人

对于许多年轻人来说,周末要么狂欢要么猫在家里睡觉休息,董明却把属于自己的周末奉献给了公寓的老人们。许多人对董明的做法表示不理解。董明说:"为老年公寓的老人提供服务,我感到很幸福!"作为公司的总经理,业务自然是非常繁忙的,周末应酬也非常多。可自从跟这里的老人结缘后,每个周末他都会推掉一切工作和所有的应酬,专门陪伴这里的老人。

夫妻俩为当义工,一再推迟生孩子计划

刚开始,董明和妻子通过媒体寻找那些需要帮助的老人。一次偶然的机会,他们来到海口市振东米铺老年公寓做义工,发现这里住着许多没有亲人、内心很孤寂的老人,有的老人生活无法自理。于是他和妻子约定,每个周末都来这里陪伴这些老人们,与他们结下了不解之缘。

因为夫妻俩平时工作都很忙,周末又要做义工,生孩子的计划因此一拖再拖。董明说,他和妻子商量好了,趁现在还年轻,他们想多做点有意义的事情,生孩子的事情往后延一延。他们想再努力点,通过自己的行为,带动更多的人加入义工队伍。

打算建一个"义工QQ群"

事实上,董明和妻子的善举正在逐渐影响着他们身边的人。董明所在的公司的员工们

上篇 老年服务伦理

都纷纷加入义工队伍。每个星期六,董明和公司的员工们都会来到老年公寓,帮公寓搬床移柜、打扫卫生、修理水电;给老人喂饭、洗脚、按摩、修指甲、陪老人聊天……老年公寓里的每一位工作人员都有董明的手机号码,只要有需要,不管什么时候都可以打电话给他,他会竭尽全力为老人们服务。

除了同事,董明的一些朋友也纷纷加入义工队伍。他的一位搞演出的朋友前不久给他打电话,要组织演员到老年公寓免费给老人们表演节目。这让董明非常感动,他觉得做这种事太有意义了。董明下一步打算建一个"义工 QQ 群",组织更多的人和他一起做义工、奉献爱心。

(2012-05-21　作者:罗世容　来源:《海南特区报》)

做义工,董明体验到了幸福;通过个人和团队的行为,董明抨击了社会的不道德的现象。董明从善待老人的道德观念出发,自觉投入到为老服务的行列,并以自己的行为带动一批人。董明视为老服务为快乐,他是一个道德上的乐观主义者。

"海口'80后'总经理当义工:为老人们服务很幸福"的案例是对道德预测功能很好的诠释。老年服务从业人员应该加强老年服务伦理的学习,树立正确的世界观、人生观和价值观,加强道德修养,培养良好的道德情感,磨炼道德意志,提升道德境界,做真、善、美的新人。

第二节　"职业性、事业心":老年服务人才的两张证书

一、道德素质与技能的关系

校园"考证族":拥有多少证书才能心安?

面对招聘单位人力资源部门负责人的频频提问,湖南长沙某高校学生林某一下子从口袋中掏出七本资格证书,以此证明自己的实力。不久前发生在长沙市一次招聘会上的这一幕,着实让在场的人感叹不已。

曾几何时,大学校园内,莘莘学子凭着一句"学好数理化,走遍天下都不怕",在按部就班完成学业后,便敢昂然走入职场。而近年在我国的一些高等院校内,大学生们热衷于考"证"的心态,既有就业压力带来的无奈,也有盲目跟风求得心理平衡的自慰。

今年 20 出头的杨娜是长沙某职业学院康复系的一名大学生。入校不久,杨娜就像她的前几届学长一样,通过了英语三级、计算机一级的考试,不久前还考取了育婴师职业证书。目前她正在准备营养师职业资格考试。

"现在,大学生考证书已成为时髦。"杨娜对记者说,"我们也知道考证书要花费很多精力,但在校时如不多考几个证,心里就不踏实。"

记者了解到,目前流行于大学校园的证书大概可以分为三类:公共技能型证书,如英语等级考试;专业性证书,如物流师;实用操作型证书,如驾驶证等。

在绝大多数的大学里,拿到公共技能型证书是学校对学生的"规定动作"。湖南涉外经济学院经济系学生苏某,在两年前入校时,面对市场营销专业的课程,已有几分吃力。没想到,学校还有考"证"要求,他先是考了普通话、计算机、英语等级证,接着又自加压力,拿到了

商务策划师证,还考了驾照。目前他正准备考办公软件运用方面的证书。

记者了解到,在一些职业院校,还有个硬性规定:学生毕业时都要求有"双证",即毕业证和职业资格证。小李告诉记者,他们毕业前找工作时,一些同学甚至拿出来六七个职业资格证书,摆出来像发扑克牌一样,目的就是希望能争取到更多的就业机会。

(2007-06-27　来源:新华网,有删节)

企业对大学毕业生不满:有证书无能力缺敬业精神

眼下又到了大学生们该找工作的时候了,然而大学生们是否想过企业最希望他们具备哪些素质呢?近日,东华大学对江、浙、沪的152家企事业单位进行了调研,范围涉及政府机关、教育、信息、金融等各个领域和11家人才市场,其中反映出的问题值得大学生们思索。

专业知识积累的欠缺是企业对大学生最大的不满。心理健康素质和社交协作能力也是企业对大学毕业生们提出的要求。

此外,实践运用能力和敬业精神也是企业希望能从大学生身上看到的职业素养。调查中,有70%的被访者希望大学生具备实践应用能力,有79%的用人单位将敬业精神作为最希望大学生具有的素养。除了这两点外,诚信观念也已成为企业选用人才的重要条件之一,近八成的用人单位希望大学生具备诚信的职业道德。

(2002-11-13　来源:《新民晚报》,有删节)

这两则报道给我们带来的思考是多方面的,但对于未来将从事老年服务的大学生来说,有一点是共同的,就是到底是技能重要,还是道德素养重要?

道德素质,特指人在道德方面的内在基础,是人们的道德认识和道德行为水平的综合反映,包含一个人的道德修养和道德情操,体现着一个人的道德水平和道德风貌。技能是个体运用已有的知识经验,通过练习而形成的趋于完善化的智力和躯体动作方式的复杂系统。技能是一种完善化了的动作系统,它不是零碎、散乱、偶然组合起来的动作,而是一种有结构的完善系统;技能以已有经验为基础,与经验之间有密切联系;技能是通过练习而形成的,它是有目的、定向性的活动结晶。

道德素质与技能既有联系,又有区别。它们的联系就在于,道德素质和技能的形成与发展的道路很相似,它们都是在人的活动(认识活动与实践活动)过程中形成与发展的;它们的区别就在于,道德素质的特点是"内凝",是人在其活动过程中所塑造成的内在升华,而技能则是"外显",是人在其活动过程中实在的呈现。人的道德素质是指构成人的基本要素的内在规定性,即人的各种道德属性在现实的人(个体、群体和类)身上的具体实现以及它们所达到的水准,是人们从事各种社会活动所具备的主体条件。

道德素质体现为一种技能运用的"德",道德素质是技能运用的方向标。教育部长袁贵仁在《素质教育:21世纪教育教学改革的旗帜》一文中指出,能力和素质相比,素质更根本。素质是能力的基础,能力是素质的表现,能力的大小是由素质的高低决定的。有了较高的素质,就会在认识世界和改造世界的活动中表现出较强的适应力和创造力。道德素质是人的整体素质中的重要组成部分,技能是能力的重要内容。在此意义上,袁贵仁的关于素质与能力关系表述,也可以视为道德与技能关系的概括。有人认为,技能高对应道德素质也高,技能低对应道德素质也低,这是一种不正确的看法。高技能未必有高道德,一个人如果道德败坏,则其技能越高,给他人和社会造成的危害越大;而如果一个人具备了良好的道德素质,那么对社会,对人类发展都是很大的福祉。可见,道德素质和技能息息相关,有着不可分割的关系。技能越高越好,而懂得把技能发挥在正确的事情上则更是一个人道德素质高的体现。

二、走出重技能、轻道德的误区

我们回头反思前面提到的两则报道,可以讲,重技能、轻道德素质也是目前大学生培养过程中的误区。当前的大学教育特别是职业教育中,存在着一种"功利化"倾向,即把职业教育看成纯粹是为"职业"而举办的。沿着这个路子走下去,学生的适应性就会越来越差、越来越不受社会的欢迎。作为接受高等教育的青年人,自身也要关注道德素质"短板"的问题,社会老龄化的进程对服务人才的道德素质提出了高要求,良好的道德修养已经成为老年服务人才的重要内涵和时代特征。我们不论是在校园学习,还是在社会实践中,都不能一直停留在单纯的技能操作、动手能力强的层面。随着科技的进步和社会的发展,特别是随着老年服务行业的发展,技能人才的标准不断提高,内涵也在不断变化。以为老年人服务来讲,除了服务的科技含量不断增加外,责任、关爱、合作等道德因素也逐步增多,高道德素质成为现代老年服务人才新的内涵和特征。年轻人要想成为老年服务业的真正的高技能人才,就必须成为道德上的高素质。

大学生的道德素质的高低也决定着自己未来事业的发展。"素质冰山"理论会对我们有所启发。

著名的"素质冰山"理论

心理学家弗洛伊德提出过的"冰山理论"。1895 年,弗洛伊德与布罗伊尔合作发表《歇斯底里研究》,弗洛伊德著名的"冰山理论"也就传布于世。弗洛伊德认为人的人格有意识的层面只是这个冰山的尖角,其实人的心理行为当中绝大部分是冰山下面那个巨大的三角形底部,那是看不见的,但正是这看不见的部分决定着人类的行为,包括战争、法西斯、人跟人之间的恶劣的争斗等等。

著名作家海明威也提出过"冰山理论"。1932 年,海明威在他的纪实性作品《午后之死》中,第一次把文学创作比做漂浮在大洋上的冰山。他说:"冰山运动之雄伟壮观,是因为他只有八分之一在水面上。"文学作品中,文字和形象是所谓的"八分之一",而情感和思想是所谓的"八分之七"。前两者是具体可见的,后两者是寓于前两者之中的。后来,大家在研究任何文学作品的时候,总是首先要搞清楚水下的"八分之七",因为这一部分是冰山的基础。

按照著名的"素质冰山"理论,技能人才的综合素质包括显性职业素养和隐性职业素养。显性职业素养可以通过各种学历证书、职业证书来证明,或者通过专业考试来验证;隐性职业素养代表职业意识、职业道德、职业作风和职业态度等方面,虽然看不见,但决定着外在的显性职业素养。决定一个技能人才长远发展和成就的,不是传统意义上的技能,而是其职业素养。

实践也证明,一个有着良好职业素养的技能人才,才是真正受老年服务业欢迎的人才。

她是国办养老院首个本科生护工

2009 年,田杉杉以笔试第一的成绩,从近 300 名大学生中突出重围,被天津市第一老年公寓录取,成为本市国办养老机构中首个本科毕业的护工。虽然每天的工作枯燥无味,甚至要照顾老人拉屎撒尿,可是田杉杉毫无怨言。"不论你是否喜欢,选择了这行就要热爱。"田杉杉的身上,没有半点女孩儿的娇气。对话中,她告诉记者,作为一名大学生,即便做护工,也要做到最好。

最骄傲——独创手操老人天天学

田杉杉一直认为,作为一名大学生,"大学不白上"。她独创的手操动作,如今已经成了养老院每天必备的练习项目。经过阅读书籍、上网查找资料,她不定期讲解的"养生手记"也渐渐受到老人欢迎。她还自学老人精神护理课程,尝试分辨老年痴呆和抑郁症的区别……田杉杉觉得,只要好学、肯琢磨,作为一名大学生,无论在哪工作都不会被埋没。

最委屈——好意提醒招来一顿骂

田杉杉说她也有哭鼻子的时候。刚开始工作时,有时领导的批评会让她觉得委屈,个别老人的误解更让她有苦没处诉。去年有一次,一位老人想外出,按照养老院规定需要登记,见老人没登记,她上前提醒了几句,老人先是冲她吼着,后来干脆用脏话骂起她来。"从小到大爸爸妈妈都很少骂我。"令她难受的是,按照养老院的规定,工作人员不能和老人争吵,田杉杉只能把委屈悄悄咽在肚子里。

最憧憬——吃够苦长本事做管理

田杉杉说,虽然目前照顾的是能自理的老人,可她早已准备好干最累的活——去7楼照顾生活不能自理的老人。

"我要时刻准备着。"她笑着说。

田杉杉说她从没想过要换工作,只想让自己变得更优秀。她憧憬着,有一天自己能力提高了,能做一名养老机构的管理人员。"并不是我贪婪,我觉得,没有梦想的人不会把事业干好。"

(2011-05-14 作者:于春沣 来源:天津网—数字报刊)

一个刚刚毕业的大学生,受到了老年人的欢迎,除了她的专业背景外,良好的道德素养则是内在的原因。热爱老人、热爱自己的职业、能吃苦、好学、肯琢磨……案例中的这些个字眼,无一不给我们这样的印象。随着我国老龄化进程的加快,越来越多的大学生会选择从事老年服务,只要拿到"职业性"、"事业心"的两张证书,就一定会实现自己的价值。

第三节 "和为贵":道德在调整老年服务职业内部关系中的作用

一、"和为贵"是老年服务机构管理的原则和目标

"和为贵"是儒家倡导的道德实践的原则,出自《论语·学而》:"礼之用,和为贵。"这句话的意思是,礼的作用,贵在能够和顺。也就是说,按照礼来处理一切事情,就是要人和人之间的各种关系都能够恰到好处,都能调解适当,使彼此都能融洽。孔子认为,过去的明君圣王,在调整人和人关系中最重要的地方,就在于能使人们之间能够根据礼的要求,做到和谐。可见,儒家思想把"和为贵"作为待人处事、管家治国的基本原则,"和"既是人际行为的价值尺度,又是人际交往的目标所在。从机构管理的层面上看,两千三百多年前的孔子为代表的儒家也是把"和"作为机构管理所应达到的最佳和谐状态。

"和为贵"理应成为老年服务机构管理的原则和目标。众所周知,老年服务机构作为为老年人提供服务的主体,其服务活动代表着一种有机制的社会基本行为。但是,在中国老龄化迅速发展的今天,在社会如雨后春笋般兴起的各种形式的老年服务机构的现实中,人们所看到的不仅有合法合道德的行为,也有许多"挂羊头卖狗肉"的行为。可以说,在今天的中国,人们对老年服务机构的伦理行为的态度并不一致,有的是褒扬,也有的是贬抑。例如,有的老年服务机构为了追求经济利益最大化,不顾员工的基本权益的实现,这是一种机构和员工之间的和谐关系,还是相反?再例如,有的老年产品生产和销售企业,为了盈利的需要,无限夸大产品的作用,这种行为体现的是与服务对象的和谐还是相反?有的机构员工之间、员工与管理者之间缺乏良好的合作,甚至互相拆台,这种状况是道德的还是相反?上述这些老年服务领域几乎每天都发生的情况,给我们提出了一个问题:老年服务机构是不是应该以"和"作为管理的原则和目标?当然,这个问题仅仅靠老年服务伦理是很难解决的,但是,进行必要的伦理思考,在实践中,把古人所提倡的"和为贵"作为今天机构的原则和目标,对于营造机构良好的伦理关系,促进老年服务的质量的提升,很有意义。

二、个体的素质是实现老年机构和谐目标的第一要素

一个老年服务机构的从业人员,要处理的来自内部的关系主要有两个方面:其一是上下级的关系;其二是同事之间的关系。在老年服务活动中,许多老年服务从业人员在处理这些关系时,对于应采取何种态度,做出怎样的决定,也就是说在处各种关系中做出决策的过程应该怎样,依然没有明确的意识。

首先,我们以处理上下级的关系为例。一个老年服务机构中,管理者与被管理者之间的关系要"和",也就是二者之间的关系要和谐。当一个机构内部管理者与被管理者的关系互相协调时,员工的积极性就会得到充分发挥;反之,如果管理者与被管理者关系紧张,则员工的工作就不会尽职尽责,甚至会用消极怠工来发泄心中的怨气。日本的老年服务的理念和技术都是世界一流的,同样,日本的老年服务机构中,决策过程体现的"和为贵"的精神也是值得我们借鉴的。日本老年服务机构的管理人员在做出决策时,总要同他们的同级或部下商量,决策往往是通过协商一致的方式制定出来。这就使得决策者与下级之间能保持紧密的联系和融洽的协作关系。人们也经常以华商管理为例,说明这一和谐关系的生成。世界各地的华商们,笃信"和为贵"的处世哲学,善于处理雇主与员工的关系。老年服务机构的管理者对待员工,要实施仁政,善待员工,深入员工中去了解他们的困难和疾苦,认真倾听他们的意见和呼声。一个老年服务机构能"内求团结",管理者和被管理者能和谐友好,融洽一致,上下一心,形成一种强大的凝聚力,机构就有了"外求发展"的良好基础。

其次,我们以处理同事之间的关系为例。"和"在机构中的作用,可以是化解人际的紧张与冲突,通过彼此的理解和沟通,实现同心同德,协力合作。一个团队中,团队成员必须具有"和"的意识,以使自己和其他成员完成组织的具体任务和目标,这是老年服务从业人员职业化所包括的伦理责任。比如敬老院聘用护理人员,并非让他孤立地行动,而是规定具体责任——其中包括配合的义务。因此,机构中的护理人员要有团队精神,更重要的是把团队精神化为一种具体化的责任,而不是一般性的提倡协作和个人风险。对老年人的

护理团队，内部有具体化的责任或任务划分，以便体现众所周知的"责任到位"。让护理团队成员的责任具体化，以及使个人责任围绕组织的目标具有绝对的必要性。

在此，我们全面引用了2011年修订后的养老护理员国家职业技能标准（中级）（参见表2-1）。仅从岗位职责来看，国家就明确了一名中级的养老护理人员，无论在生活照料、技术护理，还是在康复护理方面，都需要与医护人员相配合，"协助"即是"配合"。没有护理员与医护人员的配合，就不能实现对服务对象的优质服务，甚至会出现事故。一名养老护理人员，还要按时交接班，认真做好交接记录，交接班也是一种"配合"，没有这种配合，服务质量难以保证。

表 2-1　养老护理员国家职业技能标准（中级）

职业功能	工作内容	技能要求	相关知识
一、生活照料	（一）清洁卫生	1. 能为特殊老人清洁口腔 2. 能为老人灭头虱、头虮 3. 能照料有褥疮的老人	1. 特殊老人口腔护理方法 2. 灭头虱、头虮的方法 3. 褥疮护理的相关知识
	（二）睡眠照料	1. 能照料有睡眠障碍的老人 2. 能分析造成非正常睡眠的特殊原因并予以解决	1. 老年人睡眠障碍的相关知识 2. 疼痛护理方法和松弛肌肉方法
	（三）饮食照料	1. 能协助医护人员完成高蛋白等治疗饮食的喂食 2. 能协助医护人员完成导管喂食	1. 治疗饮食的相关知识 2. 鼻饲方法
二、技术护理	（一）给药	1. 能配合医护人员为褥疮老人换药 2. 能配合医护人员完成吸入法给药	1. 褥疮换药方法 2. 吸入法给药注意事项
	（二）观察	1. 能测量老人的体温、脉搏、血压、呼吸 2. 能对老人呕吐物进行观察 3. 能协助医护人员完成各种给药后的观察 4. 能观察濒临死亡老人的体征	1. 体温、脉搏、血压、呼吸的测量方法 2. 药物过敏的相关知识
	（三）消毒	1. 能用常用物理消毒方法进行消毒 2. 能用常用化学消毒方法进行消毒 3. 能进行传染病的隔离	1. 消毒隔离的操作方法 2. 无菌技术的基本操作规程
	（四）冷热应用	能给老人进行温水擦浴和湿热敷	温水擦浴和湿热敷的方法
	（五）护理记录	1. 能正确书写老人护理记录 2. 能对特殊老人护理进行记录 3. 能对护理文件进行保管	护理文件记录与保管的相关知识
	（六）急救	能对外伤出血、烫伤、噎食、摔伤等意外及时报告并做出初步的应急处理	1. 氧气吸入方法 2. 吸痰方法
	（七）常见病护理	能配合医护人员完成对老年人高血压病、冠心病、中风、帕金森病、糖尿病、退行性关节炎、痛风、便秘、老年性痴呆症等常见病的护理	老年人常见病的相关知识

续表

职业功能	工作内容	技能要求	相关知识
三、康复护理	（一）肢体康复	1. 能配合医护人员帮助特殊老人进行肢体被动运动 2. 能配合医护人员开展常用作业疗法 3. 能指导老人使用各类健身器材	1. 肢体康复的相关知识 2. 健身器材使用常识
	（二）闲暇活动	能组织老人开展小型闲暇活动	常用娱乐方法
四、心理护理	沟通与协调	1. 能对老人的情绪变化进行观察，并能与老人进行心理沟通 2. 能对老人人际交往中存在的不和谐现象与矛盾进行分析指导 3. 能协助解决临终老人的心理与社会需求	1. 与老人进行心理沟通的技巧 2. 老人心理咨询的相关知识 3. 临终关怀的相关知识

很多的老年服务机构，也把员工之间的相互配合，作为制度明确下来，提倡员工互相帮助。员工能对这种制度正确认知，并认为是好的制度从情感上予以接受，认真履行，并不是一件容易的事情。而且，在老年服务机构中，有些任务并不是可以分解的，需要团队共同完成。在这种情况下，每一个员工就需要把共同完成团队内不可分解的任务看成是自己的职责，而不是"好像无偿帮助了别人"。

2012年1月12日的《当代健康》报刊登了一篇署名刘军的短文——"我是这样与护士相处的"，其对医生和护士关系的理解，对我们正确处理同事关系很有启发。

医生与护士是一个战壕里的战友，医生的另一半可以不是护士，但可以说医生与护士在一起的时间，绝不比你与你的另一半在一起的时间少。

医生与护士是同事，但这种同事关系又不同于其他单位的同事关系。因为他们的工作是紧密联系在一起的。只有他们配合好了，才能够更好地完成各自的工作，才能够更好地为病人服务。

首先，要对我们的"战友"有足够的尊重。刚刚参加工作时对护士的工作没有足够的认识，以为她们只是在执行医生的医嘱，医生让干什么就干什么，没有多么重要的，也比较简单。一次值班的经历让我彻底改变了这种看法。

那是一次值夜班时，一位新来的患者突然出现室速（室性心动过速），而后转为室颤（心室颤动），我没见过这阵势，还是当班护士反应快，抓过除颤器"啪"的一下就给打过来了。

我当时愣在那里，都忘了帮她充电，现在想起来都为之汗颜。想想假如当初不是她在场，我还真不知道怎么应付？这也彻底改变了我对护士的错误认识。

其次，在工作中互相帮助、互相协作、互相补台而不是互相拆台。当今形势下，医患关系紧张。在工作量较大的情况下，工作难免会有纰漏，尤其是在医护工作的衔接上，更比较容易出现小漏洞，只有大家互相保护，互相理解，才能够化解矛盾。

最后，医护之间要多沟通，多了解。这样关系才能够更融洽，工作起来更顺利，心情才能够愉快，既提高了工作效率，又不会惹来医疗纠纷，何乐而不为呢！

在老年服务从业人员中,"和"也是化解同事间的紧张与冲突的重要原则。孔子曾说:"听讼,吾犹人也。必也使无讼乎!""讼"是人际间矛盾的激化。"无讼"是孔子的理想,目的在于缓和矛盾的冲突。有人说,在现代职场上,同事之间的关系是最难处的。其实,同事关系就工作而言是一种协作关系,就个人利益而言又是一种竞争关系。竞争与合作的关系像手心手背一样,是同一体中的两个方面。有的人和同事坐在一起时谈天说地、欢声笑语,可在这亲密、融洽的关系中藏着密布的阴霾。尤其是站在一条起跑线上的同事,当个人利益受到伤害时,就会变成笑里藏刀的对手。"同行是冤家,同事是对手"。现实中的职场上不乏有人把这句话奉为同事关系的真经,让同事们成了"熟悉的陌生人"。"一个和尚担水吃,两个和尚抬水吃,三个和尚没水吃"的故事,虽然传了一代又一代,但我们仍没有从可怕的内耗中走出来。

而在现代社会里,协作关系越来越密切,失去同事们的合作,一叶孤舟是难以远航的。在老年服务行业提倡从业人员的"和为贵",就是能把建立良好同事关系当成一种生活中的追求,把维护良好同事关系当成一种责任,把平等作为一种义务。在与同事交往时自觉注意自己的言行,求大同存小异,充分尊重别人的兴趣和爱好,容得下别人的一些细枝末节,对同事不求全责备,这样我们就能与不同性格的同事平等相待。

有位哲人说,世上有三种人:一种人离生活太近,不免陷入利害冲突;一种人离生活太远,往往又成了不食人间烟火的隐士;还有一种人与生活保持一种恰当的距离,这种人就是豁达的人。追求生活而不苛求,宽容大度而不自私狭隘。只有这样,才能够与同事保持融洽的关系。

任何一种老年服务机构的建设均依赖于从业人员的素质,其中特别重要的是道德素质;任何一个老年服务行业的从业人员个体价值的实现,与管理者、同事之间相互和谐的关系的建立分不开。在从业人员的个体与团队的关系上,人们往往津津乐道管理学中的"木桶理论"。木桶的容量取决于最矮的那一块木板,因此团队的基础是个人以及个人的责任。如果团队成员中有人因为能力差或责任意识薄弱等而成为"矮子",那么,团队很可能成为一个无所作为的组织。同样,作为团队中的一员,每一位从业人员不仅要具备一些重要的知识和技能,而且决不能忽略对团队的核心价值观、伦理原则的掌握、理解和践履的途径。这也是老年服务从业人员职业化建设的重要方面。

▼ 思考题

1. 为什么说道德素质的提高有利于人格的塑造?
2. 大学生应该怎样做才能获得"职业性"和"事业心"两张证书?
3. 为什么在调整老年服务从业人员内部关系中要提倡"和为贵"?

第三章　老年服务伦理的基本范畴

学完本章,你应能够:
——陈述老年服务伦理的基本范畴;
——明确义务、良心、荣誉和幸福的基本内涵及其特征;
——解释义务、良心、荣誉和幸福的作用;
——陈述良好义务动机形成的途径;
——列出老年服务从业人员应该树立怎样的荣誉观和幸福观。

从事任何一种工作都有其需要遵守的系列道德规范,也就是人们常说的职业道德范畴。所谓职业道德范畴,是指那些概括和反映职业道德的本职内容,体现特定社会的道德要求,并使职业道德根本原则和主要规范转化为职业人员的道德信念及其行为的基本概念。① 如义务、良心、幸福、荣誉、善良、公正、诚实等,这些内容不仅概括和反映道德的主要本质,而且体现了一定社会整体的道德要求,因此常常成为人们的普遍信念,并对人们的行为产生深远的影响。

第一节　道德义务:强烈的内心需要和高度自觉

马克思主义伦理学认为,道德义务是从人们所处的社会关系中产生的,不管个人是否意识到,客观上必然会对他人、对社会负有一定的使命和职责。道德义务不仅仅要求人们要遵守哪些要求、尽到哪些职责,更重要的是要把道德义务作为人们做好本职工作的内心需要和高度自觉。

一、道德义务——对社会或他人所承担的道德责任

"义务"概念,是在西方伦理思想史上使用较多的一词。古希腊哲学家德谟克利特最早从伦理学角度提出义务范畴,并把义务和行为的内在动机联系起来。严格来说,伦理学意义上的所谓"义务"即道德义务,就是指一定社会关系中个人应该对社会或他人所承担的道德责任,同时也表明一定社会或阶级、集团对人们行为的道德要求;也指个人在实践道德原则和规范时所产生的一种强烈的责任心。马克思主义伦理学认为,道德义务是从人们所处的

---

① 阎绍武,等.职业伦理学[M].航空工业出版社,1993:134.

社会关系中产生的,是对他人或社会做自己应当做的事情,做与自己的职责、使命、任务相宜的事情。

"义务"在中国伦理思想中使用不是很多。自春秋战国以来一直使用的是"义"这个概念,作为一般的行为要求,则包含有"义务"的意思。义务有两个意思。一是,与权利相对,指政治上、法律上、道义上应尽的责任。康有为《大同书》甲部第四章:"若夫应兵点籍,则凡有国之世,视为义务。"二是,不要报酬的。人类为了更好地生存与发展,人与人之间建立了各种各样的社会关系,如亲戚关系、朋友关系、同学同事关系、经济关系、政治关系和文化关系等,而所有社会关系的核心内容都是价值关系或利益关系,即在所有的社会关系中,任何人一方面应该进行一定的价值付出,另一方面又应该得到一定的价值回报。一般意义上,义务就是规定一方(个体或群体)对他方(他人或社会)应做一些与自己职责、任务和使命相宜的事情。这种职责、任务和使命一旦以规范的形式确定下来,就成为其应当履行的义务。以政治规范确定下来的就是政治义务;以法律规范确定下来的就是法律义务;以道德规范确定下来的就是道德义务。例如,子女对父母的赡养扶助既是法律义务又是道德义务,夫妻之间相互忠诚就是道德义务。养老护理员热情周到护理老人、保护老人隐私和秘密等义务也是道德义务。在机构养老服务中要求养老机构要按照相关约定履行合同规定的安全方面的法律义务,但在具体实践中却常常忽视了审慎、注意等方面的基本道德义务。这样的结果导致的就是不该发生的法律纠纷。例如,有一个这样的案例。

2007年12月,87岁的曹女士在儿女安排下住进了某养老院,双方协议约定:"对老人实行流动服务,老人身体状况为'自理',没有专人护理。"入住一年后,老人在养老院的楼道内突然摔倒,造成急性闭合性颅脑损伤,并于当日死亡。

老人的四个儿女将养老院告到一审法院,要求养老院赔偿各种损失共计14万余元。养老院辩称,曹女士选择的是"自理"服务,没有专人护理,养老院已从各方面履行了相应的义务,对曹女士摔伤致死没有任何责任,且老人入院时亦签有《安全同意承诺书》:"老人因年老及身体不断老化,造成健康问题和行动不便,在屋内院内活动而发生跌倒(导致骨折)等意外事故,使该老人人身安全难以得到保障,受托方积极为老人宣传防患工作劝其活动要注意安全,但若该老人仍没注意,由于行动不便自己造成的跌倒(导致骨折)等意外事故受托方不负任何经济与法律责任。"故不同意赔偿。

一审法院经审理判决后,老人的儿女不服,上诉到二中院。二中院经审理认为,承诺书内容系"造成对方人身伤害的"免责条款,依法无效。同时,该养老院作为专业从事养老服务的营利机构,不仅在其经营活动范围内具有法定的安全保障义务,而且对于老年人的活动特性及身体条件等应比常人具有更多的了解,在提供服务中更应尽到审慎注意义务。尽管养老院已经根据入院协议书履行了相应级别的护理义务,老人系自行在院内活动中不慎摔伤,其作为完全民事行为能力对自身损失应承担主要责任。但是,老人系在养老院的楼道内摔倒,而养老院对于该场所更了解实际情况、预见可能发生的危险,并应采取必要的措施防止损害的发生或者使之减轻,故养老院对于老人的损失应在其未尽到安全保障义务的范围内承担一定的赔偿责任。据此,作出判决养老院赔偿曹女士家属1.9万余元。

(2010-10-08 来源:http://www.chinalawedu.com)

根据《中华人民共和国合同法》及相关法律规定,在以养老服务为目的或者以老年消费者为对象的合同中,经营者在安全保障、告知说明等方面的义务更需达到审慎、详尽、周到、全面的程度,没有以该标准履行合同义务的都需承担法律责任。本案中的主要义务就是法定的安全保障义务、在提供服务中没有做到审慎注意义务、相应级别的护理义务等等。这里的义务不属于法律义务,而是一般意义上的道德义务。

二、主观自愿是道德义务的本质特点

马克思主义认为,在人们的社会交往中,之所以存在着这样或那样的义务,并不是由理性本身或什么上帝规定的,也不是所谓"善良意志"的"绝对命令"所发出的,更不是从人的生理要求和本能欲望中自发产生的。相反,它完全是由社会物质生活条件,以及人们在相应社会关系中所处的地位所决定的。① 道德义务有以下几个特点。

1. 道德义务的奉献性

即道德义务并非与谋求个人权利和报偿相对应或相联系,它不同于政治义务和法律义务。政治义务、法律义务等总是同一定的权利相联系或相对应的。比如,在关于法律规定中的"不得杀人"(或"禁止杀人")这一义务。而道德义务是不同谋求个人权利和报偿相对应或相联系的。比如,见义勇为行为体现的是一种奉献精神。

2. 道德义务的历史性

实践证明,各个历史阶段的道德义务是不同的,常常受一定社会或阶级的利益和要求制约。在剥削阶级社会里,剥削阶级一方面要求本阶级成员忠于职守,另一方面严格要求劳动人民的行为符合剥削阶级的利益,要求劳动人民安分守己、忍受剥削和压迫。而无产阶级的道德义务,是根据无产阶级的利益和要求提出来的,它是和整个社会发展的要求相一致的,它赋予人们更多的是对人民利益和共产主义事业的深刻理解和坚定信念。这充分表明道德义务具有历史性、时代性的特点。

3. 道德义务的自觉性

道德义务是人们自觉自愿履行的义务,是人们自愿选择的结果。道德义务的内容,是一定社会关系以使命、职责和任务等形式表达的客观要求,是不以人们主观意志为转移的历史必然性,因而具有"道德命令"的性质。② 但是,对于行为者来说,道德义务并不是一种外在的强制,不是以"必须",而是以"应该"、"应当"的形式来实现的。自觉履行道德义务是一个人品格和素质的体现,也是人类的自然义务。自觉履行道德义务有助于社会主义精神文明建设,有利于实现以德治国。如果说权利是人们的主观能动选择,那么义务也是其自由意志的结果,即主体自由、自觉、自愿地尊重他人权利并履行自己的义务。简单地说,义务的本质特点与外在表现就是主观自愿。罗尔斯明确指出义务不同于其他道德要求的显著特征就在于它是人们自愿行为的结果。在康德看来,只有出于义务才具有真正的道德价值,也只有出于义务人们的行为才具有向善性,才能达到一种善的高度。③ 义务作为主体的行为动机,注重的是行为自身的价值,而不是去追求行为外在的利益或偏好。作为子女与服务之间更不应该发生赡养纠纷,如果发生了,那么更可能的原因是子女没有尽到应尽的法律义务和道德义

---

① 罗国杰.伦理学教程[M].中国人民大学出版社,1985:216.
② 罗国杰.伦理学教程[M].中国人民大学出版社,1985:219.
③ 廖显华."两难道德困境解读"——从康德义务论的视角[J].郑州航空工业管理学院学报(社会科学版),2012(6):48.

务。例如,有一个这样的案例值得深思。

原告冯某老两口,现年63岁,汉族,家住某街道办事处东风路居民小区。冯某老两口一生生育四个儿子,本应享受改革开放给农村带来的幸福生活,享受天伦之乐,安度晚年。可是儿子有一桌,老子却是无着落,赡养老人是我们中华民族的传统美德,也是每个公民应尽的法定义务。生为长子,国家单位职工,有固定工资收入,国家教育他多年,怎么到他身上就不能够赡养自己的亲生父母呢?他怎么教育下一代,真是娶了媳妇忘了爹和娘啊!近年来在农村旧村改造过程中,冯某家拆除了旧房,被告四个儿子各自都建盖了新房一幢,搬出去另起新灶。目前冯某老两口已年老体弱,又无经济收入供生活及医疗费开支,因旧村改造政策之故,冯某老两口因有儿子赡养不得再建新房,现无固定住房居住,无奈之下冯某老两口含泪将其四个亲生儿子告上法庭。

法院认为:子女对父母有赡养扶助老人的义务,现二原告基本丧失劳动能力,无固定收入作为生活来源,四被告作为其子,应尽各自的赡养扶助义务。因此,对二原告的诉讼请求,本院予以支持。

(来源:中国婚姻家庭网 http://news.9ask.cn/hyjt/jtgx/syyw/201103/1116057.shtml。)

子女对父母履行赡养扶助义务,是对家庭和社会应尽的责任。作为子女,应该充分考虑老年人的实际困难,为他们想一想,主动自觉奉献爱心和履行自己的赡养义务,这也是《中华人民共和国宪法》和《中华人民共和国老年人权益保护法》的相关规定。这种赡养义务既是法律义务,又是道德义务,而且也体现了义务的奉献性和自觉性特点。

三、良好的义务动机是老年服务从业人员职业道德义务观形成的基础

义务就是人在相应的社会关系中应该进行的价值付出。道德义务是个人对他人、集体和社会应尽的道德责任,大致包括对他人和对社会两大类:前者是对自己的家庭、亲属、朋友、同事等应尽的道德责任;后者是对祖国、民族、集体等应尽的道德责任。道德义务是人们基于对他人和社会利益的理解,在内心信念的引导下自觉履行的责任。那么,作为老年服务从业人员,要具有高尚的道德品质和职业道德义务观,该如何培养和形成呢?

首先,老年服务从业人员自身需要加强道德修养,要有良好的义务动机。老年服务从业人员所从事的为老服务的特殊性,要求从业人员要有高度的责任心和使命感,要有爱心、要耐心和细心,这就要求从业人员自身要有较高的道德修养和综合素质。

义务论认为,某一行为的善恶性质或对该行为正当与否的判断,不取决于该行为是否带来或可能带来怎样的实质性价值或效果,而取决于该行为是否符合某一相应的普遍道德规则,是否体现了一种绝对的义务性质,或者说,是否出自行为者纯真善良的行为动机。某些行为之所以内在地正当或在原则上正当,是因为它们与某种形式原则相符。[1] 老年服务从业人员的老年服务义务观应该是一种出自纯真善良的行为动机,应该是一种精神性和自觉性相结合的道德义务,只有这样才能把工作做好。

其次,要树立淡泊名利、主动服务的意识。老年服务从业人员所从事的工作是一种公益性的服务业,不能奢望在这个领域大发横财,要有淡泊名利的思想,要有奉献精神。高尚的职业道德义务观需要从业人员处处以老年人为本,以满足老年人的基本合理需要为出发点,

---

[1] 何怀宏.底线伦理[M].辽宁人民出版社,1998.

主动为老年人着想,要有主动服务的情感和意识。

再次,要维护道德权利和义务的统一。马克思指出,没有无义务的权利,也没有无权利的义务。权利和义务往往被视为一对形影相随的范畴。然而,权利和义务的相关性并不像通常看上去那样容易把握,在涉及道德权利与道德义务的关系时更是如此。义务的内容有时支撑道德的基础——利益。伦理学上,义务常与利益一同加以考察。康德强调"义务往往需要自我牺牲"。在道德领域,社会公正原则要求社会维护个体道德权利与道德义务的统一。它要求社会对其成员大公无私、先公后私、甘于奉献、勇于牺牲的精神和行为给予积极评价,并对其做出的牺牲进行相应的补偿;它要求社会认可其成员作为道德主体实施公私兼顾行为的道德合理性;它还要求在社会中,不道德的人和行为必须付出代价。[①] 维护道德权利与道德义务的统一是道德可持续发展的重要保证。对于老年服务从业人员而言,做到维护道德权利和义务的统一,既是其做好老年服务工作的要求,也是做好这方面工作的基础保证。

第二节 良心:主体对自身道德义务的自觉意识和情感体验

尽管人们常说良心是靠不住的,但无论如何,良心终究是这个政治世界的最后依靠。一个良心泯灭的世界,必定坠入万劫不复的黑暗深渊。世上之所以有道德生活,最终要归因于良心。做好事常常不求别人的赞赏而只求问心无愧是道德生活的最高境界,做错事能扪心自问并深感内疚是塑造有德之人的起步,做坏事却心安理得而没觉得良心受到谴责则属于只有靠严厉的惩处才能纠偏的行为。良心是与义务紧密联系的重要道德范畴。如果说义务本身是一种客观的使命、职责和任务,那么良心就可以看做是被人们自觉意识到并隐藏于内心深处的使命、职责和任务。那么,什么是道德上的良心呢?

一、良心是最古老的道德范畴

西塞罗在其《论辩集》中有一句名言:"对于道德实践来说,最好的观众就是人们自己的良心。"那么,什么是良心呢?良心(Conscience)是一个最古老的道德范畴。"良心是一定的社会关系和道德关系的反映,是人们的各种道德情感、情绪在自我意识中的统一,是人们在履行对他人和社会的义务过程中形成的道德责任感和自我评价能力。良心是历史的、具体的、社会的范畴,是一定社会生活和社会关系的反映,是人们在实践过程中逐渐形成的,不是与生俱来的,因而也没有所谓抽象的良心。良心对于人们的行为具有判断、指导和监督的作用。"

在中国,良心一词最早见于《孟子·告子上》,意为仁义之心,包含恻隐、羞耻、恭敬等情感。《孟子》中将恻隐、羞恶、恭敬、是非之心称为良心,主张人应当注意找回被流放的良心。朱熹则将良心视为宰制人心的"道心"。王阳明将良心看做澄澄朗朗的"本心"。毫不夸张地说,良心乃是道德秩序的保证。良心,并且只有良心,才能救道德于堕落。[②]

[①] 赵后起.试论道德权利与道德义务的统一[J].传承,2011(18).
[②] 良心[EB/OL]. http://cidian.iask.sina.com.cn/a/sp34.html.

在马克思主义伦理学看来,良心并不是不可捉摸的神秘现象,也不是"个人情感"的简单表现,而是人们在履行义务过程中形成的一种道德意识。简单地讲,良心,就是人们对他人和社会履行义务的道德责任感和自我评价能力,是个人意识中各种道德心理因素的有机结合。①

总之,良心就是人们对他人和社会履行义务的道德责任感和自我评价能力,是人们对其道德责任的自觉意识。老年服务从业人员的良心是为老情感的深化,是在为老服务中存在于从业人员的意识中、发自内心深处的对老人和社会的强烈的道德责任感和自我评价能力。正如道德模范谢延信所说:"支撑我信念的就是'良心'二字。"

2008年5月14日上午8:30,由中宣部、中央文明办、共青团中央、教育部主办的"全国道德模范巡讲——与青年话成长"第七场报告会在河北省沧州市举行。谢延信在演讲中讲到,昨天听到四川汶川大地震的消息,心里感到十分悲痛,灾区群众所遇到的灾难,就像我的亲人受难一样让我揪心,我愿与他们同呼吸共患难。祝愿我们的亲人早日渡过难关。我是1973年4月与妻子谢兰娥结的婚,在当时,我们家的条件不如岳父家,岳父、岳母让她女儿嫁给我,就是图我人好、实在,今后能对他们家有一个照应。第二年,我妻子产下女儿仅40天就患产后风去世。她去世前嘱咐我,让我替她好好照顾这个家。当时,我岳父在焦作煤矿工作,岳母因患肺气肿等疾病,不能下地干农活,内弟呆傻,生活不能自理,吃饭穿衣都要人照顾。30多年来,我克服种种困难,维持了这个家。支撑我的信念就是"良心"二字。一个人,说任何话,办任何事都不能昧了自己的良心。

(2008-05-14 来源:新华网)

有人说,没有信仰的人敢做出任何事情。然而又有人说,中国人的良心一直回荡在身边,这就像是一个死不瞑目的人,即使死的时候,也要睁着一只眼睛。然而,在谢延信意识中、发自内心深处的对亲人和社会的强烈的道德责任感和自我评价能力找回了中国社会失落的良心和安全感,很好地诠释了"良心"的内涵和真谛。

二、良心范畴的首要特点是强烈的道德责任感

1. 良心表现出一种强烈的道德责任感

作为良心重要方面的道德责任感,是人们能深切地体验和认识到自己对社会和他人的义务时,才产生和形成并发生作用的。人们只有在社会生活中,由于意识到自己的使命、职责和任务才会产生对他人和社会应尽的道德义务强烈的、持久的愿望,才会去做他该做的事情。

2. 良心表现为人们在理解一定的道德要求基础上所形成的自我评价能力

良心是在人们深刻理解一定的道德原则和规范基础上,以高度负责的态度对自己行为的善恶价值进行自我判断和评价的心理过程。良心是客观存在的一定社会或阶级的道德要求。没有一定社会或阶级的道德要求的实际存在,或者这些客观要求不被人们理解,就不可能形成人们道德上的自我评价能力。良心就是人们在履行对他人和社会的义务的过程中所形成的自我评价能力,是一定的道德观念、道德情感、道德信念和道德意志在个人意识中的统一。

---

① 罗国杰.伦理学教程[M].中国人民大学出版社,1985:220.

3. 良心的调节作用最终要受现实社会关系的制约

首先,良心是否能够以及在多大程度上调节个人的行为,这最终不仅取决于当时整个社会的道德状况,而且还更远地取决于当时社会的经济和政治状况。如果当时社会的道德状况、经济状况和政治状况同人们内心已形成的某种道德责任感相一致,那么良心就可以充分发挥对个人行为的调节作用;相反,人们就有可能"做违心的事",使良心和行为相悖。

其次,良心对自己行为的评价最终还需要社会实践来检验。良心毕竟属于意识范畴,并且一经形成就比较稳固,因此,难免对个人行为做出不恰当的评价和判断。它对个人行为的判断和评价,只能算作"初审",还必须最后由社会道德关系和道德活动实践来进行"终审"。所以,人们在履行对社会和他人道德义务的过程中及其后,不能仅仅停留于"问心无愧",而要更注重于行为后的社会评价和社会效果。① "冉阿让的良心"一文值得思考。

冉阿让在年轻时是巴黎街头的一个流浪汉,经常也会干一些小偷小摸的事情。但由于各种偶然的机缘,他变好了,改换名字,开始规矩做人,并通过努力学习,掌握了相当丰富的知识,在几年之中,他由于在为城市的社会发展方面的卓越工作得到了大家的尊敬和赞扬,在群众中享有很高声望。不久他被选举为巴黎市长。上任后一段不长的时间中,他的工作有声有色,声望日隆。但是,有一天,他偶然听到警察局局长说抓到一个几年前就一直偷窃的名叫冉阿让的惯犯,由于一个严重的罪行,要被起诉,可能被判处死刑。他听了以后,心里咯噔一下,因为那罪行正是他几年前做下的,现在警察局错抓了一个也叫冉阿让的人,而且要判他死罪。这样他就陷入了一个空前的困境之中:一边是一个已经改正并政绩卓著、广受人尊敬的市长,一边是一个被错抓、为自己顶罪的街头流浪汉,他将如何选择?是本着自己的良心站出来自己领罪,还是要一个无罪的流浪汉充当一个屈死的冤魂?如果他自己不说出事情真相,那么,谁也不会想到他这个市长就是当年的那桩罪行的实施者。但是不说出真相,他的良心却又时时不安,令他焦躁万分,寝食不安。最后,在良心的驱使下,他站了出来,说出了真相,使事情恢复到了本来的样子,而没有任何扭曲。他领了罪,但他的良心却彻底地安宁下来了。

(来源:http://www.doc88.com/p-639728011530.html,第九讲 伦理学基本范畴)

这说明,良心是一种不可欺瞒的深层情感,与生命的整体意义相互关联着。道德主体的良心,既是一种道德意识和道德情感,又是一种道德信念和道德人格,还是道德调解和道德评价的方式。冉阿让强烈的道德责任感没有丢失,相反,他的道德观念、道德情感、道德信念和道德意志在个人意识的统一中得到升华。再如,"希望老人"之死的故事给了我们很多启示。

江诗信,人称"希望老人"。14年来,他耗尽7万元家财,引资数百万元建立爱心志愿者协会,帮助2164名失学儿童重返校园。然而,2006年11月24日,老人却从自家楼上跃下,永远闭上了双眼。据称,被冒充政府官员的骗子骗取7000元捐助爱心款是老人自杀的导火索。一位曾带给无数人希望的老人,选择以这样的方式,结束自己用生命中最后14年奔走呼号的助学事业,让人扼腕叹息。

有评论者认为,当"希望老人"美誉加身后,推动老人前行的,就不再只是个人对失学儿童的关爱,更有来自爱心志愿者的支持和鼓励。而这份寄托与厚望在激发老人动力的同时,

---

① 罗国杰.伦理学教程[M].中国人民大学出版社,1985:221.

也成为老人"难以承受之重"。在某种意义上讲,骗子骗去的不是 7000 元,而是人们托付老人传递的爱心,这直接导致老人的精神世界轰然崩塌。

江诗信老人无疑是这个社会最有良心的人之一,然而一场没有良心的骗局却使他的生命走到了尽头。他的死是冰冷的现实对"正义终将战胜邪恶"的童话的戏弄,也是对"好人有好报"这一俗语的颠覆。

(来源:http://news.sohu.com/20061220/n247158499.shtml)

"希望老人"死了,是一个悲剧,骗子不仅没有去体谅老人的艰辛,更没有强烈的爱老敬老意识和道德责任感,而且他的良知也荡然无存。我们希望这个社会的希望和良心不要随之而死。

三、善以为人的良心信念引领为老服务的方向

良心通常是在对一个人应尽的道德义务的情感认知、认同的基础上和在长期为善的道德实践基础上,形成善以为人的信念。良心在老年服务中尤为重要,因为整个为老服务业是一种公益性的事业,也是一种慈善业,更是一种良心活。无论是在一线养老机构的从业人员,还是在社区活跃的为老志愿者,或是在设计、生产、销售老年产品的行业,乃至在自己的家庭里,良心都是做好为老服务工作的原动力和不竭源泉。良心在为老服务中的作用主要表现在以下几个方面。

1. 良心对老年服务从业人员的道德服务全程具有自律作用

在道德行为前,良心对帮助人们正确选择行为起着决策和指令作用。此时,良心成为"指挥官"。在道德行为进行中,良心对主体的行为起监督作用。此时,良心成为"检察官"。在道德行为后,良心对行为的后果和影响有评价作用。此时,良心成为"审判官"。[①] 一个人是否愿意从事老年服务工作,良心起着决策和指令作用;在其履行为老服务的过程中,良心又起着监督作用;在其做过为老服务的阶段性工作后,良心又对其行为的后果和影响有评价作用。可以说,良心对老年服务从业人员的道德生活发挥了自律机制的作用。

2. 良心对老年服务工作选择具有调节作用

我们已经知道,良心是否能够以及在多大程度上调节老年服务从业人员的行为,最终不仅取决于当时整个社会的道德状况,而且会更远地取决于当时社会的经济和政治状况("按良心办事"还是"做违心的事"),此外,良心对自己行为的评价最终还需要社会来检验("初审"—"终审"),所以,有多少人愿意从事为老服务工作,一名老年服务从业人员的敬业精神、工作状态和工作效果等,都受到一个人的良心有无以及对他人和社会应尽的道德义务强烈的、持久的愿望状况的影响。良心成为一个人是否选择、是否坚持为老服务工作的一个重要调节因素。

3. 良心对老年服务从业人员的服务质量具有监督和评价作用

在中国的道德概念中,自古讲究"做人要有良心","做人要问心无愧",说的就是一个人无论品质高低,都要固守良心的底线。如果这个底线失守,就会被人骂作"丧尽天良",被千夫所指。作为道德主体的个人是这样,企业组织也是如此。作为老年服务从业人员,其工作效果和服务质量更要接受社会的监督和评价,接受"良心"的检阅和洗礼。

---

① 王伟,郜爱红.良心在道德建设中的作用,http://www.chinamil.com.cn.

总之，良心具有能动作用。在行为前，良心对符合道德要求的行为动机给予肯定，对不符合道德要求的行为动机给予抑制或否定；在行为中，良心对人的行为起着监督作用，对符合道德要求的情感、意志、信念以及行为方式和手段予以激励和强化，对不符合道德要求的情感、欲念或冲动行为等则予以纠正、克服；在行为后，良心对行为的后果和影响有评价作用。为老服务人员良心的作用主要表现为，从业人员对于履行了为老义务并产生了良好后果和影响的行为产生自豪感，感到满意和欣慰；反之，则会产生内疚、羞愧、自我谴责和悔恨。我们需要形成符合社会发展、符合为老服务要求的共同良心，进一步促进整个为老服务道德风尚的改善，努力呼吁和培养更多的人为老年服务事业的发展奉献青春的高尚而完美的良心。

良心是检验一个人是否心灵完美的试金石，也是检验一个修行修炼成果的分水岭，更是推测一个人能否前往自由王国的最佳凭据。当今社会物欲横流，对于那些道德和良心缺失的不肖子孙，人人都应给予道德上的谴责和道义上的惩罚，要用高尚而完美的良知传统来教育对老人道德缺失的人们，要用法律的武器来维护老年人的合法权益。

第三节　荣誉：推动履行道德义务的精神力量

在每个单位，常有员工因为工作业绩突出而被领导和同事认可，被评为各种优秀，并给予各种不同的荣誉称号，从而成为某一方面的榜样和模范。例如，每年都有一批劳模获得"五一"劳动奖章。劳动伟大，劳动光荣；劳模是国家的宝贵财富，是一代人学习的榜样。这不仅是一种荣誉，更是一种精神、一种激励。荣誉是伦理学的重要范畴，它同义务、良心、正义、气节有着密切的联系。那么，什么是荣誉呢？

一、荣誉是对道德行为的肯定和褒奖

在中国，孟子最早从伦理方面使用荣辱概念："仁则荣，不仁则辱。"荣辱观念，古已有之，我国古代思想家早就十分重视荣辱问题。战国时期的思想家管仲提出"仓廪实，则知礼节，衣食足，则知荣辱"的命题。荣誉是社会历史范畴。不同的社会或不同的阶级对同一行为的褒贬不同甚至截然相反，如历史上对"劳动"来说，在剥削阶级那里以劳动为耻，而劳动者则以辛勤劳动为荣。可见，荣誉的获得与履行道德义务密切相关，忠实履行对社会、阶级或他人的义务是获得荣誉的前提。一般认为，荣誉是指一定的社会或集团对人们履行社会义务的道德行为的肯定和褒奖，是特定人从特定组织获得的专门性和定性化的积极评价。在伦理学意义上，所谓荣誉，就是指一定社会整体或行为当事人，以某种赞赏性的社会形式或心理形式，对一定义务和相应行为具有的道德价值，所表示的肯定性判断和态度。个人因意识到这种肯定和褒奖所产生的道德情感，通称荣誉感。老年服务从业人员的荣誉是指一定的社会或集团对从业人员履行为老服务义务的道德行为的肯定和褒奖，是从业人员从特定组织获得的专门性和定性化的积极评价。荣誉可分为集体荣誉和个人荣誉，个人荣誉是集体荣誉的体现和组成部分，集体荣誉是个人荣誉的基础和归宿。在社会主义时代，这二者从根本上来说是一致的。共产主义道德的荣誉范畴除了包括个人荣誉和集体荣誉之外，还包括社会赞誉和个人尊严的关系，以及自尊和谦卑的关系。例如，和县光荣院职工张吉厚的

荣誉观充分说明了荣誉的意义和作用。

一个退伍军人，二十多年如一日，精心照料光荣院革命老人，孜孜不倦，享受着尊老敬老的无限乐趣。他就是和县光荣院职工张吉厚，出生于1954年，1976年入伍，1989年退伍后到和县光荣院工作。到光荣院工作二十多年来，他无悔于自己的选择，全心全意为革命老人服务，在光荣院平凡的岗位上兢兢业业，默默奉献，用他儿女之心的真诚、执著和二十多年的青春谱写了一名普通党员的动人篇章。张吉厚多次被上级各部门评为先进工作者等荣誉称号。

1989年，从部队退伍回乡的张吉厚满怀着报效祖国的抱负，放弃了安置到其他各方面工资待遇都好的单位的机会，毅然选择了和县光荣院，成为和县光荣院的一名普通职工。用世俗的眼光来看，这是一个很不体面的工作，而且待遇又差，属于清水衙门。然而他并没有因此感到卑微，面对世俗的眼光毫不退却，在平凡的工作岗位上一干就是二十多年。

在别人看来，这是低贱的工作，工资福利待遇不高，干的是又脏又累的苦差事，就是去扫马路、掏大粪也比干这强。二十多年来，他从来没有嫌弃过老人，张吉厚自己也记不清多少次，为多少位老人翻身擦澡、端屎端尿，并练就了熟练的护理经验方法。他用执著的信念和实际行动证明了自己无悔的选择。

（来源：马鞍山市和县民政局，http://hxmzj.mas.gov.cn）

张吉厚在工作中任劳任怨，不图名利，饱尝了人生的酸甜苦辣。他能够一直坚持下来，靠的是强烈的事业心、责任感和牺牲奉献精神，靠的是共产党员的先进性，靠的是社会或老年人对他履行义务的道德行为的肯定和褒奖和从特定组织获得的专门性和定性化的积极评价——荣誉。正是这种荣誉感促使他常常告诫自己要把老人的冷暖疾苦放在心上，像对待自己的亲人一样把他们照顾好。多年来，他用一颗赤诚的爱心，把党的温暖传递给老人，全身心地扑在为老人的服务工作中。

二、荣誉范畴的本职特征是特定组织的积极性评价

1. 荣誉是不同于名誉的一般社会评价

荣誉是社会组织给予的一种评价，而不是一般的社会评价。名誉作为一种社会评价，它的来源是公众。而荣誉不是公众的评价，它是由政府、社团、所属单位或其他组织对特定人给予的评价，是一定的社会或集团对人们履行社会义务的道德行为的肯定和褒奖，是特定人从特定组织获得的专门性和定性化的积极评价。

2. 荣誉是一种积极的评价，而不包括消极的评价

名誉作为社会公众对特定人的品行、能力、才华、业绩等的综合评价，既包括对一个人的积极评价，也包括对一个人的消极评价。但是荣誉作为一种社会评价，其肯定是积极的评价，即它是对一个人肯定性的、褒扬性的评价。

3. 荣誉是社会组织给予的正式评价，而不是随意的评价

名誉这种社会评价是社会公众进行的自由的、随意的评价，而荣誉则不同，它必须是社会组织对一个人基于其某方面突出表现或贡献而作出的正式评价。荣誉是民事主体依据自己的模范行为而取得的社会组织的评价，而不是自然产生的。

4. 荣誉的内容随着时代变迁而变化

荣誉范畴是一个历史范畴，在不同的时代、不同的阶级、阶层，通常有着不同的内容和表

达形式,并随着时代的变迁而不断发展变化。在原始社会,诚实劳动、履行氏族义务、遵守氏族风俗习惯等就是那个历史阶段荣誉范畴的主要社会内容。在奴隶社会,奴隶主阶级把自己所拥有的特权、身份、占有奴隶的多寡等作为荣誉的标准。奴隶阶级则有着完全不同于奴隶主阶级的荣誉观。奴隶们反抗统治的行为,才是真正的荣誉的行为。在资本主义社会,金钱和个人主义是资产阶级荣辱观确立和评价的标准。与资产阶级荣辱观相对立的是无产阶级的荣辱观。无产阶级认为,靠剥削、压迫人们建立起来的财产、权势、门第不是荣誉,而是耻辱;靠自私的、不择手段的投机钻营所获取的"荣誉"不是真正的荣誉,而是狭隘的、暂时的虚荣。只有忠实地履行自己的道德义务、全心全意为广大人民群众服务、对人类进步作出贡献而得到人们的赞誉和敬佩,并且在内心里得到精神的满足和欣慰,这才是真正的荣誉。①

坚持以热爱祖国为荣、以危害祖国为耻,以服务人民为荣、以背离人民为耻,以崇尚科学为荣、以愚昧无知为耻,以辛勤劳动为荣、以好逸恶劳为耻,以团结互助为荣、以损人利己为耻,以诚实守信为荣、以见利忘义为耻,以遵纪守法为荣、以违法乱纪为耻,以艰苦奋斗为荣、以骄奢淫逸为耻。这是社会主义荣辱观的要求,这种荣辱观已经渗透到社会和人们生活的方方面面,并成为绝大多数人的自觉行动。

三、荣誉在老年服务中的主要作用是激励和导向

1. 荣誉对老年服务从业人员群体具有激励作用

人的需求是多方面的。物质需要每个人都有,而精神的激励效果,对广大民众来说远胜于象征性的物质激励。多给老年服务从业人员一些荣誉激励,可以让其从奖状、证书、嘉奖、表扬中获得更多精神上的满足。

事实上,在老年服务从业人员中,不乏先进典型和模范。也许,他们并不需要太多的奖赏,一个鼓励的眼神、一句温暖的话语就会让他们感动不已,一个镜头、一篇文章、一张奖状、一个证书就会让他们群情振奋。社会及相关工作机构应及时寻找他们身上的闪光点,激发他们的进取心和积极性,充分发挥荣誉的激励作用。例如,民政部最高荣誉奖"孺子牛奖"获得者洪佩贤的先进事迹充分阐释了荣誉激励作用。

有这么一个人,她被人们称为世界级的"女叫花",还深感自豪!有这么一个人,只有初中文化,却被国家民政部部长称赞是"为老服务的专家和实干家"!有这么一个人,三十三年如一日地践行着"视老人如亲人,做老人好儿女"的承诺,却曾被自己的女儿"记恨"!在一年四季树影婆娑、花团锦簇的广州市老人院里,人们总能看到她熟悉而忙碌的身影。她,就是在为老服务中辛勤付出、默默奉献三十三载的广州市老人院院长——洪佩贤。她说:"照顾好身边的这些老人,就是我这一生要干的最大的好事和善事。""老人院破旧的景况让洪佩贤打起了退堂鼓,可铭刻在心中奶奶的叮嘱让她毅然选择了留下……"她历尽千辛万苦,经过她多年的苦心经营,终于实现了老年院的蜕变和跃迁……

自担任广州市老人院院长以来,洪佩贤先后荣获全国先进工作者,全国民政系统先进工作者,全国老龄工作先进个人,广东省、广州市优秀党务工作者,广州市精神文明建设先进工作者,广州市"人民满意的基层民政干部",第二届"羊城公益百星"之"尊老爱幼之星"等荣誉称号,荣立二等功 2 次,三等功 3 次,并多次受到中央和省、市有关领导的亲切接见。

---

① 试论荣辱观的产生、演变及其社会作用,http://club.topsage.com

2009年4月，广州市民政局决定在全市民政系统开展向洪佩贤同志学习活动。在当天的动员大会上，细心的人们发现洪佩贤的头一直低着。洪院长惶恐了，她说："我只是做了分内的事，我做了一个共产党员应该做的事，党和人民给我的荣誉太多了，我很不好意思。"

洪佩贤用自己一生的青春年华守护夕阳红，为了广州市老人院的发展和老人福祉的改善坚韧付出，用行动为我们诠释了心中有大爱的人是最幸福的，并进而折射出时代的发展变迁以及建设幸福广东的应有之义。

(2012-05-29　来源：广东省民政厅，http：//www.gdmz.gov.cn)

洪佩贤院长的工作赢得了诸多荣誉，这种诸多荣誉也成为她的创业团队一次又一次努力奋斗和前进的动力，同时也激发了更多老年服务从业人员的信心和乐于奉献的为老情怀，因为他们的奉献和努力赢得了社会的尊重和认可，赢得了本应该属于他们的一项又一项荣誉。

2. 荣誉对老年服务从业人员个体具有导向作用

荣誉包括两个方面的内容：一方面是指人们履行了社会义务，对社会作出一定贡献之后，受到社会舆论的赞许和褒奖；另一方面是指个人对自己行为的社会价值的自我意识，即由履行了社会义务而产生的个人道德情感上的满足和自豪感。荣誉具有对老年服务从业人员个体的道德评价和导向作用。例如袁艳的荣誉观——"为老年人服务是荣誉，也是心愿"。

袁艳，一个地地道道的东北人，早在20世纪80年代就只身闯荡京城。一开始，她在一家理发店给人打工，后来凭借实力自己当上了理发店老板。如今，她不但自己事业有成，而且成了望花路西里社区大叔大婶们的老邻居、老朋友。她几十年如一日，为社区里的老人送上最贴心的服务。

将近二十多年的朝夕相处，袁艳与社区的居民，特别是老人们结下了深厚感情。以中建一局发展公司职工家属为主体的望花路西里社区，是望京地区典型的老社区、大社区，居民共计3000多户、7000多人，其中老年人有2000多人，并且近600人没有工作，生活水平相对较低。根据这一特殊情况，袁艳的理发店实行了在社区同行业中服务费用最低的收取标准。

长期以来，老人们成了"袁艳美容美发店"里的常客，这里是她们唠嗑、拉家常的好地方，因此袁艳的店经常是顾客盈门、门庭若市。在热情服务的同时，袁艳还特别注意那些年老力衰、不能走动的老人，哪栋楼的大爷什么时候该理发了，她心里一清二楚。于是，每天，她都要拿起准备好的一套理发工具，上门为老人们服务。

在望京地区20多个社区当中，袁艳为18个社区的老人送去了入户服务，送去了温暖。时光流逝中，青丝变白发，而那落了一地的，不是发梢，而是袁艳可贵的坚持。袁艳以实际行动帮助老人，感动着身边的人，她用实际行动传承和发扬了中华民族五千多年来尊老爱老的传统美德。

(来源：北京朝阳新闻网，http：//www.chinasq.com)

袁艳，作为老年服务从业人员的代表，把为老年人服务看做既是一种荣誉，也是自己的心愿。社会舆论的赞许和褒奖——荣誉，在她看来，已经成为她工作的原动力，在为老服务中而产生了个人道德情感上的满足和自豪感。正是这种对自己行为的社会价值的自我意识——荣誉，成为她从业、乐业的导向。

3. 荣誉有利于提高为老服务业整体质量和水平

主人翁意识是老年服务从业人员的重要心理品质,它使人体验一种道德上的责任,把集体的工作当作自己分内的工作,全心投入、积极奉献。主人翁意识又是老年服务从业人员自律向上的动力。有了这个动力,他们会对集体的事情热心参与,为集体的成绩进步而欢欣,为集体的困难挫折而焦虑,感觉到集体的一切与自己息息相关。集体的目标靠大家来共同实现,集体的荣誉靠大家来共同维护。每个老年服务从业人员都有一种为老服务的光荣感和使命感,都有为老服务的高度责任感和荣誉感,就会激发广大老年服务从业人员工作的积极性、主动性和创新性,就会把自己平凡的工作做好,在点点滴滴为老服务中提升自身的综合素质,提高为老服务的技能,从而促进为老服务业整体水平的提升和发展壮大。

第四节 幸福观:增进社会幸福的过程中实现幸福人生

幸福是什么?人们常常不停地问自己、问他人。幸福是小的时候拉着爸妈的手想玩就去玩,还是老的时候搀着老伴的手说走就来走走;或许有人认为,对无家可归的人来说,一个温馨的家是他们的幸福;等等。但是,人们可以在拥有较少财富的情况下达到前所未有的快乐境地,而在财富极为充裕的情况下,却仍可能非常痛苦。有一首歌曲《幸福在哪里?》唱到:"幸福在哪里,幸福在哪里,朋友啊告诉你。她不在柳荫下,也不在温室里,她在辛勤的工作中,她在艰苦的劳动里啊……"那么什么是真正的幸福呢?幸福是人类永恒的追求,也是一个常谈常新的话题。马克思主义幸福观认为,劳动是幸福的源泉,道德是幸福的前提,幸福是物质幸福与精神幸福的结合,是个人幸福与社会幸福的统一。这种科学的幸福观,是社会主义荣辱观的重要内容,为我们追求幸福指明了方向。

一、幸福是心灵的满足和慰藉

幸福是什么?不同的人会有不同的回答。巴尔德斯认为幸福就是:"把别人的幸福当做自己的幸福,把鲜花奉献给他人,把棘刺留给自己!"在鲁迅看来:"幸福永远存在于人类不安的追求中,而不存在于和谐与稳定之中。"果戈理说过:"如果有一天,我能够对我们的公共利益有所贡献,我就会认为自己是世界上最幸福的人了。"这说明,幸福没有绝对的答案,关键在于个人的生活态度。善于抓住幸福的人才懂得什么是幸福。幸福其实很简单,只要心灵有所满足、有所慰藉就是幸福。

在中外伦理思想史上,对"幸福"这个范畴做过各种各样的解释,归纳起来,最主要的有两大类型:一种是把幸福归结为禁欲主义(神学的、唯理的幸福观等),从而否定幸福具有道德意义;一种是把幸福归结为享乐主义(包括精神的享乐、物质的享乐或二者兼而有之的享乐等)。马克思主义伦理学通过深入考察人类社会生活,强调幸福范畴是整个历史发展的结果,是社会生活条件在人们思想和情感中的反映。①

简单地讲,所谓幸福,就是处于一定社会经济关系和历史环境的人们,在创造物质生活

---

① 罗国杰.伦理学教程[M].中国人民大学出版社,1985:229—230.

条件和精神生活条件的实践中,由于感受和理解到目标和理想的实现而得到的精神上的满足。① 一起来看看"热衷志愿者服务的阳光女孩——李瑶"一文的幸福观问题。

李瑶出生于湖北省汉川市一个农民家庭。2004年春天,年仅17岁的她,便同同乡一起踏上了南下打工的道路,并成为中山市三乡镇宝元鞋厂一名企划文员。她自上班起就横下一条心"刻苦学习,勤奋工作",争当一名合格的劳动者。

功夫不负有心人,在之后举行的专业知识考核中,她连续三年取得了优异成绩,深受领导和同事的好评。为提升文化素养,她还忙里偷闲参加了函授教育大专班,并顺利获得了由重庆西南大学颁发的毕业证书。2008年,因工作表现突出,她又被调入三乡镇载德幼儿园任幼儿教师。

"我认为,作为一个文化程度不高,又从农村出来的打工者,如果在工作上不敬业,就会在社会上无立足之地;如果不提高文化素质,就会被现代社会所淘汰;如果不增强自己的道德修养,就会与这座幸福和美的城市格格不入。"李瑶说。

其实,早在2004年,李瑶就志愿加入了"三乡镇工人业余艺术团"。由于该艺术团是一个知名的志愿者服务组织,主要以在全市各地开展法律法规、计划生育、禁毒禁赌、卫生保健、交通知识、权益保障、婚姻家庭等为主题的义务演出而声名远播。长期以来,她对艺术团的工作都十分热心。由于艺术团工作的特殊性,她常常是白天上班,周一至周五晚上排练,周六至周日演出,整天忙得不亦乐乎。

据统计,仅近年来,她参加的义务演出就多达到300多场。与此同时,镇里所组织的"情系雕塑园、欢乐志愿行"、"为汶川地震救灾募捐"等各种志愿者服务活动,同样离不开她的身影。对此,她本人也先后获得"同是中山建设者"百佳流动务工人员、"中山市星级志愿服务奖五星级金奖"等殊荣,并被同事和朋友们称为"阳光女孩"。

李瑶说:"作为一名外来工,能通过努力工作和积极参加志愿者活动,给这座城市争添光彩,是我最大的幸福。"

(来源:中山网,http://www.zsnews.cn)

在李瑶看来,努力工作、为城市建设添砖加瓦、积极参加志愿者活动、给他人带来快乐就是自己莫大的幸福。因为她在实现自己的理想和目标中对人生、使命得到了一种愉快的、自我的满足感,产生了愉快、舒畅的内心体验——幸福感。

二、幸福的基本特点是"四个统一"

幸福是人类历史上各个阶段都在孜孜追求的理想,也是人生苦苦追寻的目标。实现全人类的共同幸福,是马克思恩格斯科学世界观和方法论的出发点和落脚点。马克思幸福观表现为以下几个特征。

1. 幸福是主观性与客观性的统一

幸福的主观性强调的是不同时代、阶级以及不同生活目标和理想的人有着不同的幸福观,显示着幸福的个体性;幸福的客观性强调的是人们需求的满足,是整个历史发展的结果,不能脱离具体的物质生活条件和精神生活条件。这种主观性和客观性统一的基础是人的实践。

---

① 教育与幸福的关系——一个亟待重视的教育研究领域[EB/OL]. http://yingyu.100xuexi.com/view/examdata/20100322.

2. 幸福是物质生活与精神生活的统一

马克思以前的幸福观,往往把物质生活和精神生活割裂或对立起来。这些幸福尽管形形色色,但归结起来,最主要的有两大类:一种是把幸福归结为禁欲主义,认为人的物质欲望即为邪念,肉体的需要即为罪恶,必须加以压抑和禁止;另一种是把幸福归纳为享乐主义,强调个人的物质享受,否定健康的精神生活。唯物主义者认为,幸福是主观与客观的统一。从客观方面说,它是经济社会发展水平的结果和反映,离不开一定的物质条件和社会环境;从主观方面说,它是人们对外在世界的一种感受和体验,取决于自己的价值取向和精神状态。

3. 幸福是享受与劳动的统一

幸福范畴不仅包含着对物质生活和精神生活的享受,更重要的还在于通过劳动对物质生活和精神生活的创造。劳动是人根本的生存方式,劳动过程是人本质力量的实现、展开的过程。人是自由自觉的劳动者,从事自由自觉的劳动是人最本质的需要。人的需要不仅指向能够满足其需要的物质生活和精神生活条件,而且指向生产这些物质财富和精神财富的劳动本身。

4. 幸福是个人幸福与社会幸福的统一

人始终是社会的人,人的本质同社会的本质始终是不可分割的。所以,幸福的个体性,决不意味着幸福是"个人的私事"。个人的幸福与社会幸福互相联系、互相依存。社会幸福决定个人幸福,个人幸福丰富社会幸福。个人幸福的真正实现,不仅有赖于彻底改造社会政治经济制度,而且有赖于社会物质和精神生产力的提高,有赖于社会物质文明、精神文明和政治文明的建设和发展。历史和实践反复证明,个人幸福和社会幸福不可分离,社会幸福是个人幸福的基础。

5. 幸福观念根源于社会生活

人们在社会中生活,不仅要安排自己的现实生活,而且还要思考人生的意义,确定追求的目标和要达到的理想。幸福观念的产生,是与人类社会生活的这两个方面密切联系的。由于人们所处的时代不同,经济、政治地位及生活的具体条件不同,确定的目标和理想也不同,因而对幸福的理解也不同。人们曾用"幸"与"不幸"等近似幸福的观念来表达自己对生活遭遇的感受和认识,并用这些观念来评价目标和理想的意义。每个人都必然从一些实际生活条件的比较中,产生一定的目的或理想,并以这一定的目的和理想是否得到实现,而在意识和感情中形成幸福与不幸的道德观念。自己的目的和理想实现了,就会感到精神上的满足,认为这就是幸福;反之,就会感到精神上的痛苦,认为这就是不幸。所以,幸福范畴,不论作为社会或个人的道德观念,最终都是来源于人们现实的社会生活。①

6. 幸福实现的基本条件由社会的经济关系所提供

应该说,我们的社会为每个人追求和实现幸福提供了基本条件,而且随着经济社会的发展,社会的整体幸福度将大大提高。使社会的每个成员都能够完全自由地发展和发挥自己的全部才能和力量是实现幸福的基本条件。依据马克思主义伦理学的理解,实现幸福的基本条件,在剥削阶级社会里是不具备的。只有在社会主义社会,才能日益广泛地为每个社会成员提供能够自由地发展和发挥才能和力量的条件,提供实现幸福的条件,并使实现个人幸

---

① 罗国杰.伦理学教程[M].中国人民大学出版社,1985:230—231.

福和实现社会幸福结合起来。① 可见,幸福范畴是一个社会范畴,它是在一定的社会生活基础上与社会生活条件紧密联系的。

三、树立正确的幸福观是老年服务从业人员做好各项工作的基础

树立无产阶级的幸福感,对于老年服务从业人员的道德行为、做好本职工作以及提升自身综合素质等方面具有十分重要的意义,主要表现在以下几点。

1. 树立正确的幸福观,对于老年服务从业人员做好本职工作十分重要

劳动是幸福的源泉,道德是幸福的前提,幸福是物质幸福与精神幸福的结合,是个人幸福与社会幸福的统一。这种科学的幸福观,是社会主义荣辱观的重要内容,为我们追求幸福指明了方向。幸福既是人类永恒的追求,也是人们普遍关注的一个热点问题。老年服务从业人员树立了马克思主义幸福观,就会对自己的劳动和付出换来老年人的开心和幸福能够正确理解,就会把自己的工作看做是自己幸福的源泉,就会把个人幸福与他人幸福、社会幸福实现较好地结合。进一步,就会全身心地投入为老服务中去,从而优质高效地完成自己服务工作。相反,缺乏职业幸福感、荣誉感、责任感,就不可能热爱本职工作,也无法做好为老服务本职工作。例如,《黄再军:一切为了老人幸福》的幸福观值得学习和借鉴。

黄再军在部队是"四川十大杰出青年"、"全军学雷锋标兵"和"全国杰出青年中医"。2000 年从部队转业后,他建立了风湿医院。由于热忱的服务态度、精湛的医疗技术、高尚的医德医风,医院社会声誉良好。他不满足取得的成绩,锐意进取,要为社会作更大的贡献。他秉承中华民族爱的道德思想,积极投身老年关爱事业。2003 年,他开办了阳光康托苑,2005 年风湿医院被评为"全国爱心护理工程试点单位",共收治老年人和病人 400 多人,真正做到了"替党和政府分忧,帮天下儿女尽孝"。他慷慨地用自己的积蓄来支持入院老人养老,凡是残疾老人、孤寡老人、特困老人均可享受每人每月 399 元的养老照顾补贴,而一般老人包括吃、住、常规护理及洗衣洗澡等养老费用,每人每月仅需 515 元。他还建立了助老助残爱心基金,帮助那些没有经济能力的老人。黄再军还以亲情关爱入院的每一位老人,他亲自为老人治疗,热情耐心地为老人服务,甚至为中风老人收拾大小便。为了使老人们心情舒畅颐养天年,他个人出资 500 万元建立了老年公园。黄再军还联络了 208 名社会志愿者,经常来院关爱老人、帮助老人。他还投资 20 万元,编撰《孝行天下》一书,以促进中华孝文化开展。汶川大地震发生后,黄再军和医务人员不顾个人安危,一次次冲进大楼,将全院 500 多名老人和病人转移到安全的地点,而无一受伤。在他的领导下,全体工作人员纷纷捐款、献血、帮助灾区人民。他还在第一时间成立医疗救护小组,赶赴救灾前线。他还免费收治 11 位灾区孤老,并给予他们精心治疗、温馨慰藉,帮他们解决疾苦。黄再军的"孝爱"美德已在社会上发出了璀璨的光彩,2006 年获"中华孝亲敬老楷模提名奖"。

(来源:http://news.hbvtc.edu.cn/News_View.asp? NewsID=3206)

黄再军时刻在做着"替党和政府分忧,帮天下儿女尽孝"的工作。他在服务老年人的工作中,在为老年人创造更好的物质生活条件和精神生活条件的实践中,在真正感受和理解到了为老服务的工作价值中得到了精神上的满足,实现了个人幸福和老年人、社会幸福的统一。他在马克思主义幸福观指引下,实现了人生价值的升华。

---

① 幸福范畴与社会生活条件的关系. http://www.dbxc.gov.cn/ztch/html/? 861.html.

2. 树立正确的幸福观,能使老年服务从业人员克服困难,以苦为乐

老年服务从业人员因其工作的特殊性,经常会遇到一些来自老人、老人亲属以及社会上各方面带来的困难,再加上一些偏见,使得自己的工作经常感到如履薄冰,有时还有来自滋事者的打击和诬陷。在这种情况下,老年服务从业人员如果没有正确的幸福观,就会被困难和挫折吓倒。老年服务从业人员应该把困难看做为老服务的伴侣,把挫折看做是磨炼从业人员意识和坚忍不拔精神的良剂。正确的幸福观是老年服务从业人员克服困难、战胜困难的重要思想和精神支柱。这样就不会感觉自己从事的工作是可有可无的,相反就会感觉自己的工作不仅是十分重要,而且是十分快乐的。

3. 树立正确的幸福观,对于为老服务产业发展壮大十分必要

随着人口老龄化的加剧,以及国家为老服务相关政策的实施,为老服务产业的发展前景十分看好。不仅未来我国老年相关的产品市场需求巨大,而且为老服务机构的规模也将在未来五年、十年里迅速扩大,特别是随着我国以居家养老为基础、社区服务为依托、机构养老为补充的为老服务体系建设的开展急需一批高素质、有技能致力于为老服务业发展的工作人员。从事为老服务的人员首先需要树立为老年人服务是一种幸福的工作理念,只有越来越多的人员树立了这样的幸福观,才能敬业、乐业、爱业、修业、精业和兴业,才能符合现在乃至今后的为老服务产业的发展需求。

总之,幸福观从根本上讲是一个世界观、人生观、价值观的问题。老年服务从业人员应当树立正确的世界观、人生观、价值观,自觉投身老年服务事业,在增进老年人幸福、社会幸福的过程中实现幸福人生。

思考题

1. 怎样理解道德义务的特点?如何培养为老服务人员的道德义务?
2. 良心特点有哪些?道德良心对为老服务有哪些作用?
3. 什么是荣誉?荣誉对为老服务有哪些作用?
4. 怎样理解幸福?为什么说为老服务是幸福的?

第四章 老年服务职业道德的要求

学完本章,你应能够:
——陈述老年服务职业道德的基本要求;
——明确关心同情、尊重理解;服务第一、爱岗敬业;遵章守法、自律奉献的基本内涵;
——列出老年服务从业人员应该怎样做到关心同情、理解尊重;怎样做到服务第一、爱岗敬业;怎样做到遵章守法、自律奉献。

所谓职业道德,即从事一定职业的人们在自己特定的工作中,思想和行为方面应该遵循的道德规范。各行各业都有其特定的职业道德。正如恩格斯所言:"实际上,每一个阶级,甚至每一个行业,都各有各的道德。"从事老年服务业的工作人员需要有其独特的职业道德规范,特别需要做到关心同情,理解尊重;服务第一,爱岗敬业;遵章守法,自律奉献这样几个方面。

第一节 关心同情,理解尊重——老年服务职业道德的首要规范

关心同情他人是一种美德,关心同情他人也是一种素质,是一种责任,还是一种潜意识。我们应该学会从一点一滴的生活小事做起,学会关心他人,同情他人。理解他人是尊重他人的基础,老年人因其年龄、经验、身体方面情况不同于年轻人,故更需要一些关心帮助、理解和尊重。

一、关心同情的基本内涵及其对老年服务从业人员的要求

1. 关心同情的基本内涵

毛泽东说过:"人是要有帮助的。荷花虽好,也要绿叶扶持。一个篱笆打三个桩,一个好汉要有三个帮。"法国罗曼·罗兰也说过:"一个人要帮助弱者,应当自己成为强者,而不是和他们一样变成弱者。"这些说法都强调了一个人常常需要来自他人的关心和帮助,一个人应该富有同情心,善于关心他人。所谓关心,就是指要把人或事物常放在心上,加以重视和爱护。送人玫瑰,手有余香。关心关爱是世界上最好的礼物,当你给予时,别人会用同样的方式来回敬你。关心关爱是一种付出,关心关爱是一种奉献,关心关爱是一种美德,我们应该从一点一滴的生活小事做起,学会理解,学会关心关爱,学会做人做事。如今我们都在

提倡和谐社会,事实上社会的和谐发展,需要的是具有爱心的人,会关爱别人的人,而不是冷漠毫无人情味儿的人,不是只拥有知识技能的冷血动物。①

关心关爱也体现了人格力量、大局意识、不屈意识和服务精神,在此基础上做人做事才有号召力与感染力,企业才有健康发展的基石。中华大地是一方孕育文明的沃土,五千年的文明承载着一段耀眼的历史,而"关心关爱"自一开始就是中华历史的一大主题。关心关爱是一种素质,也是一种责任。隔着咫尺空间,隔着浩瀚的时间,心中有爱,才能让世界更加美好,让人间充满温馨。②

中国古代儒学大家孟子说:"无恻隐之心,非人也。"所谓"恻隐之心"说的就是同情之心。周国平说:"中国和西方的哲学家都非常重视'同情'这个本能,认为它是人性中固有的因素,是人区别于动物的起点,而且把同情视为道德的基础。"当一个人愿意并渴望去帮助他人的时候,人的道德就会在无形中得到升华,向好的方向成长。

在社会主义社会,人们的同情心集中体现在社会主义人道主义精神之中,是人类一种善良美好的道德感情。一般认为,所谓同情,要求一个人当别人遇到喜乐和哀哭的事情时,肯站在别人的立场上,肯感受别人所感受的,能快乐别人所快乐的,伤心别人所伤心的。简言之,同情就是当他人深陷困难与痛苦之中,自己感同身受,自己真心希望他人从中得到解脱,并且愿意为此奉献出自己的一份力量,以求心理上的安宁。在我们的社会中,也需要一种广义的"父母心"、无私无畏的同情心。为什么要尽可能地帮助他人?为什么当看到别人有压力、麻烦、矛盾、痛苦时要真心伸手相助?因为每个人或他们的亲人,在某时某刻或将来某个时候都可能是患者、老者。我们并不共有一个身躯,但会共有相似的成长历程。当你想到你的苦,想到你在痛苦时对服务的需要,你在给别人提供服务时,就会耐心、温馨得多。③

2. 关心同情对老年服务从业人员的要求

老年服务从业人员所面对的工作对象是各种老年人,他们有的是空巢、高龄的,也有的是孤老、低收入者,还有的是属于失能、半失能老人,他们更需要来自多方面的关心关爱,特别是来自他们身边老年服务从业人员的关心和问候,以实现其老有所养、老有所乐,丰富其晚年生活,提高其晚年生活质量。那么怎样给予更多的、适宜于老年人的关心关爱呢?无论作为子女还是老年服务从业人员对于老年人的关心,首先,要想老年人所想,设身处地地为老年人想想他们需要什么?其次,关心物质生活是远远不够的,要给予老年人更多精神上的关心呵护。再次,关心老年人要像关心自己、关心自己的父母那样,要有细心、耐心和信心。例如,2012年4月2日《快乐老人报》中"娘摁的不是马桶,是寂寞"一文中所述,老年人缺少的是对他们的精神方面的关心。

人生有两个童年,人迈入老年,就像孩子一样,会做一些孩子做的事,所以被称作老小孩。大连68岁的宋老太就是这样一个老小孩,年前从乡下住进儿子家后,孤独的她有时没事就蹲在马桶边摁一下开关,98吨自来水在两个月时间被抽走。

98吨水冲不走孤独

宋老太现在住在辽宁省大连市姚兴社区。年前,儿子把她从外地农村接到大连过年,年

---

① 浅谈关心的作用. http://blog.tagxqedu.com/u/wangqingfang/archives/2012/34762.html.
② 关心关爱. http://baike.baidu.com/view/9291118.htm.
③ 呼唤有同情心的社会. http://www.sina.com.cn 2012-09-13.

后她也一直没有回老家。宋老太的儿子说，这个季节老家条件有限，不如城里居住条件好，想让老妈在大连多住些日子。让宋老太的儿子没有预料到的是，前几天，他接到自来水公司的工作人员到他家去抄表后的记录，上面的数字吓了他一跳，两个月竟然用了98吨水。

后来，宋老太的儿子才知道，是老妈待在家里无聊时，时不时去摁一下抽水马桶，而她摁抽水马桶的原因是，看着水"哗"地冲出来时觉得挺有意思。

宋老太的孤独让很多人产生强烈感受。有网友表示，"这让我想起我奶奶，来广州跟我们一起住的那段时间，由于一个人在家太寂寞，不断喂家里的兔子吃胡萝卜，结果兔子撑死了"。不少网友还发问："中国有多少类似这样摁马桶玩儿、喂死兔子的老人？"

针对随迁老人因孤独出现的心理问题，心理咨询师吴剑表示，老年人应从改变自身做起，用积极人生态度面对家庭结构的变化，学会转移注意力。比如，老年人可以根据实际情况，培养自己新的兴趣爱好，如养花种草、练习书画。

当然，子女也要尽可能多回家陪陪父母，即使工作忙不能回家，也要争取每天给父母打个电话。同时，社会也应给老年人更多关爱，比如坐公交车时主动为老人让个座，看病时让老年人优先挂号等，这些看似小事，但对老人心理是一种抚慰。

作为老年服务从业人员更应该从宋老太的案例中去思考自己如何在工作中多给予身边服务的老年人精神上、心理上一些关心、引导和帮助。

同样，作为从事老年服务的工作人员更应该有一颗同情心，有一颗善待老人的善心。当遇到老年人痛苦、烦恼时，一方面要同情他们的状况，另一方面要想方设法帮助老年人化解痛苦。我们需要市场经济，但也希望市场中除了价格信号的作用，同情心、服务心也能发挥作用。同情是无价的，因为它是最重要的服务元素。它给予了别人，也使自己的心更安然和充实。只要服务者付出同情心，服务的附加价值定会升高，这是无疑的。由于对老年人的关心同情不够，很多时候对老年人带来的是伤害。例如有一个买菜老年到超市为过生日的孙女买发卡被赶出就是同情缺失的一个例子。

一个以卖菜为生的老人为自己的孙女买一个发卡，因为今天是他孙女的生日，他走进一家商场，并很高兴！

这时，他已经走入商场，一个保安走了过来，用奇怪的眼光打量他，并指着门说这不是你来的地方，滚！可是老人始终面带笑。

保安踢了老人一脚，并呵斥他出去。再不出去就揍他，而此时老人的笑容有些尴尬……

最后老人无奈地走出了商场，老人的脸颊有一滴泪划过……

难道老人为自己的孙女买个发卡也有错吗？难道这个保安就那么无情、麻木吗？

难道这个保安就是富二代，活该在这个商场待着？

穷，是见不得光的事吗？谁的祖先一出来就是城里人的，瞧不起乡里人就是瞧不起自家的祖先。

（来源：http：//www.kaixin001.com/repaste/19055211_1845913621.html）

显然，保安不仅缺失同情心，更没有主动为老服务的意识。同情需要对他人痛苦的感同身受，也就是要将他人与自己视为一体。从同情出发，直到高尚无私，慷慨大量。

那么老年服务从业人员应如何同情他人、帮助他人呢？

首先，要正确理解同情，把同情作为一种爱。同情，是人类美好而善良的情感。它闪耀着人性的光辉。它是一种品质，是一种境界。它又是一种理解，是一种尊重。当你站在老年人的立场上时，就会看到老年人所面对的困难就是老年服务从业人员需要付出的一份爱来解决他们的困难。你的付出，是爱的给予，爱的奉献。

其次，要把同情看做是一切道德的最高准则。孟子曾说："恻隐之心，人皆有之。"人们的善良中，同情也许是天生的。因此，看到有孩子落入井中，必定会有人去救他。无论此人做过何种恶事，至少此刻，人性中普遍的特征——同情已驱使他在危难时救助弱小。当路上有老人过马路时，总会有人去搀扶他，帮助他；当有人遭遇车祸，躺在血泊中时，也总会有人去解救他，援助他。同情是道德的最高准则，也是人性中最基本的品质。①

再次，同情老年人的同时要维护老年人的尊严。同情，作为一种美德，是一种超越了人与人之间界限的大爱。但在同情心发挥作用的时候，请时刻不要忘记，对方是一个和你一样有人格有尊严的人，不能打着同情之旗而行侮辱之实。要平等地感受老年人的痛，尊重老年人的人格，这样才能出自真心地给予自己的爱，同情他们的不幸。同情并不是居高临下的施舍，所有人都有自己的尊严，而同情不能践踏别人的自尊。《孟子》中有一段话："一箪食，一豆羹，得之则生，弗得则死。呼尔而与之，行道之人弗受；蹴尔而与之，乞人不屑也。"这里的给予者完全没有考虑到被给予者的自尊，而有一种居高临下的优越感，他给予的行为只是虚伪的炫耀。同情是建立在同情者和被同情者平等的基础上。同情是一把双刃剑，只有懂得怎样使用它的人才能真正用它给老年人带来温暖，否则给老年人带来的只有伤害。

同情源自人们的善良与爱心。只有拥有爱心并且善良的人，在面对别人不幸的遭遇时，才会理解并心生同情而不会冷漠地离开。只有这样的人所给予的同情才是被同情者真正需要的，才会真正给他人带去温暖。

著名作家茨威格有一句名言："通过同情去理解并且经受别人的痛苦，自己也会内心丰富。"因此，同情是建立在理解的基础之上的。只有理解了别人的遭遇，才会有真正的同情；否则，所谓的同情只是一种虚伪的感情。那么，什么是理解和尊重呢？怎样理解和尊重他人呢？

二、尊重理解的基本内涵及其对为老从业人员的要求

1. 尊重理解的基本内涵

尊重人，就是要尊重他人的合法权利和主人翁地位，以诚待人，以理服人，以情感人，尊重他人的价值和尊严，调动他人的积极性、主动性和创造性；理解人，就是相信别人，相信群众，理解和鼓励他人的志向、爱好和追求，能够容忍与自己不同的意见。

我国早已进入人口老龄化。切实保障老年人合法权益，让他们度过幸福、美满、安详、健康的晚年，共享人类社会发展的成果，这是社会文明进步的重要标志。尊重老年人就是尊重人生和社会发展规律，就是尊重历史。父母生养了子女，子女必须孝敬父母，这是儿女们应该尽到的责任。老年人在革命和建设事业中作出了重大贡献，他们的智慧和经验是党和国家的宝贵财富，筑成了社会的生命线，老年人理应受到社会的尊重，需要人们去关爱。②

敬老、爱老、助老也是我们中华民族的传统美德，是先辈传承下来的宝贵精神财富。重视人伦道德、讲究家庭和睦是我们文化传统中的精华，也是中华民族强大凝聚力与亲和力的

---

① 赵睿. 同情，爱的给予. http：//blog.sina.com.cn/s/blog_5481bdfd0100np8j.html.
② 敬老爱老是中华民族的传统美德. http：//www.yinghuayq.cn.

具体体现。中国古代就有"卧冰求鲤"、"亲尝汤药"等二十四孝的故事。"老吾老以及人之老"成为做人的一个准则。

尊敬老人,对年轻人来说能做的事很多:早晨起床、放学归来,都主动向长辈问好;尊敬长辈,听他们的话;乘坐公共汽车时,主动给老年人让座位;等等。尊敬老人是中华民族的传统美德。我们敬爱的毛泽东主席就是尊老敬老的楷模。1959年,毛主席回到了阔别多年的故乡——湖南韶山。在短暂逗留的日子里,他特地请家乡的老人吃饭。在他向一位70多岁的老人敬酒时,那位老人说:"主席敬酒,岂敢岂敢。"毛主席说:"敬老尊贤,应该应该。"这件事一时传为佳话。应全心全意地照顾鳏寡孤独的老人。毛主席说过:"一个人做一点好事并不难,难的是一辈子做好事。"我们应用这句话来衡量和要求自己多为老人做好事、做善事。①

所谓理解有多重含义,其一是顺着脉理或条理进行剖析;其二是从道理上了解;其三指了解、认识。毛泽东在《实践论》中讲到:"感觉到了的东西,我们不能立刻理解它,只有理解了的东西才更深刻地感觉它。"可见,感觉是理解的基础,理解才是真正的、高一级的感觉。

理解老人就是指了解老年人的一些特点、习惯,能够把握老人的真实想法,并按照老年人的合理要求尽力满足老年人。无论是家里的老人,还是养老机构里的老人,作为子女或工作人员一般会注意到,老年人与年轻时会有些不同,例如容易兴奋,也容易激动,爱唠叨,情绪控制力差等。因而儿女或从业人员就需注意老年人心理变化,并且尽量理解他们这种心理变化,多多体谅他们。②

老年人的性格与所处的地位、受教育的程度、健康及当时的环境密切相关。老年人对自己的身体状况过于关心,自尊心强、固执、易于激动,但对外界环境淡漠、缺乏兴趣,不易接受新鲜事物和适应新的环境,常出现多疑、激动、喜欢唠叨、与人争论,冲动难以平静下来,等等。这些都需要引起年轻一代的重视并予以理解。

总之,尊重人、理解人、关心人要有容人之心。每个人都是社会的个体,有着自己合法的权利。尊重人、理解人、关心人是社会主义制度的必然要求,是社会主义新型人际关系的一个重要表现。每个人都是社会的人,必须依赖集体才能生存,每个人也只有做到尊重他人、理解他人、关心他人,才能得到他人的尊重和帮助,更好地在社会上生存。面对他人的危难,我们每个人都有急人所急、助人为乐、见义勇为的道德义务。③

2. "理解尊重"是对老年服务从业人员的要求

老年人是历史,老年人经历过多个历史时期,是历史的参与者、见证者;老年人是财富,老年人曾经为国家发展作出了重要贡献,见多识广,经验丰富,是社会和历史的财富,经验和智慧的财富;老年人是力量,老年人通过多种形式和渠道为经济社会发展献计献策,为社会和谐稳定贡献力量,仍然发挥着重要作用;老年人是形象,老年人群体本身就是形象,体现干部的形象、党员的形象。老年人的工作要努力实现"老有所养、老有所医、老有所教、老有所学、老有所乐、老有所为"的目标,体现社会进步的形象和发展的形象。④

全社会要更加关心支持老年人工作,对于老年服务从业人员更要如此,理解尊重老年人也是做好为老服务工作的基础和保障。

---

① 尊重老人,善待自己. http://wenku.baidu.com/view/00e4b66daf1ffc4ffe47ace6.html.
② 儿女需注意老年人心理变化. http://www.tynews.com.cn/zhongyi/jbhl/content_2012085209.html.
③ 如何做到尊重人,理解人,关心人. http://hi.baidu.com.
④ 卢展工称老年人是历史是财富 要尊重理解关心服务. 河南日报,2012-02-27.

首先,要尊重老年人,善于理解老年人。尊老敬老是中华民族的传统美德,老年人为国家发展作出了积极贡献,尊重老年人就是尊重历史。只有尊重老年人,才能更好地理解老年人。从业人员在工作中要多沟通、多了解老年人的社会活动、心理变化,尊重他们的兴趣爱好,加强和他们的情感交流。

其次,要主动关心老年人。少年儿童是我们的未来,老年人也是我们的未来。步入老龄化社会以后,社会养老、老人服务等问题越来越突出。关心老年人就是关心我们自己,是为我们的未来打基础。在服务中不仅要把看到的、想到的老年人的问题予以帮助解决,而且要主动关心老年人的各种变化和异常,及时发现及时解决。

再次,要加强为老服务知识和技能的提升。服务老年人需要有一定的老年服务方面的专业知识和护理服务技能。自身的学习和提升不仅是工作所需,更是在为老服务中对老年人的最大尊重,也是更好地理解老年人的基础条件之一。老年人更需要理解和尊重,只是尊重缺少理解老年人并不快乐。例如,有这样一则案例就是对理解和尊重重要性的说明。

婆婆今年82周岁了,前几天去了闺女家。我本来认为,老人想闺女了,这次去了可能会多住些日子的,没想到昨天小姑就把她送回来了。

小姑走后,婆婆就告诉我们说,待了四天就闷了。我说,为什么呢。老人说,太闷了,啥也不让干,孩子不让看(小姑的孙女),碗也不让洗,不能大声说话,下楼也不方便,就这样整天干坐着,憋得慌。

由此我想到,现在一说孝敬老人,就是让老人吃得好,穿得好,其实,这是做儿女的本分,是应该做的。但老人更需要的是理解和尊重。

我结婚31年了,婚后第二年婆婆就从老家过来和我们住在一起。三十多年了,我们娘俩都没红过一次脸,没吵过一次嘴,这其中需要的就是相互间的理解和尊重。老公家也有兄弟姐妹,可婆婆谁家也待不住,就一直和我们住在一起。婆婆常说"吃好喝好不算好,不让俺生气才是最大的好"。老人从旧社会走来,经历了那么多的苦难,对现在的生活,他们觉得已经很好了,吃和穿方面他们已经很满足了,我婆婆就常说"现在过的都是神仙过的日子"。在这种情况下理解和尊重就显得更为重要,老人也想生存得有价值,老人也不想成为别人的负担,老人也有自己的习惯和爱好。老人想说的话就让他说,想做的事就让他做(在保证安全的前提下),不愿做的事不强迫他做,对老人的言行给予肯定和赞扬,让老人感到家庭需要他,他能为家庭做许多事,从而觉得有尊严和价值。

(来源:http://hi.baidu.com/honyubingxin/item)

显然,本案例中老人为什么不愿意待在一个家里而愿意待在另一个家里,主要就在于不同的家庭成员对老年人的真正需要和心理要求理解不同。让老人什么也不做并非是对老年人的理解,相反却是误解,是对老年人不够尊重,不能让老年人得到精神上的满足和老年人需要的幸福和快乐。

第二节　服务第一,爱岗敬业——做好工作的原动力

雷锋说过:"人的生命是有限的,可是,为人民服务是无限的,我要把有限的生命,投入到无限的为人民服务之中去。"爱迪生说:"我的人生哲学是工作,我要揭示大自然的奥秘。"

孙中山认为:"服务就是我为人人,人人为我。"并以此为人类服务。"我们在世的短暂的一生中,我不知道还有什么比这种服务更好的了。"可以说,谈及服务,几乎每一个人对"服务"一词都不会陌生,但如果要回答"什么是服务","什么是服务第一",相信不是每个人都能说得清楚。特别是对从业人员来说,如何做到服务第一,这是需要明确的问题。

一、服务第一的基本内涵及其对为老从业人员的要求

1. 服务第一的基本内涵

"服务"和"管理"一样,由于它是看不到摸不着的东西,而且应用的范围也越来越广泛,所以难以简单概括,也难以给它一个精准定义。在古代,"服务"与"侍候,服侍"的意思相近。随着时代的发展和进步,"服务"不断被赋予新意。如今,"服务"已成为整个社会不可或缺的人际关系的基础。社会学意义上的服务,是指为别人、为集体的利益而工作或为某种事业而工作,如"为人民服务"、"他在福利院服务了二十五年"。经济学意义上的服务,是指以等价交换的形式,为满足企业、公共团体或其他社会公众的需要而提供的劳务活动,它通常与有形的产品联系在一起,如"张三从事电视售后上门安装调试服务"。

中国社会科学院编、商务印书馆出版的《现代汉语词典》对"服务"的解释是"为集体(或别人的)利益或为某种事业而工作"。也有专家给"服务"下的定义是这样的:"服务就是满足别人期望和需求的行动、过程和结果。"前者的解释抓住了"服务"的两个关键点,一是服务的对象,二是说清了服务本身是一种工作,需要动手动脑地去做;后者的解释则抓住了服务的本质内涵。

我们生活在社会中,就是处于一个大的社会系统中,相互依存,相互服务。从广义的"服务"来说,我们每天用的电、吃的米都是电厂工人、农民兄弟给我们提供的服务。

总之,服务是指为他人做事,并使他人从中受益的一种有偿或无偿的活动。不以实物形式而以提供活劳动的形式满足他人某种特殊需要。

服务的核心要求是工作部门全体员工在与一切本部门利益相关的人或其他部门的交往中所体现的为其提供热情、周到、主动的服务的欲望和意识。也就是自觉主动做好服务工作的一种观念和愿望,它发自服务人员的内心。只有大家提高了对服务的认识,增强了服务的意识,激发起人们在服务过程中的主观能动性,做好服务工作才有思想基础。

那么什么是服务第一呢?人们常说"客户至上、服务第一","安全第一、服务第一",其实说的就是要凭借良好的敬业精神和严谨的工作态度,在广大客户心中树立了极好的企业或部门形象。服务第一就是把为集体、为他人工作放在首位。老年服务从业人员所从事的护理照顾老人的工作与其他服务业一样,也要把服务对象(老年人),作为工作考虑的第一出发点,把为老人提供优质服务作为第一要务,想老人之所想,急老人之所急,全心全意为老人提供服务。只有树立"服务第一"、"老人至上"的理念,才能把服务老人的工作做好,才能赢得社会的认可和称赞。

2. 服务第一对老年服务从业人员的要求

从事老年服务业的工作人员如何做到服务第一呢?随着经济改革的日益深入,市场竞争的日益激烈,服务与质量已成为每一个养老机构管理的核心,更是每一位职工严于律己的准绳,需要每个人去深刻地理解、领会,并真正做到"服务第一,质量第一"。

在市场经济竞争的激流中,养老服务行业竞争也日益激烈。对一所养老机构来讲,质量是生存的基石,是根本;服务是发展的催化剂,是推动力。"一切以老年人为中心"的实质应体现在以服务质量为核心上,及时、准确、安全、有效的服务效果是对养老服务质量的基本要求。养老服务工作其本身就突出强调了服务性,作为从业人员要树立为老服务的主动意识。服务第一也是为老服务的职业道德规范要求。如果缺失了这样的规范,也就失去了从事为老服务工作的必要性,也就不可能做好本职工作。

养老服务的质量水平高低在很大程度上受从事护理服务工作人员的素质和道德水准的影响。虽然老年服务工作并不是什么高尖端的科学技术,从业人员的工作业绩也常常被别人忽略,但是,为老服务人员与老人的接触时间长短及密切程度决定了护理人员的工作质量,服务水平直接影响患病老人对养老机构或养老产业的总体服务效益水平的评价。因此,树立主动服务、服务第一这样的观念,对于提高服务质量水平与服务水平是非常有必要的。如何做到服务第一呢?主要做好以下几个方面的工作。

第一,端正服务态度,以平常心对待自己的工作。要把为老服务作为自己一切工作的出发点,不要认为为老服务工作社会地位低下、被人看不起,而要把为老服务作为一项崇高的事业来对待。其实工作没有高低贵贱之分,只是社会分工不同而已,工作内容不同而已。城市需要市长,难道不需要环卫工人吗?他们的工作同等重要。

第二,要把"以老人为本"落实到各项工作中。老年服务从业人员承担着照顾老人、为老人服务的一线工作,任务光荣而艰巨。因为他们的工作不仅仅是对老人的照顾和帮助,更担负着对老人、家庭、社会、国家的重托。所以,老年服务从业人员在工作中要处处为老人着想,在实际行动中体现以老年人为本的理念,一切以老人为中心,从老人的根本利益出发,满足老年人的合理需要,切实保障老年人的权益,让老年人体会到全社会对他们的尊敬和关怀,让改革发展的成果惠及全体老人。例如,当服务对象是生活自理有困难的老年人时,要千方百计为其排忧解难;针对老人对饮食提出合理需求时,要把老年人的想法和厨房工作人员主动联系、沟通,尽可能满足老人的饮食需求;等等。

第三,要认真学习为老服务的知识和技能,提高为老服务的水平和能力。怎样去服务,怎样去护理,这是一个永远也探讨不完的话题,也是一个常说常新的话题。为老服务工作需要各方面的人才,需要懂知识、会技能的专业人才,这是实现为老服务"服务第一"的基础条件和保障。这就需要老年服务从业人员除了以科学的态度认真学习、研究、改进、实施、提高和发展养老服务专业理论和技能外,还要边工作边充电,学习各种边缘学科的知识,如人文、美学、心理学、管理学等相关知识和为老服务的基本操作技能。同时,还应该从我做起,在不断提高自己的业务水平的基础上,逐步强化自己的服务意识,工作中坚持以"一切以老年人为中心"的宗旨;不仅要为老年人做好基础护理和服务,还要端正自己的服务态度,树立良好的形象,努力提高老年人的满意度。让老年夸的不仅是"技能好",还要"服务好",实现"质量第一,服务第一,效益第一"。请看下面关于"一个民办养老院的服务理念"的做法,就很好地凸显了"服务第一"这一原则的重要性。

中国正逐渐步入老龄社会,传统的家庭养老及政府承办的敬老、安老机构已不能适应追求丰富多彩晚年生活的老人的需求。与内地许多省市相比,广州、珠江三角洲地区老人对晚年生活要求更高,养老问题更显突出。由此,民办高档次大型养老机构应运而生,广东劲松园便是其中一例。

广东劲松园是在广东省民政厅支持下,由广东实信置业发展有限公司、广东省社会福利促进会主办,由广州市老年书画影艺促进会协办,致力建设一座全国最完善的长者乐园——集颐养、康复、医疗、度假、娱乐、学习等于一体的高尚的长者乐园。

为适应和满足现代老人的需求特点,广东劲松园提供全面服务,包括硬件和软件两个方面。硬件设施包括选址、规划、园林居所设计、交通等条件堪称一流。软件方面有完善医疗、康复保障,营养配餐,环保饮食。园内设有常规医疗门诊,开设中西医特色康复保健护理,更与南方医院等著名医疗单位挂钩提供全方位医疗协助,解除后顾之忧;由专业营养师精心设计,并开设药膳,力求营养、科学;为中老年人度身定做的高级会所令老人充分体验老有所乐。不论入会与否,入住者均可享用会所免费设施;开设老人大学,实现活到老、学到老的理想,设有以理论和实践双结合的课程,请专家、学者、名人、名家讲授,并为入住劲松园学有所长者及各类能工巧匠都提供足登讲坛、传授知识的机会;星级管理与服务以酒店式服务为主,辅以医疗式服务,细心周到,尽显尊贵。

(来源:http://www.cenet.org.cn)

广东劲松园以酒店式服务为主,辅以医疗式服务,把为老年人提供全方面的服务作为第一考虑来进行规划设计,凸显了细心周到、服务第一的理念。

二、爱岗敬业的基本内涵和对老年服务从业人员的要求

1. 爱岗敬业的基本内涵

作为老年服务从业人员,在树立服务第一的基础上还需要有爱岗敬业的良好品格。那么什么是爱岗敬业?如何做到爱岗敬业呢?

爱岗,就是热爱自己的工作岗位,热爱自己从事的工作;敬业,就是要用一种恭敬严肃的态度对待自己的工作。"敬业是一种美德,乐业是一种境界。"只有爱岗才能敬业,同时爱岗敬业也是服务第一的具体体现。所以,爱岗敬业不仅是个人生存和发展的前提和需要,也是机构和部门立身之本、生存之道,更是社会存在和发展的需要。热爱本职工作,要求从业人员要以正确的态度看待自己的工作,认识到自己工作的重要性和社会意义,对自己的工作有极强的荣誉感和责任感,要全身心地投入自己所从事的工作中,要有"干一行,爱一行"的精神,这样才能做到爱岗敬业。只有爱岗敬业的人,也才会在自己的工作岗位上勤勤恳恳,一丝不苟,精益求精,才有可能在平凡的岗位上,做出不平凡的业绩,为社会为国家作出崇高而伟大的奉献。

事实上,在今天我们的社会主义社会,一个人是否受尊敬、是否得到人民的认可,通常并不取决于这个人的财富和职业,关键要看他在职业岗位上是否一心为民、兢兢业业。对于一个城市来说,没有市长是不行的;同样,如果没有垃圾清运工也是不行的。在一个地方生活的人们,其实没有高低贵贱之分,有的只是工作岗位、工作性质、工作着力点的不同。一个人只要认真履行了自己的岗位职责,为社会、为人民作出贡献,都会得到社会的承认和尊重。焦裕禄、孔繁森、郑培民等一大批党和人民的好干部都是在本职工作岗位上呕心沥血,勤政为民,故而赢得了人们的尊重。面对各种灾难的发生,平时或许并不引人注目的医生、护士和科研人员、解放军战士、志愿者,他们挺身而出,冒着生命危险,冲上第一线,拯救在死亡线上挣扎的同胞的生命,甚至有人还为此献出了自己宝贵的生命。这些人同样是可歌可泣的。爱岗敬业,认真对待自己的岗位,无论在任何时候,都要尊重自己的岗位职责,认真履行自己

岗位职责。这是社会对每个社会成员个体的普遍性的、最基本的道德要求。爱岗敬业,从业人员要把自己的职业当成一种事业来看待,要热爱本职、扎实工作。这是爱岗敬业的前提,要忠于职守,尽职尽责。爱岗敬业应贯穿各工作岗位的每一天、每一时。

2. 爱岗敬业对老年服务从业人员的要求

老年服务从业人员做到爱岗敬业需要做好以下几个方面。

首先,必须正确认知自己的工作性质,热爱自己的工作岗位。一个人对工作岗位的需求是随一个人的成长进步和社会的发展而变化的。尽管人的生存和发展需要是多样性的,是不断变化的,但是既然选择了为老服务这项工作,就要脚踏实地地做好本职工作,而不是这山望着那山高,抱怨自己怀才不遇、抱怨自己无能等。其实,只要安下心来去为老年人想一想,自己从事的是一项延续他们的生命、带给他们幸福和快乐的工作,自己面对的是活生生的生命,而不是冷冰冰的工业产品,自己的工作是一种服务、一种真诚的奉献,是为天下儿女尽孝,为党和政府分忧,这何尝不是一种高贵的工作呢?这需要我们每个从业人员真正地热爱自己的工作,珍惜自己的工作岗位,正确地认识自己,正确地对待工作,找准自己的定位,切实立足本职,发挥好自己应有的作用。为老年人主动服务,提供优质服务。

其次,必须有"干一行,爱一行,专一行"的坚定毅力。当今的全球化、老龄化的发展为老年服务从业人员提供了广阔的发展空间和平台。老年服务从业人员的爱岗敬业精神也是为老服务用人单位挑选人才的一项非常重要的标准。用人单位往往愿意录用那些具有爱岗敬业精神的人,那些干一行、专一行的人。有爱岗敬业精神,干一行、爱一行、专一行的人,才能称得上是人才。是人才的人才能有更多的机会去实现自己理想和期望。如果是"干一行,厌一行"的人,做什么事情都是从自己的兴趣出发,见异思迁,不但自己的聪明才智得不到充分发挥,甚至会给工作带来损失,失去很多成长进步的机会。个人的理想实现是与个人的现实努力联系在一起的,尤其是在市场经济条件下,人们的生存与就业压力都非常大,只有立足本职,干一行,专一行,凭过硬的技术,才有可能成为为老服务行业的标兵,成为为老服务机构的领导,才能去实现自己的理想。

再次,要树立敬业奉献精神。在社会现实生活中,真正能够找到自己理想职业的人必定是少数。因此,对于绝大多数人来说,就必须要勇敢的面对现实,从社会的现实需要出发,自觉不自觉地从事社会所需要的而不是自己内心十分愿意干的工作。在理想与现实不一致,甚至差距非常大的情况下,要做到安心本职工作,就非常需要敬业奉献精神给我们做精神支柱。理想是完美的,现实是有缺陷的,奉献是伟大的。为老服务工作是平凡的,但它又是社会不可或缺的。老年服务从业人员要对自己的岗位和职业充满感激和敬意,培养自己对工作岗位的深厚感情。老年服务从业人员要树立"服务第一"的职业观,在工作中努力学习为老服务专业知识和技能,全心全意地为老年人服务,这不仅会赢得老年人及其家属的尊重,而且会赢得全社会的赞美。① 省"敬老模范岗"先进个人张德珍的事迹为人感动。

49岁的张德珍,年近半百,为郧西县的老龄事业默默的奉献了13载,用自己的汗水谱写出一曲曲感人奉献之歌,曾先后多次被省、市、县及民政系统表彰被评为先进个人。她以一个常人的心态,朴实的工作,以身作则,默默奉献;以民为本,人性化管理;以院为家,爱岗敬业,真正做到了情系院民,甘当孝子。张德珍被老人们称为孝亲敬老的好院长、好女儿。

---

① 爱岗敬业是最基本的职业道德要求. http://www.sanwen.net/a/2009-06-24/35171.html.

以身作则，无私奉献

"喊破嗓子，不如做出样子"。要求别人做到的，自己先带头做到；要求别人不做的，自己坚决不做。然而福利院工作，是一项贴心的服务工作，来不得半点虚假，简单粗暴的服务态度，就是对老人的不尊不敬、对孤儿的不爱冷漠；怕苦、怕脏、怕累是对养老、扶小的职责不明。作为院长，她身体力行，作出表率，带领大家干，用实际行动让老人欢心舒畅。她的一言一行感化着周围人，带动着周围人。院里的老人逢人就讲：张院长日夜操劳，我们虽然无儿无女，可她比亲生女儿还要亲。就这样日复一日、年复一年，她真正把自己当做一个孝子，履行着职责与义务，与院民融为一体，赢得了院民的充分信任。

在福利院工作是一种意志的磨炼和心灵的升华。行动是无声的命令，是最好的约束，是最直接的要求。她自当院长起，12年来以院为家，从未放过节假日，春节是中国传统的全家团圆的喜庆日子，远在千里外的游子都是千方百计赶到家里，目的是与家人能够一起过上一个团圆年。可近在咫尺的她总是让其他管理服务人员回家团圆，自己却始终坚持在院里陪老人们吃团圆饭。她的丈夫在铁路上工作，长期在外，家里还有两位70多岁体弱多病的公公婆婆需要照料，娘家父母也需要赡养，身兼重担，她一心扑在工作上12个年头啊。每到春节团圆之日竟成了家人难得的奢望，家人时有不解、埋怨，可她总是耐心地解释："院民都是无依靠的老人和孤儿，他们大半辈子都是冷冷清清孤单一人在家里过年，如今来到了福利院这个大家庭，我作为一院之长，在过大年的时候就要为他们营造一个家的氛围，怎能只顾自己小家，怎能将他们扔下不管呢？他们是托党和政府的福，我只是做了我该做的事。"每年春节，院民都过得开开心心，欢心笑语。

（来源：http://sy.hbmzt.gov.cn）

张德珍赢得的院民赞语和社会的认同、各级政府的表彰，离不开她的敬业奉献和孝心，她真正把福利院当做自己的家来经营，把老人当成自己的亲爹娘来对待，把孤儿视为自己的子女关爱，不愧为省级的"敬老模范"称号。

第三节　遵章守法，自律奉献——义务与责任的统一

纪律和规则是我们每个人平时工作、学习和生活中不可或缺的。很多事实都能说明这个道理，比如买票要排队；走在马路上要遵守交通规则；乘坐地铁要先下后上；甚至我们平时的一举一动都受到一定的要求和约束，否则任何事情都毫无秩序可言。守法是指国家机关、社会组织和公民个人依照相关法律的规定，行使权利（权力）和履行义务（职责）的活动。如果法制定出来了，却不能在社会生活中得到遵守和执行，那必将背离立法的目的，也失去了法的权威和尊严。正如我国清末法学家沈家本所说："法立而不行，与无法等，世未有无法之国而长治久安也。"守法内容包括履行法律义务和行使法律权利，两者密切联系，不可分割，守法是履行法律义务和行使法律权利的有机统一。[①]

---

① 守法的概念。http://edu6.teacher.com.cn/ttg023a/chapter3/chapter3-3-1.htm

一、遵章守法的基本内涵和对老年服务从业人员的要求

一个人在社会上生存,都有自己的言行,怎样做到言行符合一些基本规范、符合法律要求,这是每个人都应该认真对待的问题。每个人与其他人交往或相处中需要形成一定的互相约束,形成一些规范和条文,作为人在社会上生存所必须具备的一种准则。

1. 遵章守法的基本内涵

遵章守法是公民必备的道德品质,是现代社会生活对公民的基本要求。遵章守法,就是指对国家法律法规、党纪政纪以及社会公约的遵守,要求每个社会成员,尤其是国家机关、企事业单位、社会团结及其工作人员必须严格依法办事。社会成员从事任何活动,都必须以国家法律为依据,符合国家法律的基本要求,在法律允许的范围内进行。简单地说,遵章守法就是要求人们必须按照法律、法规及纪律的有关规定做事。只有这样,才能保证每个公民正常工作、学习和生活,才能保证社会和谐稳定、健康有序发展。遵章守法的基本要求是:要提高公民的法律意识,增强法制观念,做到知法、懂法、守法。一个有道德的公民,应提高遵守法律、纪律的自觉性,养成遵章守法的习惯。作为一个公民,应该树立严格的法制观念,认真学习法律法规(包括宪法、法律、行政法规、地方性法规、自治条例、单行条例、国务院部门规章和地方政府规章等规范性文件)。要遵守国家的宪法和法律,宪法和法律都是一定时期党的政策、工人阶级和广大人民群众整体利益要求的体现和反映,任何政党、任何组织和个人都必须自觉遵守;要遵守中央和地方国家权力机关和行政指定的法规,这些法规是依据国家宪法和法律制定的,遵守其规定自然也是守法的表现;要遵守一定的劳动纪律和技术规范,劳动纪律和技术规范是维护劳动秩序和生产经营安全的基本和前提,社会主体遵守相关的劳动纪律和技术规范也往往是法律明文规定的义务;要遵守职业道德和工作须知等几个不同层面的法规和制度。

2. 遵章守法对老年服务从业人员的要求

老年服务从业人员怎样做到遵章守法呢?简单地讲,需要严格遵守各项法律和纪律,不做任何违法违纪的事,将法律条文内容化作为自己的自觉行动,要坚决同一切违法违纪行为作斗争。具体来说,需要做好以下几个方面的工作。

第一,必须有法律知识和法律意识,增强法制观念。作为老年服务从业人员,法律法规不仅是进行为老服务的依据,也是老年服务从业人员自身行为的准则和维护服务对象及自己的有力工具。一个合格的老年服务从业人员必须具有先进的法律意识,掌握相关的法律规定,如老年人权益法、劳动合同法、劳动法、消防法等重要法律知识。同时还应正确认识到自己的法律地位、法律权利、法律责任,做到知法、讲法、守法,不仅在养老护理中注意运用法律知识,而且在自己的工作和生活中增强法制观念,遵守法律规定,履行法律义务,杜绝违法犯罪行为。

第二,必须自觉遵守和维护社会公德。社会公德主要内容包括文明礼貌、助人为乐、保护环境、爱护公物等几个方面,良好的社会秩序需要大家共同努力。随地吐痰、乱抛废物、言语粗鲁、态度蛮横、缺乏博爱、见义不为等有损人与人关系的行为,乱闯红灯、破坏公物、不遵守公共秩序等有损人与社会关系的行为,乱砍滥伐、偷捕偷猎等破坏自然环境的行为都是我们需要杜绝的。自觉遵守和维护社会公德是老年服务从业人员无论在养老机构,还是在社区,或是在为老服务其他岗位上做好本职工作的基本要求。老年服务从业人员应该遵守社

会公德，自觉遵守和维护公共秩序，遵守公共生活准则，遵守公序良俗和有关规章制度，努力做到"爱国守法、明礼诚信、团结友善、勤俭自强、敬业奉献"。

第三，必须遵守国家职业规范。例如，养老护理员就要遵守国家职业标准明确提出的从业人员的基本职业守则，那就是：尊老敬老，以人为本；服务第一，爱岗敬业；遵章守法，自律奉献。只有这样，才能保证养老护理工作任务的出色完成。同时，在工作中还必须遵守养老护理员职业道德和工作须知。可见，做到遵章守法一方面需要掌握法律知识、相关规章制度、职业道德要求，另一方面还需要有法律意识和一定的社会公德和职业道德水准。从业人员在工作中或者机构在运转中不能遵守相关规定导致的悲剧时常发生，例如下面一个养老机构发生的老人噎食猝死事件应该引起重视。

2002年5月8日，67岁的王某被送至大兴区某养老院接受托养，王某的女儿与养老院签订了养老入院合同。2005年12月9日早晨，王某在养老院食用早餐过程中发生噎食，经抢救无效死亡。12月24日，大兴公安分局经对王某尸体进行法医学鉴定，结论为"不排除哽死"。2006年3月30日，王某的3个女儿将养老院告上法庭。

三人认为，老人入院后，养老院应依照合同和法律法规、行业管理规定履行职责。养老院没有尽到其应当尽到的妥善看护和对突发事件采取相应救治措施的义务，这是导致王某死亡的原因。故三人要求被告养老院给付死亡赔偿金、精神损失费共计10万元。

养老院辩称，王某患有脑血栓后遗症，存在吃饭呛、喝水呛、咽唾沫呛的症状，对此原告方是很清楚的。王某入院后，院方考虑到他的病情，安排了有护理经验的人员负责监护。王某在入院后，多次因呛水、噎食而生命垂危，都经护理员及时抢救而好转。事发前，护理员曾提出由王某的女儿领王某到医院治疗，但三人并未实行。2005年12月9日早餐时，王某吃饭再次噎住，护理员使用"噎食急救法"进行抢救。由于王某自身的病情严重，导致抢救无效死亡。院方已经尽到了妥善看护和及时救助的义务，不应当承担任何责任。

法院认为，送养人按合同约定缴纳了费用，养老院应当按合同约定和相关法律、法规的规定履行服务义务。王某入住养老院后，多次出现吃饭噎、喝水呛的情况，随时存在生命危险。而养老院并未按照《养老服务机构服务质量标准》的相关规定为王某配备医师提供医疗保健及建立健康档案等服务，其在护理管理上存在一定过错，应当承担相应的民事责任。判决养老院管理失当，赔偿王某3个女儿人民币5000元。

（来源：110法律咨询网，http://www.110.com/ziliao/article-46898.html）

本案例属于养老机构没有按照合同约定和相关法律、法规的规定履行服务义务，没有按照《养老服务机构服务质量标准》的相关规定为王某配备医师提供医疗保健及建立健康档案等服务，存在由于不能遵章守法而导致管理上的漏洞而出现的悲剧，应该引起警醒。

二、自律奉献的基本内涵和对老年服务从业人员的要求

自律奉献也是老年服务从业人员需要遵守的重要道德规范。那么，什么是自律奉献？怎样做到自律奉献呢？

1. 自律奉献的基本内涵

自律，指在没有人现场监督的情况下，通过自己要求自己，变被动为主动，自觉地遵循法度，拿它来约束自己的一言一行。自律并不是让一大堆规章制度来层层地束缚自己，而是用

自觉的行动创造一种井然的秩序来为我们的学习生活争取更大的自由。自律就是自己约束自己,换句话说也就是要自己严格要求自己。

任何人都是在一定的环境要求下学习的,作为老年服务从业人员也同样总是在一种被要求的环境下学习和生活,所以应该学会自己约束自己,自己要求自己,变被动为主动,自觉地遵守老年服务从业人员职业守则和相关法规,来约束自己的一言一行。毕达哥拉斯说:"不能约束自己的人不能称他为自由的人。"

老年服务也有其行业自律,一方面是行业内对国家法律、法规政策的遵守和贯彻,另一方面是行业内的行规制约自己的行为。而每一方面都包含对行业内成员的监督和保护的机能。行业自律是建立在行业协会的基础之上的,如果一个行业没有一个行之有效的行业协会的话,行业自律也就无从谈起。行业自律是市场经济体制的必然产物。每个行业只有认真地做好了行业自律的工作,本行业才能得以在竞争激烈的市场中生存下去。中国老龄产业协会又出台了《全国民办养老服务机构和组织自律公约》,为规范经营者和从业人员的经营、服务行为,提高行业整体素质,保护老龄消费者及民办养老服务机构和组织的合法权益,促进养老服务业快速发展提供了自律机制。

人们常说一个人应该有奉献意识、奉献精神。那么,什么是奉献?对于老年服务从业人员来说需要做好哪些事情才是最大的奉献呢?简单地讲,奉献是衷心向往,以全心全意来实现它。奉献是一种境界,不仅只是投入,而且心中觉得必须为愿景的实现负完全责任。奉献的人将会为了实现愿景而愿意做必须做的事情。奉献是不计报酬的给予,是"有一分热放一分光",是"我为人人"。奉献者付出的是青春,是汗水,是热情,是一种无私的爱心,甚至是无价的生命。因为有人奉献,社会的物质财富和精神财富才会不断增加,不断丰富,人类才会不断前进。奉献者收获的是一种幸福,一种崇高的情感,是他人的尊敬与爱戴,是自己生命的延长。更为一般的,奉献指满怀感情地为他人服务,作出贡献,是不计回报的无偿服务。奉献是一种忘我的全身心投入精神。奉献社会是社会主义职业道德的基石和最高境界,是集体主义思想在人生观、价值观、伦理观上的升华。"奉献精神"是一种爱,是对自己事业的不求回报的爱和全身心的付出。

2. 自律奉献对老年服务从业人员的要求

做到自律并不难,要自律,就要提高自身素质,树立自尊、自爱、自强、自律的意识,对老年人、他人和社会都要有强烈的责任感,并且能够正确处理日常学习生活中的人际关系和矛盾冲突。要主动自觉做好自己该做的事情,在行为上,我们应该以老年服务从业人员守则来规范自己的言行举止;在外表上,我们应该以简单大方、干净整洁的衣着来表现出朴素的本质。例如广州民办养老机构就是在自律中得到有序发展。

近年来,广州对民办养老机构实行鼓励发展、政策扶持、规范管理、加强监督、提供服务的工作方针,引导其健康发展。早在2001年,广州市就成立了"广州市社会福利服务协会",受民政局委托制定行业规范、开展政策调研、咨询服务、组织培训和技术交流,在民办养老服务机构中推广先进的管理服务经验。通过行业自律,广州市民办养老机构在市场运营中自我约束、自我管理、自我提高,健康有序地发展。

再例如,白玉霜演技高超也得益于她的严格自律。

白玉霜是著名评剧演员,演技很高,被人称做"评剧皇后"。她为了做到自知、自律,不论三伏酷暑,还是三九严冬,一有时间就去练功、练嗓子。有人对她说:"你已成名了,干嘛还这么苦练?"她笑笑说:"戏是无止境的。"她还能虚心听取别人的意见,不管什么人,只要给她指出缺点,她都非常高兴。

(来源:http://www.dzjyj.cn)

以上两个案例都充分说明了自律对于养老服务业的发展以及个人的成长的重要作用,做好任何一件事情都需要自律意识和自律机制来促进和发挥作用。

奉献,就老年服务从业人员来说,就是要在对老年人爱的召唤之下,把为老服务的本职工作当成一项事业来热爱和完成。一个能够奉献社会的人,同时也是一个品格高尚的人、一个有道德的人。老年服务从业人员所做的工作是有益于国家、有益于党的事业、有益于人民的,其工作性质是一种奉献。

自律奉献,要求老年服务从业人员在为老人服务中处处为老人着想,严格要求自己,积极进取,精益求精,不断提高养老护理服务水平,要摒弃一切不利于做好本职工作的思想和行为,自觉主动地在本职岗位上恪尽职守、尽职尽责,有一分热、发一分光,把自己的青春和才能奉献到为老年人服务的光荣事业中去。在我们身边有无数为老服务的楷模,他们之所以成为楷模,就在于他们对为老服务事业的忠诚,对工作的自律奉献。例如,为老服务、乐在奉献的为老特需服务员——韩宝妹令人感动。

自从担任了天平街道为老特需服务员五年来,在为老服务的岗位上,她任劳任怨、无私奉献,用贴心服务赢得了老人们的交口称赞。她,就是德昌居委为老特需服务员韩宝妹。

德昌居委现有特需服务老人30名左右。对于这30名左右老人来说,韩宝妹是他们(她)最贴心的"女儿"。针对这些老人的情况韩宝妹心里都有一本账,哪几位老人需要每天上门探望,哪几位老人需要准时吃上饭,又有哪几位老人需要帮助到医院去看病配药,还有哪几位老人需要帮助到超市购物,每天要完成这些事可不是一件容易的事,光是记住这些老人的各种需求,韩宝妹就下了一番工夫,她每晚睡觉前都要看一遍自己的工作笔记,做到心中有数。她每天骑车几十里,冬日暑天从无间断。她的腰椎有毛病,但为了社区的老人她把自己的伤痛抛入脑后,经常带着伤痛为老人办这办那。老人见了都心疼地让她歇歇,她却说:"没事,老毛病了。"第二天,她贴上止疼膏又出现在自己的岗位上。

每天每当老人们打开门时,看到的她总是洋溢着笑脸。探望的时间虽然短暂,韩宝妹也不忘和老人们多说两句话:"阿姨,您今天真精神,身体还可以吗?""大爷,您今天好像不高兴啊,是不是有什么地方对我的服务不满意啊?"寒来暑往,日复一日,韩宝妹逐渐了解了这些老人的脾气秉性、生活习惯。有些老人喜欢热闹,她就经常和老人开几句玩笑;有些老人喜欢清静,上楼时她都悄悄地,敲门时也尽量轻一些。

韩宝妹不仅仅把自己本职工作做好,还时刻关注老人家里的突发情况。有的老人家中都有钟点工,每到逢年过节或钟点工家中有事这就成了这些老人最着急的时候。每当这时韩宝妹总会安慰老人不要着急,在暂时找不到钟点工的前提下,她自告奋勇帮助他们买菜、洗衣服,不计时间、不计报酬,临走时她还不忘随手带走老人家里的垃圾袋,并且还要嘱咐关好煤气,注意天气,总是尽量替老人着想。看到老人们满意,韩宝妹心里像吃了蜜一样美。

五年来的特需服务员工作,让她在社区老人中得到了很好的口碑,有很多老人家属看到她把自己的父母照顾得这么好,总是想要感谢她,她却坚定地摆摆手说:"这是我应该做的。"老人们感动地说:"每当看到宝妹,心里都有一种说不出的温暖。"

(来源:上海文明网,http://lyj.xuhui.gov.cn)

韩宝妹爱洒服务路,情满老人心,韩宝妹用自己的浓浓情意温暖着老人的心田,在社区书写着"敬老爱老"的优美诗篇,用她那种忘我的奉献精神感动了千千万万的人。她相信,只要自己一颗为老人服务、替老人着想的心坚定不变,快乐和幸福就会越来越多!

思考题

1. 怎样理解关心同情和理解尊重的基本内涵?老年服务从业人员如何做到关心同情和理解尊重?

2. 怎样理解服务第一和爱岗敬业的基本内涵?老年服务从业人员如何做到服务第一和爱岗敬业?

3. 怎样理解遵章守法和自律奉献的基本内涵?老年服务从业人员如何做到遵章守法和自律奉献?

第五章 老年服务伦理的历史和现代转化

学完本章,你应能够:
——陈述传统孝文化在我国的演化过程;
——明确孝道是人的立身之本,是家庭和睦之本,是国家安康之本;
——解释传统孝道的几层含义和作用;
——陈述现代孝文化的几层含义和作用;
——区别传统孝文化和现代孝文化的异同;
——列出老年服务从业人员应该怎样传承和弘扬孝文化。

"孝"是中华民族的传统美德,古语称"百善孝为先"。数千年来,孝文化一直影响着整个中华民族。中国人认为孝道是人的立身之本,是家庭和睦之本,是国家安康之本,也是人类延续之本。我国孝文化并非一成不变、始终如一,它随着时代的变迁而不断演变。学习孝文化,应该了解它的演化过程,同时注重在当代的重建和发扬。

第一节 "百善孝为先":中华传统的孝文化

在我国民间,流传着无数感人至深的孝道故事。为了弘扬孝道,西汉经学家刘向编辑了《孝子传》,元代郭居敬在此基础上编录了《二十四孝》,记录了历代杰出孝子的事迹。如:

传说春秋时期的郯(tán)子,他的父母年事已高,又患上了眼疾,需要喝鹿乳治疗。他便披鹿皮进入深山,钻进鹿群中,挤取鹿乳,供奉双亲。在一次取鹿乳时,猎人误以为他是麋鹿,想射杀他。郯子急忙掀起鹿皮现身走出,将挤取鹿乳为双亲医病的实情告知猎人,才免除了被误杀的危险。

这些孝子故事是在社会生活的基础上总结而成的,用于告诉人们什么是孝,如何行孝,对于形成中华民族尊老爱幼、友爱待人的传统美德和良好的社会风气起了很大作用。但是,我国的孝文化并非一蹴而就,而是经历了长时间的演化过程。

一、传统孝文化在我国的演化过程

孝文化在我国流传的历史悠久,传统孝道也经历了一个逐渐演化的过程。根据历史记载,我们把孝文化在我国的演化过程大体分为三个阶段。

(一) 孝文化的萌芽时期

孝作为一种人们共同奉行的精神,在我国产生于原始社会末期,即母权制度向父权制度过渡的时期。孝是由于血缘关系的明确和私有制的产生,人们为了感恩父母及长辈的生育抚养所表达的崇敬和哀思之情。日久天长,便产生了"追孝"、"孝享"、"孝祀"等观念。我国最早的诗歌总集《诗经》中曾有"率见昭考,以孝以享"的语句,充分说明了孝的原始意义:人们在生产劳动、与大自然的不断斗争中为乞求平安而进行的一种尊祖敬宗的祭祀活动。

战国时期的百家争鸣,带来了全社会的思想大解放,中国儒家文化的开山鼻祖孔子,紧紧围绕善事父母这一核心内涵,丰富和发展了孝文化的深刻内容,提出了"仁"的思想,为孝纳入儒家传统文化找到了合理的人性根基和哲学论证,完成了孝从宗教到道德、从宗族伦理向家庭伦理的转化。后经曾子、孟子等历代儒家大师的不断完善,中国孝文化从此得以全方位展开。到了汉代"以孝治天下",孝开始走上政治舞台,被纳入封建道德体系中,成为了中国封建家长专制统治的思想基础。汉代大儒董仲舒,明确提出并系统论证了"三纲"学说,确定了父尊子卑、君尊臣卑、夫尊妇卑的伦理关系,孝开始直接服从于"父为子纲"、间接服务于"君为臣纲、夫为妻纲"的道德规范。从汉以后,历代统治者或思想家则自觉地把孝文化作为封建政治统治的伦理精神基础。[①]

(二) 孝文化的兴盛时期

晋代以后,中国封建社会快速发展,封建统治者从方方面面加强了对人民的统治,孝成了他们禁锢人的思想、麻痹人的意识的法宝。他们往往通过宣扬一些违背基本人伦道德的范例与行孝的"楷模",如"埋儿奉母"、"唐媳乳母"、"卧冰求鲤"等来使人们效仿。这些故事记录了历代著名孝子的孝行,部分故事明显违反了常理,成为历史的糟粕。例如"埋儿奉母"的故事。

郭巨,东汉隆虑(今河南安阳林州)人,一说河内温县(今河南温县西南)人,原本家道殷实。父亲死后,他把家产分作两份,给了两个弟弟,自己独自供养母亲,对母亲极其孝顺。后来,郭巨的家境逐渐贫困。他的妻子生下一个男孩,郭巨担心养这个孩子,必然影响供养母亲,就和妻子商议:"儿子可以再有,母亲死了却不能复活,不如埋掉儿子,节省些粮食供养母亲。"夫妻二人最终决定,挖坑埋掉儿子。他们在挖坑时,地下二尺处忽然出现了一坛黄金,上面写着:"天赐郭巨,官不得取,民不得夺。"夫妻拿起黄金,回家孝敬母亲,并同时养活孩子。

封建统治者为了加强统治,对人民进行愚忠愚孝教化,孝文化的人伦合理性逐渐被其封建的神秘色彩所掩盖,家庭中的父与子、夫与妻,社会中的君与臣,都成为一种统治与被统治的关系。"君命臣死,臣不得不死"、"父让子亡,子不能不亡"这样的宿命思想,成为人们在生活中处理矛盾冲突必须遵循的行动准则。宋代以后的家训族规,都有"孝父母"一条,孝的根本内容都是要求子孙对父母祖辈的教令绝对听命服从,孝文化走向极端化、专制化、神秘化、愚昧化。在这样的思想统治下,大量的"顺民"涌现,他们不"犯上作乱",常常用牺牲自我、消灭自我来"尽孝",来满足封建统治的需要。[②]

---

① 程红帅.中国孝文化的历史沿革及当代价值[J].雁北师范学院学报,2005(2).
② 肖群忠.孝与中国文化[M].北京:人民出版社,2000.

(三) 传统孝文化的变革时期

"五四"新文化运动时期,人们严厉批判了传统孝文化的腐朽落后,开始探索新型孝文化。在此引导下,人们的时代意识、社会意识逐渐增强,倡导冲破家庭的牢笼和羁绊,以天下和社会为己任,为民族尽"大孝"。在抗日战争中,国共两党都曾以儒家忠孝道德作为动员、团结民众抗击日本帝国主义侵略的精神力量和思想武器。

1939年4月26日,中共中央发出的《为开展国民精神总动员运动告全党同志书》中指出,"一个真正的孝子贤孙,必然是对国家民族尽忠尽责的人","对国家尽其至忠,对民族行其大孝,这就是对于古代的封建道德给予改造和扩充,共产党员必须成为实施这些道德的模范,为国民之表率",并且要求"共产党员在国民精神总动员中,必须号召全国同胞实行对国家尽其大忠,为保卫祖国而奋战到底,对民族尽其大孝,直至中华民族之彻底解放"。在这里,孝成为民族团结、兴旺的精神基础,成为中华民族凝聚力的核心。

从历史的不断发展中我们可以看到,传统孝文化在中国社会中主要起了一种稳定作用,在促进家庭和谐、人际关系和谐、家国和谐方面发挥着不可替代的作用。中国历史上流传的许多孝敬父母、尊君爱国的动人故事,在今天仍为人们所津津乐道、传颂不休,成为培育中华传统美德的母本。此外,儒家泛孝之义的扩充——光宗耀祖、报效国家民族等观念,是一种积极进取的伦理,对中国社会的发展发挥了巨大的文化资源的原动力作用。但是,传统孝文化中带有浓厚的封建色彩,过分强调个人对家庭、对统治者的绝对服从,强调"上天"对孝子的监督和奖励。我们应该分其良莠,辩证地评价和继承传统孝道。

二、传统孝道的几层含义

(一) 孝是个人道德修养的起点

在古代,孝被看做是一切道德的根本与起点。子女生下来后,最先接触的人是父母,最先从父母那里感受到人间的爱,这种爱必然培养并升华为子女对父母以及通过他们对他人的爱。孝的本质是一种爱与敬的情感与行为,因此,它是一切道德之本源。如"孝感动天"的故事中讲述了舜因孝顺父母而被委以重任的故事。

舜,是传说中的远古帝王,他姓姚,名重华。相传他的父亲瞽叟(gǔ sǒu)及继母、异母弟象,多次想害死他:在舜修补谷仓仓顶时,从谷仓下纵火,舜手持两个斗笠跳下逃脱;在舜掘井时,瞽叟与象却下土填井,舜掘地道逃脱。事后舜毫不嫉恨,仍对父亲恭顺,对弟弟慈爱。他的孝行感动了天帝。舜在厉山耕种,天帝派大象替他耕地,鸟代他锄草。当时的帝王尧听说舜非常孝顺,有处理政事的才干,把两个女儿娥皇和女英嫁给他;经过多年观察和考验,选定舜做他的继承人。舜登天子位后,去看望父亲,仍然恭恭敬敬,并把象封为诸侯。

这则故事中的主人公舜,虽然遭到父亲、继母、异母弟弟的联合迫害,但是仍然对父亲恭顺,对弟弟慈爱。尧认为,他具备"孝"的道德品质,必然能够治理好国家,才把天子的位置传给舜。

(二) 孝是家庭存在的根基

在古代,孝被看做是一种家庭道德,是维系家庭关系的根基。家庭是以婚姻和血缘为基础的社会生活组织形式,是社会的基本单位。中国传统家庭有一个显著的特点,即由具有血缘关系的成员、家业与家姓构成,形成了祖孙同居、一姓一村或几个姓共一村的生活格局。为了维系家族的发展,必须确立相应的家庭道德,家庭道德是建设家庭的重要内容。于是,人们在生活中提出父严、母慈、夫和、妻顺、兄友、弟恭、子孝等道德范畴,其中以孝为最核心和根本的道德。例如,二十四孝中"芦衣顺母"的故事说明了"孝"对维系家庭关系的重要性。

闵损,字子骞,春秋时期鲁国人,是孔子的弟子,在孔门中以德行与颜渊并称。孔子曾赞扬他说:"孝哉,闵子骞!"(《论语·先进》)。他生母早死,父亲娶了后妻,又生了两个儿子。继母经常虐待他,冬天,两个弟弟穿着用棉花做的冬衣,却给他穿用芦花做的"棉衣"。一天,父亲出门,闵损牵车时因寒冷打战,将绳子掉落到地上,遭到父亲的斥责和鞭打,芦花随着打破的衣缝飞了出来,父亲方知闵损受到虐待。父亲回家后,要休掉后妻。闵损跪下来求父亲饶恕继母,他说:"留下母亲只是我一个人受冷,休了母亲三个孩子都要挨冻。"父亲十分感动,就依了他。继母听说此事后,非常后悔,从此像亲生孩子一样对待他。

(三)孝是良好道德风尚形成的重要因素

传统孝文化对于形成民族尊老爱幼、友爱待人的传统美德和良好的社会风气起了很大作用。人们遵循"老吾老以及人之老,幼吾幼以及人之幼"的教诲,由己及人,有利于养成尊老养老和慈幼、抚幼的社会风气。传统孝文化中的父慈子孝、夫义妇贤、兄友弟恭、尊老爱幼等思想对形成良好的道德风尚具有十分重要的作用。

为了倡导良好的道德风尚,我国汉代开始采用"举孝廉"的方法培养官吏预备人选。它规定每20万户中每年可以推举孝廉1人,由朝廷任命官职,作为对孝行的肯定和鼓励。被举之学子,除博学多才外,更须孝顺父母,行为清廉,故称为孝廉。到汉代后期,"孝廉"已作为选拔官员的一项科目,没有"孝廉"品德者不能为官。一直到清朝,考取了功名的举人,还沿用"孝廉公"这个名称。

(四)孝是维护社会稳定的精神力量

中国封建社会大力提倡和推行的孝道,虽然是为阶级统治的忠君治国服务,但对整个社会文明有序地发展,对家庭稳定和生产力的提高也起到积极、进步的作用。孝在儒家文化中,既被看做是人之善性的根源,又被看做是政治的根源。孝在其产生之初,的确是起源于政治上的传子制度,因为传子制度是家天下的基础;要想政权稳定,首先需要一个稳固的家庭。所以,孝便是以父权为中心逐渐形成的巩固家族组织、秩序的道德观念。①

三、传统孝文化的特点

传统孝文化在不断的演变过程中,逐渐朝着规范教条、泯灭人性的方向发展。尤其在封建社会后期,传统孝文化的影响力和控制力不断增强,体现出了下列特点。

(一)普及化

随着封建社会的发展,国家对社会控制能力的增强,我国孝文化由个人修身养性的道德上升为安邦定国的社会道德。封建统治者通过儒家经典教化子民,通过民间流传和书籍传播的方式,使孝文化得到普及和传承。例如,成书于西汉的《礼记》是我国所有古籍中阐扬孝道最丰富的一本书。它完成了孝道的理论创造并使其达到顶峰。它既阐述了孝之起源、地

---

① 潘剑锋.论中国传统孝文化及其历史作用[J].船山学刊,2005(3).

位与作用以及孝与忠、礼、政、教的关系等宏观理论问题,又对孝道、孝行等微观问题进行了具体论述,对我国历代孝道的普及发生了深刻的影响。

在民间,通过《二十四孝》、《三十六孝》、《弟子规》、《女儿经》等童蒙与家训类的书籍流传,长期影响中国人的家庭生活礼仪与社会交往方式。如《弟子规》是清朝中叶以后流行于中国的传统教育必读课本,其中写道:"弟子规,圣人训。首孝悌,次谨信。泛爱众,而亲仁。有余力,则学文。"将孝道视为做人的第一道德标准,将"入则孝"作为启蒙教育的第一课。再如《女儿经》中对女人一生的品行进行了如下规范:女儿经,仔细听,早早起,出闺门,烧茶汤,敬双亲,勤梳洗,爱干净,学针线,莫懒身,父母骂,莫作声,哥嫂前,请教训……亲戚来,把茶烹,尊长至,要亲敬,粗细茶,要鲜明,公婆言,莫记恨,丈夫说,莫使性……公婆在,侧边从,慢开口,勿胡言,齐捧杯,勿先尝……这些通俗易懂的民间歌谣对我国孝文化的传承起到了极其重要的作用,促使孝文化成为人人都要遵守的道德规范。

(二) 神秘化

在中国古代人们认为"家国同构"、"万事通理",治国重在治人,治人重在修德,修德重在举孝,孝双亲则忠君主、处事勤谨。将孝亲与忠君联系起来,认为"忠"是"孝"的发展和扩大,并把"孝"的社会作用绝对化、神秘化,认为"孝悌之至"就能够"通于神明,光于四海,无所不通"。国君可以用孝治理国家,臣民能够用孝立身理家,保持爵禄。

孝是人世间一种高尚美好的情感。它的本质是亲情回报,孔子把人们这种亲情回报的纯朴情感提升到"道"的高度,他认为"孝"是上天所定的规范,说:"夫孝,德之本也。""人之行,莫大于孝。"他指出,孝是一切人伦道德的根本,人们最高尚的行为就是孝。他又说:"孝为天之经也,地之义也,人之行也。"意思是说,孝亲就像天上的日月星辰那样有规律地运行,也像大地江河那样永不枯竭,它是人的行为规范和做人的准则。孔子还说:"君子务本,本立而道生;孝弟也者,其为仁之本与。"这是说君子应该是以做人之道为本,只有本立了人间的道德才产生,讲究孝顺忠悌就是做人的根本。

(三) 教条化

在封建社会的鼎盛和衰落时期,孝被统治阶级大力宣扬,逐渐走向极端化、愚昧化。"天下无不是的父母"、"君命臣死,臣不得不死;父让子亡,子不得不亡"等口号被视为当然的真理。父子之间的关系从亲情关系演变为政治的上下等级关系,孝也从为子者的真情美德演变为维护"父权"的工具。清代晚期,由于封建制度的腐朽与僵化,孝明显地成为束缚人的自由、阻碍经济和社会进步、造成无数人间悲剧的罪魁。

例如,唐代的宋若莘仿照《论语》编著了《女论语》十篇,采用问答形式,规范了女子日常生活的言行,其中罗列了一大堆的教条来规劝女子履行为妇之道,来迎合当时的男权社会的要求。其中教导妇女孝敬公婆:"阿翁阿姑,夫家之主。既入他门,合称新妇。供承看养,如同父母。敬事阿翁,形容不睹,不敢随行,不敢对语。如有使令,听其嘱咐。姑坐则立,使令便去……"要求媳妇绝对地敬畏和服从公婆,不能跟公婆一起走路,不能和公婆太多对话,完全听从公婆的吩咐,跟婆婆在一起只能站立在一旁等。这些教条化的条条框框使妇女们失去了独立自由的个性,使她们挣扎于封建家庭最底层,虽有孝行,但是没有真正的孝心。

第二节 "孝是生生不息的爱心"：传统孝道的现代转化

旧"二十四孝"主要以故事的形式，讲述古代孝子的言行，给人以启迪。但是，其中一部分故事早已不能适应现代社会的需要。如对"埋儿奉母"的故事，鲁迅先生曾在杂文《二十四孝图》中这样写道："我最初实在替这孩子捏一把汗，待到掘出黄金一釜，这才觉得轻松。然而我已经不但自己不敢再想做孝子，并且怕我父亲去做孝子了。家境正在坏下去，常听到父母愁柴米；祖母又老了，倘使我的父亲竟学了郭巨，那么，该埋的不正是我么？如果一丝不走样，也掘出一釜黄金来，那自然是如天之福，但是，那时我虽然年纪小，似乎也明白天下未必有这样的巧事。"可见，旧"二十四孝"的内容早已与人们的生活脱节，对于大众失去了指导意义，有些"愚孝"的思想甚至遭到了淘汰和批判。当代社会亟须建立新的孝道标准。

一、现代孝文化的社会背景

当代中国社会进入了全面繁荣的历史时期，随着我国经济的飞速发展，社会建设进入了快速建设发展的通道。人们的生活水平有了大幅度的提高，家庭结构发生了较大的改变，人们对孝的理解也随之发生了变化。传统孝道已经不能适应当今社会的发展需要，而新的孝文化正在逐步调整和完善。

第一，老龄化趋势日益严峻。根据2010年进行的我国第六次人口普查数据，我国总人口为13.7亿人，其中60岁及以上人口为1.78亿，占全国总人口的13.26%。65岁及以上人口为11.9亿，占全国总人口的8.87%。我国人口年龄结构的变化，说明随着我国经济社会快速发展，人民生活水平和医疗卫生保健事业的巨大改善，生育率持续保持较低水平，老龄化进程逐步加快。我国第一代独生子女的父母也已经步入老年。越来越多的家庭将出现四个老人、一对夫妇和一个孩子的"四二一"结构。这样的人口结构和家庭结构形成了未富先老的社会现实，对我国的养老保障、医疗保险、老年人权益保护等，都提出了严峻挑战。如何解决老年人的养老问题已经成为社会共同专注的焦点。

第二，人们的生活重点由吃饱穿暖转向追求生活品质。在传统社会，社会生产力不够发达，家庭生活时常面临着衣食短缺的威胁。当时人们对"孝"的理解主要集中在供养和顺从两个方面。在当今社会，科学技术的发展带动了经济的腾飞，人们日常所需的生活资料较容易获得，吃饱穿暖的问题已经基本解决，很多家庭开始不断追求生活品质，要求自由、舒适、充实的生活。在这样的背景下，许多年轻人希望或者由于求学工作等原因被迫离开老人单独居住，造成了大量的"空巢"现象。同时，老人对生活品质的追求也有所提高，部分老人不需要子女的"供养"，但对子女的关爱提出了更多的要求。

第三，人们的社会交往圈日益扩大，家族和家庭观念日渐薄弱。随着现代交通和通讯的高速发展，人们的生活、交际圈不断扩大，人与人之间的联系范围扩大，频率加快，成本降低。传统的以家庭和家族为中心、人际交往以亲情和地缘关系为核心的交际圈，转为以个人学习和工作为中心。人的家庭意识弱化，家庭本位让位于个人本位。尤其是新的社会生活方式使家庭生活变成了个人隐私，邻里、亲友关系疏远，"孝"与"不孝"成了个人私事，旁人无从知晓。

第四,新的价值观念和生活方式兴起,造成了老年人和年轻人之间的沟通障碍。对于新时代的家庭来说,价值观念碰撞最激烈的在于子女的教养方式上。在喂养宝宝的过程中,年轻人有着现代的喂养观念,而老年人总固守着一些传统的育儿理念。老人在养育孙辈的时候,往往容易以经验自居,以为自己是"过来人","吃过的盐比年轻人吃过的米都多";而年轻的父母更倾向于采用新的教养方法。腾讯网2012年的一项抽样调查显示,两代人因育儿观念不同爆发矛盾的家庭高达82%。此外,老年人和年轻人在家庭消费、个人隐私等问题上也容易发生冲突和分歧。

二、现代孝文化的几层含义

现代的孝子,不应该学习"卖身葬父"的董永,更不能效仿"埋儿奉母"的郭巨,因为那是封建社会"愚孝"的表现。那么,我们应该怎样孝敬自己的父母呢?我们的社会应该推行怎样的孝文化呢?对于养老机构的工作人员来说,应该怎样做才是孝敬老人呢?

在现代孝文化中,理解老人是"孝"的前提,尊重老人是"孝"的基础,承担责任是孝的基本要求,关爱老人是核心理念。年轻人不仅应该在理解和尊重老年人的基础上,承担赡养老人的义务和责任,更应该关心和爱护老人,为他们创造安全稳定、心情舒畅、有所作为的生活。

(一)孝是理解

理解是一种友善的换位思考。树上没有两片形态完全相同的叶子,世上没有两个性情完全相同的人。每个人都有自己的个性、爱好、修养和经历,要理解他人,就得从心理上变换角色,设身处地为他人多想一想。我们对待老人更应该多理解他们,凡事都站在老人的立场想一想。中国有句古话:"己所不欲,勿施于人。"我们遇事应该学会换位思考:"如果我是老人,我希望别人怎么做,不希望别人怎么做?"

同时,老人的人生阅历不同,他们所承受的病痛不同,他们为人处世的方式、态度也不同。作为年轻人,我们要理解老人,还要理解每一位老人。不要用一个标准衡量老人,不要动辄责怪老人:"为什么你不能和别的老人一样?"

理解老人,然后才能发现老人的优点,才能体会老人的辛苦,才能包容老人的缺点和过失。我国著名主持人倪萍小时候父母离异,导致她和父亲的关系疏远。17岁那年她考上了山东艺术学校,离家前,她突然一个人到派出所把名字改了,跟妈妈姓倪。她当时的想法很单纯,以为换了姓就可以抚慰母亲那颗苦苦的心。倪萍不知道改名字是否抚慰了妈妈,但她知道这样做一定深深地伤害了父亲。2010年12月,倪萍出版了《姥姥语录》一书,其中谈到自己对父女关系的反思。

倪萍:我一生没有喊过"爸爸"①

我从没有在爸爸面前喊出过"爸爸"这两个字,我就是发不出这个声音。

父亲在他不该去世的年纪走了,他才七十四岁啊。父亲是因脑出血而住进医院的,从发病到去世的一个月里一直在重症监护室睡着。我是在他睡着的时候和他见的最后一面,所

---

① 倪萍.姥姥语录[M].中华书局,2010.12.

以也不能叫做见面,因为父亲不知道。

又是哥哥通知的我。

躺在最先进的病床上,父亲像个婴儿一样,脸红扑扑的,甜甜地睡着,脸上有些笑容,似乎有些知足。我和哥哥一人拉着他的一只手目不转睛地看着他,一个儿女双全的父亲"幸福"地躺在那儿,多么大的一幅假画面。父亲幸福吗?我们是他的儿女吗?

一生只有这一次拉着父亲的手,这么近距离地看着这个给予我生命的父亲,心里的那份疼啊,真的是折磨。人生的苦啊,怎么会有这么多种,这么不可想象?更不可想象的是父亲这么些年是怎么和这些遥远的儿女相处的啊?他这个女儿又做了这么一个特殊的职业,不管你喜欢不喜欢,隔三差五地她就要"满面春风地走进千家万户"。

父亲啊,父亲现在的妻子儿女啊,又以怎样的心情面对电视上的这个倪萍啊?

父亲怎么会忘记,他这个女儿原来叫刘萍,还是奶奶给起的这个名。母亲当时还说萍字不好,浮萍,飘摇不定,应该叫"平安"的"平"啊!

我断定,我做了多少年主持人,父亲的心就被搅了多少年。

父亲是最早买电视机的那拨人,因为听说我"在电视上工作",父亲把电视搬回家,等于把女儿搬回了家,多么硬邦邦的父女关系啊!

我恨自己,一个一生都不曾喊过爸爸的人还有脸坐在这儿,爸爸你为什么不睁开眼睛骂我一顿?

人生就是这么残酷。主治医生来查房:"你们试试,不停地叫他,叫他爸爸,他也许会苏醒,脑干的血已凝固了一半儿,或许奇迹会发生。"

哥哥不停地喊:"爸爸,我和妹妹都来了,你睁开眼看看,左边是我,儿子小青,右边是妹妹小萍,爸爸……"

我不相信我没喊爸爸,我喊了,爸爸没听见,任何人都没听见,因为这个"爸爸"依然没有声音。爸爸,我只是双唇在动,我失声了,心灵失声了。一生没有喊过爸爸,最后的机会都让自己毁了,我是这个天下最不像女儿的女儿了。我恨自己!

心中有怨恨吗?没有啊。从懂事起姥姥传达给我的那个爸爸就已经让我不怨不恨了,爸爸生前我也按常人的理性多少次地去看他,给他送钱。出口欧洲的羊绒衫,因为爸爸喜欢它的柔软宽大,我一买就是十几件;儿子会跑了,我还专门把他从北京带去给姥爷看。该做的好像都做了,但真正该做的我知道,却没做,从来都没做。

爸爸其实也一直在帮我,我能够报答的只是叫出一声"爸爸",却没有做到。

在倪萍父亲去世之后,她才真正做到设身处地地理解父亲的想法,真正体会到父亲对她的关心和帮助。然而,这种理解和反思已经太晚了,致使她为没能叫出一声"爸爸"而后悔和自责。

(二) 孝是尊重

在理解老人的基础上,我们应该学会尊重老人,尊重他们的生活习惯,尊重他们的选择。现在的很多子女打着"为老人好"的名义勉强老人做他们不喜欢做的事。尊重老人,首先要尊重老年人的生活选择,让老人过自己想过的生活。你觉得城里生活条件好,也许有的老人就喜欢待在乡下;有的老人喜欢和儿女住在一起,儿女应该尽量创造条件;有的老人喜欢独处,你可以常去探望,但是不要为了满足自己对欢乐大家庭的渴望而非要和他们同住;有的老人对财产分配有自己的想法,而子女却要干涉甚至指责;有的老人想要再婚,却遇到了社会舆论、世俗偏见、子女干涉等难题。下面是一位老人讲述他想要再婚却遭到儿女阻挠的经历，可见老年人的选择得不到应有的尊重给他们带来的伤害。

<h3 style="text-align:center">六旬老人想再婚受儿女阻挠　丢失幸福心痛不已</h3>

我是24岁结的婚，这在那个年代已经算是晚婚了。我的妻子叫小云，是个好妻子、好儿媳、好母亲。婚后的日子我们相敬如宾，我们一共育有两儿一女，如今孩子们都学有所成。和她在一起的日子，我的一切生活都被她料理得井井有条，工作也有了很大起色，调到了城里，在城里安了家。可就在我早已习惯了她的贤惠之时，在孩子们都安定了下来之后，在我们终于可以松一口气安享晚年的时候，1998年，她却因过度操劳患上了癌症，永远地离开了我和孩子们。

自从小云走后，我的脸上很少再有笑容了，吃饭的时候也是习惯性地摆上她的碗筷，难受的时候就对着她的相片说说心里话。孩子们工作都很忙，也都有了自己的家庭，平时难得回家一次，我这心里就觉得空落落的。

为了排遣心中的孤独，也为了让自己不至于时时刻刻都沉湎于往事之中，我在儿女的鼓励下开始走出家门，认识了一帮老年朋友。平日里大家打打牌，下下棋，交流一下业余爱好，这日子过得也不再那么漫长了。我就是在这个时候认识了红霞。

红霞和小云有不少相似之处，这也是她吸引我的一个重要原因。她是个很文静很内向的人，在我们一帮老伙伴中，女同志多爱唱唱跳跳的，她却爱好书法，和我的兴趣一样。我平时还喜欢看书，写点儿东西什么的，她也很喜欢看书，喜欢写作。关键是我们有着相似的经历，她的老伴也在十几年前离开了她，她只有一个在威海工作的女儿，每周回来一次，平日里，她都是一个人生活。

交流多了，我发现我们之间有很多共同语言。再后来，她没事的时候就会来我家帮我做做饭、洗洗衣服。说实话，由于之前小云把我的起居照顾得无微不至，我的生活自理能力一直不怎么强，这些年一个人住虽说勉强学会了做饭，但总是找不到家的感觉，心里也总不是个滋味，能凑合便凑合。红霞的出现让我找到了一种熟悉的幸福感。看到她在家中忙碌的身影，我忽然觉得生活有意义多了。饭后，我们会一起谈论书法，交流读书心得，智慧的她让我的心仿佛年轻了很多。

慢慢地，儿女们都说我气色好了很多，脸上的笑容也多了，他们都为我感到高兴。我知道，我能有这样的变化，红霞功不可没。慢慢地，我心中便萌发了一个念头——和她结婚。

我把这件事情告诉了我的孩子。令我没有想到的是，自己的这一想法竟然遭到了儿女们的一致反对。"你们关系很好我们不反对，您想让我们对她好我们也没意见，但是要结婚太冲动了，也完全没那个必要。"

我很生气，恳求他们不要干涉我的幸福，他们反而找我的姐姐来劝我。我那早在青岛定居的老姐姐闻讯后竟然也真的赶来了："我们都这把年纪的人了，再结婚让人笑话；再说，小云生前对你可是不错啊，你不能对不起她。"看着老姐姐满头的银发，看着她那担忧的眼神，我一句话也说不出来。我知道，我不能让自己的姐姐一大把年纪了还为我担心，也不想让孩子恨我，在这场战斗中，我退缩了。红霞的女儿对她母亲再婚本来没什么意见，后来听说我家里人极力反对，便劝自己的母亲三思……

这场风波之后，红霞很少再来我家了，看着小云的照片，我也陷入了迷惘：难道真的是我在胡折腾吗?难道我真的做错了吗?

(2011-03-27 记者:李珑 来源:水母网)

为了使老年人的再婚权益得到切实有效的保护,禁止侵害父母的婚姻自由权。《中华人民共和国婚姻法》第三十条规定:"子女应当尊重父母的婚姻权利,不得干涉父母再婚以及婚后的生活。子女对父母的赡养义务,不因父母的婚姻关系变化而终止。"对此,《中华人民共和国老年人权益保障法》(以下简称《老年人权益保障法》)也作了明确规定:"老年人的婚姻自由受法律保护,子女或者其他亲属不得干涉老年人离婚、再婚及婚后的生活。"可见,再婚是老年人的合法权利,任何人不应强迫和阻挠。这是法律层面对老年人婚姻权利的保障。但是,老年人再婚还面临着道德的审判:再婚就让人笑话吗?再婚就是对原配的背叛吗?再婚对子女的感情是一种伤害吗?这些是法律无法解决的问题,只有子女和全社会真正尊重老人的选择,这样的迷惘才会消除。

(三)孝是责任

在人的一生中,父母的关心和爱护是真挚无私的,父母的养育之恩是永远也诉说不完的。吮着母亲的乳汁离开襁褓,揪着父母的心迈开人生的第一步,在甜甜的歌儿歌声中入睡,在无微不至的关怀中成长,灾灾病病又使父母熬过多少个不眠之夜,读书升学花费父母多少心血,立业成家铺垫着父母多少艰辛,可以说,父母为养儿女付出毕生的心血,这种恩情比天高,比地厚,是人世间最伟大的力量。我们对父母的回报与他们的付出相比太渺小,父母对儿女的爱是一条河,儿女对父母的爱只是一杯水,而父母也就心满意足了。

在物质丰富的当今社会,吃饱穿暖已经不是家庭生活面临的主要问题,赡养老人的难度大大降低。但是我们的社会中频繁出现不赡养老人的案例,令人触目惊心。

七个子女不养老 八旬老人上公堂

王某夫妇婚后共生育7个子女,现均已成家自立。王老太随三儿子生活多年,后三儿子将王老太居住的1间半房屋转卖给二哥,房款归三儿子所有。2000年以后,王老太因体弱多病,与三儿子发生纠纷,三儿子不愿再赡养王老人。

2000年8月,在王老太亲属范某的主持下,大家达成一份暂时赡养协议:三儿子每月付给母亲150元作为生活费用,遇重大疾病住院治疗费用其付20%,其余由另外兄妹负责。此后,王老太因病治疗花去医疗费2414.44元,该费用3个儿子均未支付过一分钱,三儿子也未按2000年的协议承担相应的义务。

2006年,王老太又因车祸致生活不能自理。7个子女之间因赡养王老人问题未达成一致意见,子女们都不愿尽赡养义务。无奈之下,王老太终将子女们告上法庭。

法庭上,王老太的子女各诉苦衷,互相推诿,都不愿与老人共同生活。主审法官苦口婆心地教育说服7个子女共同承担起赡养老人的责任,让其有一个舒适的生活环境安度晚年。然而,法官的一番心血付之东流。最终,江苏省新沂市人民法院判令被告7个子女分摊2414.44元医疗费,根据各人的经济状况,7个子女每月分别支付给老人100元、60元不等的生活费,王老太随次子一起生活。

(2007-02-12 来源:中国法院网)

这种不赡养父母的子女,应该受到法律的严惩和道德的批判。我们应该思考,我们对自己的父母有赡养责任,对于社会中的其他老人就没有责任吗?近年来,人们在广泛讨论"老人摔倒该不该扶"的问题,很多人表示为了防止被讹诈,还是不要帮忙。这些争论反映了现代社会人际关系的冷漠,以及人与人之间信任的薄弱,同时也反映了赡养老人社会责任的缺失。赡养老人不仅是家庭责任,也是社会责任。我国现在积极推进国家和社会对赡养老人的责任,如为农村老人发放养老金,多个城市的老年人免费乘坐公交车,在银行、医院等公共场所设立"老年人优先窗口"等,在全国倡导尊老爱老的风尚。可见,不只要赡养自己家庭和家族中的老人,还要对全社会的老人承担保护、扶助、优待的责任。

(四) 孝是关爱

随着社会老龄化程度的加深,"空巢老人"越来越多,已经成为一个不容忽视的社会问题。这些老人是最需要关爱的老人,虽然他们可能不缺钱,但是他们的日常生活失去了应有的关心和照顾。2012年,日本《读卖新闻》发布了下面一则消息:

兵库县尼崎东警察署警员在亲属和房东陪同下,于5月24日下午5点50分左右冲进了位于尼崎市内一幢公寓楼的租屋中,希望能够寻找到72岁老年女性的下落。当大家冲进租屋后,一具白骨呈现在眼前。所有人都惊在当场。

警方在现场调查时发现,存在室内的最后一期杂志刊行时间是2004年6月。该女性一直是独自居住在这所租屋中。因而警方判断,这名老年女性很有可能是8年前便已经身亡。

根据记录,房屋租赁者自2004年6月便没有再支付过房租,连自来水也被停掉了。房东也说,曾经在这间租屋门上贴过要求尽快联络的请求信,但却始终没有获得这名老年女性的消息。而老年女性的弟弟也表示,自己已经好多年都没有见过姐姐了。

此新闻刊出后被我国网友转发,引发了网络上关于"空巢老人"的又一次大讨论。虽然这样的案例属于个案,但是我国也多次发生过类似的事件:2004年,75岁的中科院院士、被国际医学界誉为"世界断肢再植之父"的陈中伟教授,在独居的家中意外坠楼不幸去世;2011年,天津一独居老人去世多日,发现时尸体已腐烂。2012年7月,上海八旬独居老人在家中去世7天后才被发现。

这一连串的"意外",向全社会敲响了警钟:"空巢老人"的安全问题,亟须引起高度重视。子女们应该多给予老人们关爱。常回家看看,或是打打电话聊聊天,这有助于随时掌握老年人的生活起居情况,避免危险和意外发生。有条件的子女在购房选择时,最好做到和老人分而不离。居住空间上的"一碗汤"距离,对照料老年人最有利。此外,还应该建立健全的社会"居家养老"制度,帮助空巢老人在家养老。

对于和老少同住的家庭来说,虽然降低了老人发生意外的危险,但是仍然没有做到关爱老人。许多家庭在物质上满足了老人的生活所需,老年人精神上的空虚、孤独、苦闷却无法排解。关爱老人,除了关心老人的生活和健康,还要满足老人的精神需求。我们要与老人沟通交流,帮助老人打开心结,鼓励老人参加社交活动,支持老人发展一种爱好……关爱老人,我们要做的还有很多很多。

三、现代孝文化的特点

现代孝文化是对传统孝文化的修正和继承,是在当代经济社会发展的背景下出现和发展起来的、新的道德规范,具有十分浓厚的现代特色。

(一) 社会化

通过民间流传和书籍传播的方式,传统孝文化在封建社会中得到了普及,使我国孝文化由个人修身养性的道德上升为安邦定国的社会道德。当代的孝文化在此基础上进一步延伸,提出"孝"不仅是子女对父母的责任,而且应该是公民对全体老人的责任。

现代孝文化认为,孝是个人责任,也是社会责任。例如北京市规定,自2009年1月1日起,具有本市户籍的60周岁及以上老年人,可以享受的优待项目有:国家为其发放高龄津贴,医疗机构对老人实行"六优先"(挂号、就诊、化验、检查、交费、取药优先),免费乘坐市域内公交车,公园、风景名胜等旅游景区对65周岁及以上老年人免收门票费等。这些优待服务的成本由国家和企业共同承担。

作为子女,我们应该对自己的父母尽孝;作为公民,我们也应该对社会中的老人尽孝。作为养老机构的工作人员,我们应该把"孝"上升为一种服务伦理,了解和掌握什么是老年服务伦理,怎样才能在工作中贯彻"大孝"的理念,在日常工作中全心全意为老人做好服务。

(二)法制化

封建社会依靠乡规民约、亲友邻里对子女的孝行进行监督和约束。在亲友居住距离扩大、家族关系淡薄、个人生活注重隐私等社会背景下,现代社会对"孝"的监督和约束主要依靠法律来进行。如我国颁布了《老年人权益保障法》,其中明确提出,禁止歧视、侮辱、虐待或者遗弃老年人。此外,《老年人权益保障法》还规定了家庭对老人赡养和扶养的责任、社会保障等内容。新修订的《老年法》草案中,对居家养老的"空巢老人"权益及生活问题给予了关注,规定"与老年人分开居住的赡养人,要经常看望或者问候老人"。但是需要指出的是,现代孝文化并不能单纯依靠法制来制裁,还需要道德的倡导和约束。

(三)个性化

现代孝文化摆脱了封建社会孝道教条化的桎梏,具有多元化和个性化的特点。现代孝文化倡导在赡养和扶养的基础上,根据地域、条件、家庭环境、老人意愿等不同的情况,灵活地尽孝。例如,改革开放初期,很多人认为把父母送进养老院就是抛弃父母,是一种不孝的行为。很多老人也存在着抵触心理,认为住进养老院就不能享受天伦之乐。随着时代的发展和养老服务水平的提高,人们对养老院有了新的认识。一些老人主动要求入住养老院,认为养老院有专业的医护人员,在那里还可以发展爱好、广泛交友,是一个颐养天年的理想之地。可见,孝敬老人不拘形式,只要能够达到老人满意的效果即可。

思考题

1. 古代的"二十四孝"故事中,哪些值得我们学习,哪些不适合现代社会?
2. 现代年轻人应该怎样做,才能算作"孝子"?
3. 养老机构工作人员应该怎样孝敬老人?

第六章 老年服务道德的培养方法

学完本章,你应能够:
——列出老年服务从业人员躬行实践的主要方式;
——明确老年服务从业人员道德培养的目的在于实践;
——区别自我反省同古代思想家的"内省"的本质区别;
——解释老年服务从业人员要做到"兼听"并不容易;
——解释为什么"慎独"的道德培养方法,对于老年服务从业人员来讲更为重要;
——明确老年服务从业人员怎样才能做到"慎独";
——陈述"善于学习是老年服务行业发展的迫切要求"的主要原因;
——列出老年服务从业人员学习的途径。

学习老年服务伦理,目的是培养老年服务从业人员高尚的道德品质和崇高的精神境界,而要达到这一目标,就要有正确的道德培养方法。

第一节 躬行实践:道德培养的方法和目的

一、躬行实践是道德培养的重要方法

谈到躬行实践,人们往往会提到两个与此有关资料。一是"躬行实践"一词的出处。元代王恽《秋涧全集·紫山先生易直解序》中云:"欲见诸用者,不于先觉躬行践履之实迹而取法焉,未见能造其奥也。"二是南宋诗人陆游在一首教子诗《冬夜读书示子聿》中所云:"纸上得来终觉浅,绝知此事要躬行。"尽管在不同的时代,作者在不同的背景下强调躬行实践,但是亲身实行或体验,作为"躬行实践"一词的解释,早已成为当下人们的共识。

躬行实践,是道德培养的重要方法,是指道德主体在实践中,进行道德意识、道德情感和道德品质的锻炼和培养。老年服务从业人员的躬行实践,是指老年服务从业人员在为老年人提供服务的实践活动中进行老年服务从业人员道德的自我锻炼和自我培养。老年服务从业人员的躬行实践包括老年护理、老年社会工作、老年康复、老年产品营销、老年服务一线管理等实践。

老年服务从业人员道德培养的重要方法之一就是躬行实践。

实践是老年服务从业人员道德认识、道德情感的基础,实践是道德培养的目的。作为道德心理结构三部分之一的道德认识,是指对于行为规范的认识,是人的认识过程在品德上的

表现;也可以把道德认识看做是对于行为中是非、好坏、善恶及其意义的认识。就老年服务而言,从业人员对同情老年人、关爱老年人的重要意义有了较好的了解和理解,就表明他们的道德认识达到了一定的水平。作为道德心理结构三部分之一的道德情感,则是直接与人所具有的一定道德规范的需要相联系的一种体验,它是人的情感过程在品德上的表现,一般成为品德的情感特征。例如,人们对儿女尽孝、老年产品营销过程中真正做到童叟无欺等等的行为,往往会产生敬佩之情;自己对服务老年人的过程中的言行粗俗甚至于虐待老人,会感到羞愧等。作为道德心理结构三部分之一的道德行为,是在一定道德意识支配下所采取的各种行为,是道德认识、道德情感的外部标志和具体表现。

道德认识、道德情感从何而来?来自于实践。老年服务从业人员道德认识、道德情感从何而来?来自于老年服务从业人员的业务实践和道德实践。只有在服务老年人的过程中,人们才会培养自己的道德品质,陶冶自己美好的品质和情操;只有在服务老年人的过程中,人们才能认识自己的行为哪些是道德的,哪些是不道德的,应该做什么,不应该做什么。离开业务实践和道德实践,培养优秀的道德品质是不可能的。

二、躬行实践是道德培养的目的

老年服务从业人员道德培养的目的在于实践。我们之所以强调要提高老年服务从业人员的道德觉悟,培养他们的优秀品质,目的就是为了使他们更好地为老年人服务,更好地参加老年服务的实践。而且,老年服务从业人员在提高道德水平以后,就会更加热爱老年服务行业,更加积极地投身到老年服务的实践中,为老年人的健康幸福、为老年人家庭分忧解难作出更大的贡献。

2012年,某高校组织了老年服务与管理专业的毕业生座谈会,来自老年服务一线的大学生畅谈在老年服务行业的感受。一位毕业两年的养老护理员小汪展示了自己的"爱心"日记。从一位大学毕业生的成长经历,不难发现,对老年人的情感、对养老服务的热爱,这样一种道德境界的不断升华,职业的实践过程多么不可或缺。也可以看出,老年服务从业人员道德觉悟的提高及其优秀道德品质的形成,还会随着老年服务实践、道德实践的发展而不断发展,随着长期的实践磨炼不断上升到新的水平。

"担忧"与"院长寄语"

3月17日,我正式到老年公寓报到。"来不及拂去毕业的忧伤,沐浴着春光明媚,我走上了养老服务业的工作岗位。但是,看到的情形却让我有些担忧。"

初来南山园老年公寓,我很"兴奋":公寓位于秦淮河风光带、闹中取静、环境优美,还可以远眺集庆门城墙;工作环境也不错,共有100多个床位,室内空调、液晶电视、24小时热水、床头呼叫器一应俱全。但走进老人们的房间,我才发现,"公寓收住的基本是高龄、不能自理的老人,生活照料都得靠护理员,我开始担忧自己能否承受这样的工作压力。"

随后,院长对我的"工作寄语"打消了我的顾虑:对高龄、不能自理的老人提供服务,更需要我们这些专业养老护理员的"爱心"。养老机构不能在老人健康的时候"收进来",到了需要照顾、需要护理、不能自理的时候又"请出去"。发展"爱心护理"事业是每一个养老机构的必然选择,做好服务也是每一个养老护理员的责任和义务。

"听完院长的工作寄语后,我就先从熟悉每个老人的情况做起。我查阅了老人们的入住档案,然后跑到每个老人的房间,向他们问好,和他们拉家常。我突然发现,虽然他已经生活不能自理,更需要的却是精神关爱,都很喜欢我和他们交谈。看到他们开心的笑脸,我心里无比快乐,开始懂得为这个特殊的老人群体服务,需要更多的耐心,更多的爱心。"

不拒绝每一次拥抱

一个月后,我在老年公寓的工作渐渐"进入了角色"。我在日记里这样鼓励和"表扬"自己:经过一段时间,我对老年公寓里的老人都慢慢地了解了,我们之间已经建立了深厚的感情。他们见到我很高兴,还都喜欢叫我的小名。前几天我回学校拿毕业证书,3天没有回公寓。从学校回来时,老人们都拍手欢迎我,很激动很开心。特别是孟爷爷,他见我回来了,激动地说:"我天天盼着你回来,特别想你。"听到这番话,我鼻子也酸了,眼泪在眼眶里打转。我拉着孟爷爷的手,询问他这几天的生活情况,有没有哪里不舒服,晚上睡觉怎么样。

我在当天的日记里还描述了我和公寓收住的一位廖奶奶之间的故事。

廖奶奶是公寓收住的一名患有老年痴呆症的老人。一天,我正在办公室接待前来咨询的老人。廖奶奶突然走进办公室,伸出双手,嘟着嘴撒娇地说:"我想和你抱抱。"

我在日记里这样表达当时的心理感受:当时我呆住了,心里一热,鼻子发酸,"老小、老小",廖奶奶潜意识里是把我当做最亲的人了呀。当时我赶紧伸出双手,迎接老人的拥抱。我们俩抱在一起,那种亲切的感觉是无法用语言表达的。她搂着我,还用手轻轻地拍着我的后背,似乎在哄我入睡。她的头轻轻偎依在我的肩上,我耳边有她轻微而又均匀的呼吸声。我感觉到了她对我的依赖,更让我体会到自己的责任。

我在日记里这样总结自己的工作:高龄老人就像小孩一样,情绪变化较大。作为护理人员,当老人心情不好、生病或感到害怕、恐惧时,我们要用适当的动作安慰老人,诸如"握着老人的手、轻拍他的后背、用手轻轻的捋头发,向老人表达关爱"。换句话说,对于高龄、不能自理的老人,"爱心"护理尤其重要。

"纸上得来终觉浅,绝知此事要躬行。"古人的这段话也可以看做是对道德的躬行实践的诠释吧。

第二节　内省和兼听:道德素养的重要途径

内省和兼听是老年服务从业人员道德培养的重要方法。

一、内省

内省是我国历史上许多伦理学家所强调的。对于"内省",人们所熟悉的有不同的说法。例如"吾日三省吾身","内省不疚,夫何忧何惧",还有"自讼"、"省察充治"、"严心"、"修身养性"、"静坐"等。

"吾日三省吾身"出自儒家学派的经典著作《论语》。孔子的弟子曾子说:"我每天多次反省自己,替人家谋虑是否不够尽心?和朋友交往是否不够诚信?老师传授的学业是不是反复练习实践了呢?"

"内省不疚,夫何忧何惧"也出自《论语》。司马牛问怎样做才能称得上君子。孔子说:

"做一个君子,从内心来讲,没有忧愁,没有恐惧。"司马牛说:"一个人没有忧愁,没有恐惧,就可以说是他已经达到了'君子'的境界了?"孔子说:"自我反省,对自己的所作所为问心无愧,有什么忧愁,又有什么恐惧?"

以上这种种的提法,虽然有差异,但是共同点都是主张自我反省是道德修养的重要方法。只是古代思想家强调的自我反省,是一种完全脱离客观实践的闭门思过,由此清除一切不符合当时道德规范的思想念头。今天看来,这虽然是一种与客观实践相脱节的唯心的方法,但作为一种道德修养的方法,内省还是有其合理成分的。

我们所提倡的自我反省,同古代思想家的"内省"还是有本质区别的。自我反省指的是在社会实践基础上对自己的所作所为进行道德上的"反躬自省"。也就是在社会实践中,经常自我解剖、自我检查、自我总结,看看自己的行为哪些是道德的,哪些是不道德的。这也就是一种道德上的自我评判、自我批评和自我教育。

不知人们是否听说过"周总理与纸镜子"的故事。周恩来在南开大学读书的时候,在立镜旁边糊了一个纸做的"镜子",每天早上、晚上,他总要到这面"镜子"前照一照。许多同学感到奇怪,跑去一看,原来是这么一回事,"纸镜子"上面写着:面必净、发必理、衣必整、纽必结、头容正、肩容平、胸容宽、背容直、气象勿傲勿暴勿怠、颜色宜和宜静宜庄。周恩来一生做人做事、待人处事,就是把这些话作为自己的一面镜子。1943年3月周恩来在重庆党内整风学习时又写下了著名的"我的修养要则"。而坚持日常自我修养的具体做法是坚持"吾日三省吾身",并做到了品质修养坚持始终,为人民服务坚持终生。

历史伟人、领袖人物躬行反思堪称道德践履的楷模,现实中普通百姓注重反省自己的言行同样是提高自己道德素养的重要途径。对于老年服务从业人员来讲,需要在老年服务业务实践和道德实践的基础上,用"内省"的方法进行道德的自我培养。每开展一项老年服务项目,就应该总结一下,看看是否履行了道德义务;每一天的工作结束后,都要反思一下哪些言行是道德的,有没有违反了老年服务从业人员的职业道德。在自己的岗位实践中,不是天天盯着别人做了什么,重要的是也要有"解剖"自己的精神,自己做了什么,自己是怎样做的。就像一位被评为"全国十大孝星"的福利院院长所言,就像天天洗脸一样,不断清除自己身上的各种灰尘,培养自己高尚的道德的品质,几十年如一日,从不间断。这种对工作的极端负责,对服务对象的满腔热情,是值得老年服务从业人员学习的。

二、兼听

在道德培养上,仅有"内省"是不够的。"兼听则明,偏信则暗"的成语应该是很好地浓缩了其中的哲理。汉代王符《潜夫论·明暗》:"君之所以明者,兼听也;其所以暗者,偏信也。是故人君通必兼听,则圣日广矣;庸说偏信,则愚日甚矣。"《资治通鉴》唐太宗贞观二年:"上问魏徵曰:'人主何为而明,何为而暗?'对曰:'兼听则明,偏信则暗。'"为什么呢?多方面听取意见才能辩明是非得失,只听一方面的意见,就信以为真,往往要作出错误的判断。对个人道德上的认知,也是如此。因为仅凭自我反省、自我感觉,还不能就自知,还不能就达成正确的评判。

所谓"兼听",就是指老年服务从业人员耐心听取各方面的意见,如服务对象,包括老年人(也包括老年人的家人)、领导、下属、同事的意见,尤其是批评自己的意见,从各种意见中检查自己在为老年人服务的过程中有无问题,包括自己的道德意识、道德情感、道德行为和道德品质。老年服务从业人员对于他人提出的意见和批评,要"闻过则喜",决不要"闻过则怒"。"有则改之,无则加勉,言者无罪,闻者足戒"是老年服务从业人员应该树立的正确态度。

老年服务从业人员要做到"兼听"并不容易,至少有三个方面是应该注意的。第一,老年服务从业人员要有正确的道德意识,否则就会是非不清,善恶不辨,听不进任何人的意见或批评。道德意识是人们在长期的道德实践中形成的道德观念、道德情感、道德意志、道德信念和道德理论体系。道德意识不是天生的,而是外在的,不是原来就具有的。社会道德意识是通过教育得来的,通过父母的传授、老师的培育、习俗的延续等等而获得的,是一种社会心理上的"范式"。但这种"范式"如果是错误的,则会把正确的看成是错误的,把善良的看成是丑恶的,或者相反,不可能做到兼听。第二,老年服务从业人员要虚心听取别人的意见或批评。在某种意义上,我们可以把老年服务从业人员分成两类。一类是一线的服务人员,这类人员当面对同事或者服务对象的批评时,要么是当面辩解,固执己见,要么是惧于上司的压力而表面应付。另一类是管理者或领导,一方面有些人出于自我保护的驱动从不或很少给他们提意见,另一方面有些管理者或领导摆架子,自高自大,从来就听不进别人的建议。"兼听"更是无从谈起。

洪湖市有一个"夕阳红"敬老院,在院长的带领下,从管理层、技术人员到普通护工,都充分运用每年一度的市人大代表评议部门活动,紧密结合养老工作实际,以人大评议促工作进步,推行"五心"服务,建"三讲型"敬老院,取得初步成效。敬老院采取三项措施收集院民、院民家属的意见和建议。一是召开院民代表恳谈会,与院民代表面对面交心谈心,了解代养老人对日常护理工作的看法;二是向所有代养老人调查问卷,让老人以不记名方式对院方和管理服务人员提出意见;三是向代养老人家属发放老人代养征求意见表,征求老人家属对敬老院的批评和意见。在此基础上,归纳梳理所有意见,召开全院职工大会进行大讨论,拿出针对性措施,确定了在全院推行"爱心、耐心、细心、热心、诚心"的"五心"服务,以"吃讲营养、医讲保健、住讲环境"为标准,采取措施建成了"三讲型"敬老院。

(2012-06-29 来源:http://jz.hbmzt.gov.cn)

这是一个典型的在老年服务机构营造"兼听"氛围,提高服务人员道德素质,优化服务质量的案例。在这样的机构工作,"兼听"有了制度化的保障,从业人员的素质会更加得以提高。

第三节 慎独:一种精神境界

一、慎独对于老年服务的重要性

慎独思想早见于先秦的《礼记·中庸》。《中庸》开篇说:"天命之谓性,率性之谓道,修道之谓教。道也者,不可须臾离也,可离非道也。是故君子戒慎乎其所不睹,恐惧乎其所不闻。莫见乎隐,莫显乎微,故君子慎其独也。"这就是说,一个人要做到在别人看不到的时候能十分谨慎,在别人听不到的时候能十分警惕,不要以为隐蔽的、微小的过失便可以去做。因此,应当在独自一个人的情况下,更加谨慎从事,不去做任何不道德的事情。只有道德高尚的人才能达到"慎独"的精神境界。

"慎独"是我国古代思想家提出的思想修养应该达到的崇高的精神境界,从一定意义上说,"慎独"也是一种道德修养的重要方法。尽管"慎独"在古代的思想家那里带有主观唯心的性质,但其强调的道德修养的主动性和自觉性,却是我们在今天的道德培养上应该好好借鉴的。

"慎独"的道德培养方法,对于老年服务从业人员来讲更为重要。主要原因至少有以下几个方面。第一,从服务方式上看,老年服务从业人员执行职务往往是独自进行的。例如,老年机构的服务人员基本上是独自对老年人进行生活照护、康复训练的,工作空间有的是在机构中,有的是入户到老年人的家里;服务人员与老年人经常是"一对一"进行沟通,了解老年人的需求。第二,从服务对象的特点上看,老年人,特别是高龄的老人,往往在身体和心理上出现这样或那样的问题,制约了他们清晰、准确地表达自己的需求和意见。第三,对于老年人的家属来讲,作为我们服务的间接对象,很多时候不能亲身感受服务的质量,与服务提供主体间也不能实现有效的信息对称交流。这样三个特点就决定了老年服务从业人员的道德培养需要有更高的层次——主动性、自觉性、自主性。没有"慎独"的境界,要实现优良的服务是不可能的。

《环球时报》曾以"虐待事件令人发指 日本用法律防止虐待老人"为题做过报道,主要内容如下。

老年人越来越多,已经成为日本社会的重要问题。老年人的生存状况令人忧虑,不少人不愿意赡养老人,甚至虐待老人,因此发生了不少恶性事件。有的老人在家里受虐待,部分在养老院的老人也没能逃脱这种厄运。藤泽市政府对该市86所养老院以及护理保险事务所进行调查显示,有30所发生过虐待老人事件。2005年2月,石川县一个养老院发生了虐待84岁女性老年痴呆症患者致死的恶性案件。一名28岁的男性护理员以该老人不听话为由,用一台取暖器对着老人不停地吹热风,导致老人死亡。

这些丧尽天良的行为引起社会的广泛关注。如何才能使老人老有所养成了日本人正在探讨的一个严肃话题。日本国会11月1日通过了《防止虐待高龄者及养护者支援法》为减少遗弃和虐待老人事件、发扬尊老护老的传统,从法律角度提供了必要保障。首先界定了什么是虐待老人行为,并把这些行为细分成5类。第一是身体上的虐待,对老人施暴,使其肉体受到伤害,留下淤青造成痛苦等,比如殴打、脚踢、捏掐或强制性恶意喂食等。第二是放弃护理和照顾,不给予必要的关爱,使老人身心状态恶化,比如不给洗澡,使其处于脱水状态,放弃护理不管不问等。第三是心理上的虐待,咒骂、威胁、语言伤害等,让老人精神痛苦。第四是性虐待,比如老人大小便失禁,让老人裸露下身不穿裤子等。第五是经济上的虐待,不经本人同意非法处理或使用老人的财产等,比如随意使用老人的存款和养老金,变卖老人的家产,或不向老人支付生活费等。

关爱老年人,先进的护理条件和手段是重要的,法律上的对虐待老人的制约也是必需的,但是没有老年服务行业从业人员的良好的道德素质,就不会有真正的优质的服务。只有越来越多的从业人员自觉自愿,而不是慑于严格的制度和法律,老年人才能有真正的幸福。

二、怎样做到慎独

老年服务从业人员要做到"慎独"并不是一件容易的事情,至少需要做到以下几点。第一,要有高度的道德培养的自觉性。老年服务从业人员道德的培养,贵在自觉,重在"慎独",即独自一人在为老年人服务时,能自觉自愿、谨慎地遵守老年服务从业人员的道德原则和道德规范。第二,要求老年服务从业人员要有顽强的坚持精神,长时间始终如一的坚持"慎独",特别是常年在老年护理一线的工作人员,工作条件艰苦,工作压力大,如果缺乏这种顽强的坚持精神,仅凭三分钟的热血,随着时间的推移,热情会冷却。长时间的工作时间,会遇到许多难以处理的事情,一次次的在无人监督的情景下,坚守自己的道德信念,真心热心为老年人服务,就可以培养出高尚的道德品质。第三,老年服务从业人员要从大处着眼,从小事做起,一言一行,一举一动,防微杜渐,积善成德。"不积跬步无以至千里,不积小流无以成江海",很多在老年服务一线做出优异成绩、作出突出贡献的先进分子,本身就是我们的道德楷模,他们这种高尚的道德品质就是在长期的老年服务实践中修炼而成的。

第四节 善于学习:永无止境的过程

一、善于学习是老年服务行业发展的迫切要求

我国于1999年10月进入人口老龄化国家。按照第六次全国人口普查最新数据,大陆31个省区市和现役军人,总人口为1 339 724 852人(不含港、澳、台地区)。其中,60岁及以上人口已占13.26%,比2000年上升2.93个百分点,65岁及以上人口占8.87%,上升1.91个百分点。从家庭规模来看,全国平均每个家庭户的人口为3.10人,比2000年的3.44人减少0.34人。如何加快建立健全养老社会服务体系,让老年人安享老年生活,是摆在我们面前亟须解决的问题。在物质财富与精神生活同时提升的情况下,传统的社会保障制度已经难以满足新时期老年群体生活需求,发展养老服务业,从根本上转变养老模式,成为众多老年人的共同心声,也是经济社会发展的必然要求。高度重视并积极推进养老服务业的发展,时不我待,势在必行。为维护老年人正当权益,使老年人的民主权利、人身权利、消费权益、社会地位得到保护,受到尊重,真正实现"老有所养",除了相关政策安排、规划以及资金保障之外,养老服务人才短缺、为老服务人才专业化、综合素质等方面水平参差不齐也是制约为老服务体系建设、提升为老服务质量的重要瓶颈。可以说,我国老年服务从业人员数量远不适应需求,从业人员的整体素质有待提高,道德素养也成为制约服务质量的重要问题。

以上是从行业的宏观方面看的。从老年人个体的需求来看,老年人的需求具有多样性,既有生理性的,又有社会性的;既有物质的,又有精神的。美国著名的人本主义心理学家马斯洛把人的各种需求归纳为5个层次,即生理需求、安全需求、尊重需求、归属与爱的需求和自我实现的需求。以生理需求为例,这是老年人一切需求中最基本、最优先的一种需要。它包括人对食物、水、空气、衣服、排泄及性的需要等,如果这一类需要不能得到满足,人类将无

法生存下去。老年人也有这些基本的需要,以满足其生存,但老年人的生理需要有其特殊之处。在食物方面,老年人更注重保健,对饮水和空气环境的需求也更讲求洁净、新鲜、卫生;在服装方面,老年人需要与自己年龄相符的服饰,讲求宽松、轻便、保暖、透气和适用;此外,由于其身体机能的衰退,老年人更需要方便、舒适、无障碍的卫生间。而以归属与爱的需求为例,一个人在社会生活中,他总希望在友谊、情爱、关心等各方面与他人交流,希望得到他人或社会群体的接纳和重视,如交结朋友、互通情感,追求爱情、亲情,参加各种社会团体及其活动,等等。老年人的这些需求也是强烈的。首先,他们需要家庭的温暖,子女的孝顺,享受天伦之乐;其次,老年人也需要参与社会活动,渴望与邻里、亲朋好友的接触和交流,害怕孤寂;再次,老年人也有爱情需求,特别是一些丧偶老人,希望能有一个伴侣与之相濡以沫,共度晚年。因此,面对滚滚而至的银发浪潮,根据对老年需求的分析,我们不仅要提供解决供养、医疗等问题的经济保障,更需要提供大量的日常生活照料和帮助。在这种情况下,老年服务从业人员借鉴世界上一些福利型国家和地区的经验,学习老年服务的相关技能,满足老年人的多方面需求,已经成为当务之急。

二、善于学习对于道德修养也具有方法论的意义

"才者,德之资也;德者,才之帅也。"这是北宋时期的司马光对德才关系作过的较为全面、精辟的论述。就是说,德与才是不能分开的,德靠才来发挥,才靠德来统帅。具体到老年服务从业人员的道德修养的途径,就要求人们不能只要德不要才,因为才是德的支撑,影响着德的作用范围。一个老年服务行业的从业人员如果有德无才,道德上虽然可以信赖,但难以托付重任,也只能是平庸之辈。因为这类人缺乏一定的文化、专业知识和技能,即使有为老年人服务的愿望和勤勤恳恳的工作态度,也不能为老年人提供优质的服务。有德有才方是良才。只有有德有才之人,才是名副其实的人才。因此,我们既要注重自身的"德",也要注重自身的"才",只有这样,才能在老年服务的岗位上胜任自己的职务,并很好地履行自己的道德责任。为此,就需要善于学习。

老年服务从业人员需要学习的东西很多。因为老年服务内容相当宽泛,既包括日常生活照料、医疗照护、心理疏导,还包括老年产品的开发和推广等。具体的服务岗位,既有医学、护理、康复,又有心理、社会工作,还有市场营销,等等。因此,要做好老年服务,在知识的储备上,包括社会学、心理学、管理学、法学、医学的相关知识等。这些知识是做好服务工作的前提,是做好服务工作的基础。在能力要求上,需要掌握和提高实践操作的技能、社会交往的能力和组织能力、创新能力等。

老年服务从业人员学习的途径并不是单一的,既包括通过学历教育进行学习,也包括在现有的工作岗位上通过在职培训进行学习。在学历教育方面,为老服务专业人才教育培养结构正在逐步完善,专业设置越来越科学化,有志于从事为老服务的年轻人,经过几年的专业学习,学习老年服务必备的基础知识和专业知识,学习和掌握从事为老服务实际工作的技能,为将来成就为老服务的专业人才打下良好基础。在继续教育方面,依托为老服务专业人才岗位培训的平台,通过定期轮训和岗位练兵,学习老年服务的新政策、新业务、新方法,也学习行业经验,开阔自己的视野,提高自己的服务水平。不管何种形式的学习,都是一个永无休止的过程。

《中国经济导报》2012年8月曾以"康乐园总经理蔡全明——退伍军人的创业路"为题报道了退伍后放弃政府安排的工作，主动投身老年健康产业的蔡全明的成功经历。其中有这样一段话发人深省：蔡全明，康乐园总经理，转业回乡对蔡全明来说是人生的一个新的转折点。摆在蔡全明面前的是——社会就业压力之大、政府安排工作之难、个人自主创业之艰……蔡全明期望以一名退伍军人独有的方式来报效社会，选择了自谋职业这条既艰辛又充满挑战的道路。创业几年来，他从白手起家至今，已经先后被评为台州市创业创新之星、全国优秀总经理称号、敬老爱老先进道德模范、健康产业最有潜力的销售精英……是什么让他在如今竞争激烈的市场环境中脱颖而出，取得成功？他的经历可以给更多的创业者以启发。

退伍复员军人蔡全明，陕西人、老家农村。学习医学知识后参军的他，一直有一个梦想，就是减少疾病，实现健康。离开部队的那一刻，他便下定决心要成就一番轰轰烈烈的事业。但蔡全明不知道将会面对怎样的处境，今后的人生之路该何去何从。蔡全明对即将开始的新生活产生了迷茫与困惑。但是他有一个坚定的信念，那就是不能忘记部队多年来的教育之恩，他发誓将来无论处在哪个岗位也不能忘记自己曾是一名军人。有了这种信念，再综合考虑在部队所学的知识和技能，蔡全明放弃了政府安排工作的机会，选择了自谋职业这条既艰辛又充满挑战的道路。从军队回到地方后一次偶然的机会让他初识了老年健康产业，在那个一提到保健品都令人怀疑、猜测的时代，他依然选择要用健康产业改变自己的命运、实现梦想。

创业之初，蔡全明的手下是兵无一人、将无一员，一切全靠自己，面临的最大困难就是筹集资金。蔡全明四处奔走，想方设法筹集资金，招兵买马，几个月下来可以说是身心疲惫，他不断遭受拒绝，顾客和家人的发对，都对这位退伍军人是极大的考验。然而心中的那份信念还在，那份在部队就种下的军人不言败的信念还在。就这样，天道酬勤，蔡全明不懈地勤奋、每天早出晚归的付出，换来了康乐园的不断壮大。看到自己亲手建造的康乐园一天天成长，蔡全明的脸上露出了欣慰的笑容。

如今，康乐园已经3岁了，随着这几年的稳步发展，康乐园已经逐步摸索出一套自己的创业模式，目前康乐园已经有近300多位合作伙伴，市场遍布浙江、福建、山东、江苏等地，为了肩负起社会责任感，更好地回馈社会，蔡全明确确实实把健康和快乐带给了所有参与健康事业的好心人。

蔡全明创业的经历给人们的启发是多重的。"下海"创业是一项复杂而又艰难的经历，虽然从某种程度上来说，投身老年产业和当军人并无太多不同，常言说"商场如战场"，同样是需要全身心的投入，需要对于社会的责任感，需要超人的毅力和拼搏精神。但是在某种意义上，"隔行如隔山"，一名退伍军人投身老年健康产业，需要学习的东西很多。从前面的描述中我们也可以看出，尽管蔡全明在参军前学习过一些医学知识，但是仅凭这些要投身老年健康产业还是远远不够的，因此，他需要学习；筹集资金、招兵买马，也不能仅靠勤奋和天赋，也需要学习；开拓市场，寻找合作伙伴，同样离不开学习。蔡全明这样做了，功夫不负有心人，他开发的产品受到了老年人的欢迎，他提供的服务得到了社会的回报，他实现了自身的价值。蔡全明不仅是退伍军人创业的典型，其成功的经历对于老年服务从业人员善于学习、岗位成才同样具有榜样的意义。

◢ 思考题

1. 为什么老年服务从业人员要注重躬行实践？
2. 你是怎样理解"内省"与"兼听"对老年服务从业人员的重要性？
3. 你认为老年服务从业人员怎样才能做到"慎独"？
4. 老年服务从业人员为什么要善于学习？

附录：老年服务伦理案例

案例一 "长期照护、远离虐老"——《反虐老宣言》发布

2011年12月，以"长期照护、远离虐老"为主题的第七届全国老人院院长论坛在北京举行。为进一步加强行业自律，论坛发布了《反虐老宣言》。近年来，一些虐老事件时常在媒体上曝光，引起社会极大关注。长期照护全国联盟发布的《反虐老宣言》指出，反对对老人身体上的虐待、照护上的虐待、心理上的虐待、性虐待和经济上的虐待，并将其作为所有成员单位努力实现的标准条款，以期每一个机构都能够铭记本宣言。同时通过各级政府的支持和社会各界的认同，使这些条款最终能在每一位老年人身上得到普遍和有效的承认和执行。

长期照护全国联盟
《反虐老宣言》
2011.12.8
北京

鉴于对老年人资深社会地位的承认，乃是步入高龄、失能后能够继续保持尊严和权利的基础；

鉴于对老年人的无视和虐待行为时有发生，已玷污了社会的良知和违反了法律的基本准则；

鉴于各成员单位业已誓愿同长期照护全国联盟一起积极促进对老年人权利的普遍尊重和遵行。

因此，长期照护全国联盟决定发布《反虐老宣言》。将其作为所有成员单位努力实现的标准条款，以期每一个机构都能够经常铭念本宣言。同时通过各级政府的支持和社会各界的认同，使这些条款最终能在每一位老年人身上得到普遍和有效的承认和执行。

第一，反对身体上的虐待，包括对老人施暴，殴打、脚踢，以及主观上故意，客观上使其肉体受到伤害等；

第二，反对照护上的虐待，对老人放弃、不管不问，包括不给洗澡、喝水，以及恶意干扰睡眠等；

第三，反对心理上的虐待，包括用咒骂、威胁等侮辱性语言，使老人的身心造成伤害，精神上遭受痛苦；

第四，反对性虐待，比如对大、小便失禁的老人，让其长时间裸露下体，甚至遭受歧视和凌辱，导致人格丧失；

第五，反对经济上的虐待，比如不为老人支付生活费，甚至随意剥夺老人养老金、存款和财产的所有权。或未经老人同意，随意处置、使用或变卖其家产等。

要从长期照护的人力资源队伍建设入手，确保从业人员能够体面而有尊严地工作。要致力于培养专业化、职业化、行业化、本土化的养老护理人才，呼吁出台《养老护理职业法》。

要从长期照护机构硬件建设入手，像建设医院、学校、幼儿园一样建设长期照护机构，扭转高龄、失能老年人"居无定所"的窘境。让"公建民营"、"公办民营"、"民办公助"等既定政策落到实处。

要从长期照护的技术和管理入手，持续开展面向基层一线员工的现场培训和安全教育。要不断引进和创新长期照护的新技术、新方法，积极推进老年人长期照护服务与管理的科技进步。

(2011-12-08　来源：人民网)

▼ **思考题**

1. 何为虐老？
2. 《反虐老宣言》提出的意义何在？

案例二　护工虐待老人　官方介入调查

日前，有媒体曝光了郑州一老年公寓护工捆绑殴打虐待老人的黑幕，这件事情在网上引起了巨大反响。在大河网大河论坛、天涯社区等10多家网站同时出现题为《郑州畅乐园老年公寓护工残忍虐待老人》的帖子，引起许多网民关注，文中所附的文字和视频引起网民的极大愤怒。

据网友发的帖子中描述：一个司机师傅半夜在郑州畅乐园老年公寓附近停车时总是听到公寓上传来声声惨叫，他觉得奇怪，为了把事情弄清楚，他半夜起来蹲守在公寓窗外，发现了护工殴打虐待老人的黑幕。

在向当地电视台爆料之后，记者与王先生一起对此事进行了暗访。他们发现护工总是凌晨3点左右把老人们拖起来，如果有的老人不想起来，就抽老人耳光，殴打老人。视频中还拍到有个老人想喝水，护工就让老人喝尿，还奸笑着问老人好喝不好喝，老人若稍有反抗就拿硬物猛击老人的膝盖，边打边骂。

据报道，记者假扮居民去咨询养老院院长，看到院长办公室墙上挂满锦旗，院长说这个养老院服务非常好，老人的入住率很高，还让记者看宣传的照片。

事后，媒体与河南省民政厅老龄处联系，老龄处一位负责同志告诉记者：根据河南省人民政府60号令，已责成郑州市二七区老龄办调查此事，目前视频中涉及的两位护工已带走调查。公安部门也已介入此事。民政厅表示，如果调查属实，相关人员要承担刑事责任，涉及养老院管理方面的问题，会根据情况依法取缔，或者处以罚款。

(2011-06-01　来源：中国之声《央广新闻》)

▼ **思考题**

1. 你读了这个案例的第一感受是什么？
2. 案例中护工的行为违反了哪些道德规范？
3. 如何防止虐待老人的事件的发生？

案例三 谢延信 大孝至爱感动中国

故事

一个平凡的矿工,与妻子结婚仅一年,妻子就因患产后风离开人世。从此,他担负起替亡妻照顾多病的岳母、呆傻的内弟、瘫痪的岳父的责任。这担子一挑就是30多年,至今无怨无悔。谢延信的事迹已被多家中央级媒体采访报道。今年2月17日,他的名字又进入了2007央视"感动中国"十大人物的颁奖名单中。

一句承诺的坚守

1973年4月16日,21岁的河南滑县青年刘延信与同乡姑娘谢兰娥喜结良缘。1974年7月,谢兰娥生下一个可爱的女儿,却不幸患上产后风。自知来日不多,谢兰娥郑重向刘延信嘱托:"你是个好人,可惜我没有福分和你一起生活了。我死后你再找一个媳妇好好过,孩子我倒不担心,只是你要替我继续照顾好我的父母和弟弟,不然我死不瞑目。"刘延信握着妻子的手,郑重地承诺:"岳父岳母也是俺的亲爹娘,内弟就是俺的亲兄弟。你放心吧。"听到丈夫的承诺,妻子含笑去了。

然而刘延信面临着这样一个现实:岳母有肺气肿、胃溃疡,丧失了基本劳动能力;唯一的内弟先天呆傻,连生活都难以自理。看着两位老人痛不欲生的样子,想着爱妻临终时的嘱托,刘延信跪在岳父岳母面前:"爹、娘,兰娥不在了,我就是你们的亲儿子,你们有病我伺候,百年以后我送终!"

办完丧事,岳父一个人去了300多里外的焦作煤矿上班。刘延信把岳母和内弟都接到家里,安顿下来。那时是挣工分吃饭,他每天忙完外头忙家里,岳父有时也捎点钱来,一家人虽然清贫,但生活还算温馨平静。为了让老人安心,他毅然将刘改成了谢姓。

一份责任重如泰山

然而,屋漏偏逢连夜雨,1979年春天,岳父在煤矿宿舍深度中风,被工友送到医院抢救。在与死神顽强搏斗了7天7夜后,老人从昏迷中苏醒过来,却永远失去了站立的能力。

现在,家里一病、一瘫、一傻、一幼,没有一个不需要照料的。面对苦难,谢延信没有怨言,他用肩膀扛起残破的家。

为了方便给岳父治病,在岳父单位的帮助下,他们在职工临时招待所找到两间9平方米的小房,开始了异地的艰难生活。平时,谢延信一边伺候岳父,一边抽空到附近的砖窑场打零工。1983年,谢延信在朱村煤矿当上了一名掘井工。老人患病后,大便时常干结,延信就用手一点一点地给岳父抠;岳父患肝硬化引起双腿水肿,他每天用热水给老人烫脚、按摩。怕岳父躺久了得褥疮,他按时给老人翻身,每天背老人晒一次太阳。老人卧床18年,从未生过褥疮。为从嘴里省点钱给两位老人看病,谢延信春天到地里挖面条菜,夏天挖马齿苋,秋天到地里拾红薯叶、红薯梗,冬天拾别人扔掉的白菜帮,自己腌制的十余种四季小菜成了他一日三餐的菜。

1996年8月,69岁的岳父走到了生命的尽头。8月28日下午,已昏迷两天两夜的老人突然睁开眼睛盯着谢延信,嘴张了张却发不出声音。谢延信知道岳父还有两件事放心不下,他把岳父的头放到自己怀里,对老人说:"爹,您放心,只要我有一口饭吃,就不会让娘和弟弟饿着。娘百年后,让弟弟跟着我,绝不让弟弟受一点委屈!"听罢他的话,老人两行热泪从深陷的眼窝里流了出来,带着无尽的依恋和感激,安然地走了。

一片真情感动中国

谢延信的妻子去世后,有很多人给他介绍对象,谢延信开出的唯一条件就是:绝不能丢掉这个家。亲戚朋友给他介绍的对象,一听他的家庭结构,要么不理解,要么嫌负担重,都退却了。

1984年9月,一位善良的农家女谢粉香走到了谢延信身边。谢延信说:"同我结合,以后会比别人吃更多的苦。"谢粉香说:"既然选择了你,就不怕吃苦受难,有难我们同担,有苦我们同吃。"就这样,他们组成了一个大家庭。谢粉香像对待亲妈和亲弟一样,对二人照顾得无微不至。

如今谢延信的老岳母身体比以往好多了,而谢延信的身体却每况愈下。谢延信在接受记者采访时笑着说:"我现在也不行了,好在有我妻子在。即使是我不行了,我相信我妻子也会像我那样继续照顾好老人。"谢粉香告诉记者,如果她怕吃苦,就不会和老谢走到一起来,她会尽力照顾好这个家庭的所有人。

33年里,谢延信把中华民族的孝道体现得淋漓尽致。谢延信这个普普通通的矿工,正在感动越来越多的中国的人。

(2008-02-29 来源:《成都日报》)

思考题

1. 你认为谢延信为什么会33年如一日对老人尽孝?
2. 老年服务从业人员应该向谢延信学习什么?

案例四 业内人士自揭保健品销售内幕 虚假宣传骗老人

近日,本报连续报道了关于老年保健品会议讲座的报道,不少读者致电本报,讲述自己或者家人在购买保健品时,不慎陷入不法经营者设置的陷阱,赔了钱财,还生气上火,甚至影响家庭和睦。31日,曾在烟台某保健品公司从事保健品营销工作的小王,联系到本报,揭露了保健品行业欺骗老年人的销售内幕。

第一招 引诱
有奖会议是"鱼饵",首次只谈健康不说产品

大型健康讲座,是不少商家推销保健品惯用的招数。能吸引大量老年人的目光,让他们自愿打开钱包。

"参会送礼"是必用的招数,"老年人生活闲适,再加上人都有贪小便宜的心理,一把挂面、一个洗菜盆等礼品,都会吸引不少老人参加会议。"

"首次讲座决不能直接推销产品,而是讲一些老年人关心的健康话题,对方感觉讲座内容有用,下次自然还会再来。"小王介绍,如果直接推销保健品,容易引起老人们的反感。

第二招 欺骗
主讲人都是"医学专家",雇用医托现场抬气氛

为了体现讲座的重要性和机会难得,主讲人往往都被"加冕"许多医学专家的称号,"看似地位身份不错,其实不少都是保健品公司的工作人员。"

不少商家都采取雇用医托的方式进行营销。尤其是在会议现场促销时,这一招很奏效。每一次讲座展会,公司都会花几十元钱,聘一些老人,也就是所谓的"医托"。他们起到活跃现场气氛的作用,能带动其他老人的购买欲。"在这种热烈的氛围下,不少老人都会不自觉地订单购货。"

第三招　恐吓
联合体检机构"放长线",引诱恐吓老人上钩

会议讲座让老人们了解到身体健康的重要性之后,保健品商家会趁热打铁地给老人们进行体检,有的是免费,有的则是半价。而处于老年时期,多多少少都会存在高血压等常见病。销售人员就会根据体检单上的症状大做文章,夸大疾病的严重性,并介绍产品的高效作用。

为了大力推广公司产品,不少保健品公司还与一些医生私下达成协议。老人体检单出来后,医生在一定程度上会夸大老人身体的症状,有时甚至是"恐吓",在老人感觉害怕担心时,再给其推荐该保健产品。患者都相信医生,这种推销方式成功率很大,而体检医生也会从中分得一杯羹。

第四招　哄骗
大爷大妈叫得亲,上门服务拢人心

贯穿保健品销售始终的关键因素是"感情牌",老年人是一个特殊群体,相对于年轻人和中年人,"耳根子"更软一些,也正因此,口甜、服务周到的营销方式在老人身上效果更明显。

为了培养感情,有时还得亲自上门服务、送产品。老年人心软,去得勤了,熟识了,一般不好意思拒绝使用产品。

(2011-11-02　来源:齐鲁晚报,有删节)

思考题

1. 你认为案例中提到的机构和营销人员的做法道德吗?为什么?
2. 如果你作为一名老年用品的营销人员,营销中应该遵守那些道德规范?

案例五　全国老龄办等机构颁布新"二十四孝"引发热议

全国妇联老龄工作协调办、全国老龄办等机构,日前发布新版"二十四孝"行动标准,在网上引发热议。网友纷纷自剖心迹:"亲,新二十四孝,你做到了几条?"

"二十四孝"行动标准

1. 经常带着爱人、子女回家
2. 节假日尽量与父母共度
3. 为父母举办生日宴会
4. 亲自给父母做饭
5. 每周给父母打个电话
6. 父母的零花钱不能少
7. 为父母建立"关爱卡"
8. 仔细聆听父母的往事
9. 教父母学会上网
10. 经常为父母拍照
11. 对父母的爱要说出口

12. 打开父母的心结
13. 支持父母的业余爱好
14. 支持单身父母再婚
15. 定期带父母做体检
16. 为父母购买合适的保险
17. 常跟父母做交心的沟通
18. 带父母一起出席重要的活动
19. 带父母参观你工作的地方
20. 带父母去旅行或故地重游
21. 和父母一起锻炼身体
22. 适当参与父母的活动
23. 陪父母拜访他们的老朋友
24. 陪父母看一场老电影

(2012-08-20　来源：中国青年报)

▼ 思考题

1. 你能发现新"二十四孝"与旧"二十四孝"的同异之处吗？
2. 你对新"二十四孝"是否支持？为什么？

老年服务礼仪

第七章 老年服务礼仪概述

学完本章,你应该能够:
——了解老年服务礼仪与老年服务伦理的关系;
——了解老年服务礼仪的原则和本质;
——理解老年服务礼仪的三个基本理论。

第一节 老年服务礼仪与老年服务伦理的区别与联系

一、礼仪概念和缘起

我国是历史悠久的文明古国,素以"礼仪之邦"享誉于世,中华礼文化所内含的约束之礼、礼让之礼、尊重之礼、和合之礼等丰富的伦理思想,无疑在提升人们的精神境界、规范人们的思想行为、调节人与人之间关系、维护社会和谐稳定方面起到了积极的作用[1]。特别是从古至今积淀和漫延着厚重、淳朴的礼仪风范和传统形成了中华民族独具特色的社会道德风尚和个人行为规范。

（一）礼仪

1. 礼的字义

研究"礼"字的起源是研究礼的起源的训诂学解释。从现象学的角度讲,"礼"这个字可以呈现其最大的清晰性。同样,现代语言学也认为,语言储藏着社会、文化及其发生、发展的信息密码。这点在汉字的构成中表现得更为淋漓尽致。《说文》示部云:"禮,履也,所以事神至福也,从示,从豊,豊亦声。"又禮部:"豊,行礼之器也,从豆,象形。"殷墟甲骨文的发现,为礼的研究打开了新的眼界。所以,王国维认为,"豊,皆象二玉在器之形",也就是古人行礼用玉,把两串玉放在器皿中来祭祀鬼神,后来演变为用酒祭祀神灵,这正好印证了晚于许慎的郑玄所提出的"禮"与"醴"字相通。《仪礼·士冠礼》:"禮于阼。"郑玄注:"今文禮作醴"。所以王国维最后又"推之而奉神人之事谓之礼"。礼就是指一切祭祀神灵之事。

2. 礼的起源

关于礼的起源学者们有很多丰富和深入的研究,主要有礼起源于祭祀说、礼起源于原始

---

[1] 王宗源.中华礼文化与大学生礼仪教育研究,首都师范大学硕士学位论文,2008年5月。

社会的风俗习惯、礼起源于原始社会礼仪、礼起源于原始社会的货物交换行为等。正如承前人之说,关于对礼起源的多元论恰恰印证了礼内涵的丰富性和外延的宽泛性。

3. 礼的作用

我们从杨雄的《法言·问道》得知:"人而无礼,焉以为德。""礼"是道德精神,"礼仪"是道德的行为;"礼"是"礼仪"的内在本质,"礼仪"是"礼"的外在表现;只有通过"礼"的引导,各种道德才不会出现偏差。社会中的一切活动总是通过"礼仪"来显示,"礼"的修养,显现个人的内在道德素质。因此从这个层面来讲,礼仪是礼最低层次的内涵,通过礼仪活动的身体力行,产生一种高远精神境界,也就是通过礼仪这个物质载体,去实现承载于其上的礼的丰富内涵,从而达到礼的高层价值。

4. 礼仪

礼仪即礼节与仪式。在现代社会里,"礼仪"仍是一种文化现象,是人们为表示尊重、友善等在语言、行为方面共同遵守的准则和规范。对一个社会来说,礼仪是一个国家社会文明程度、道德风尚和生活习惯的反映。对一个人来说,礼仪是一个人的思想道德水平、文化修养、交际能力的外在表现。

(二)礼仪具体规范

礼仪是以规范为核心内容和表现形式的,礼仪的价值就在于它通过自己的规范能动地指导、调节着人们的各种社会关系。从这点来说,礼仪规范是礼仪内容中的核心要素。纵观礼仪规范分类,可以分为个人礼仪规范、家庭礼仪规范、学校礼仪规范、社交礼仪规范、国际礼仪规范以及行业礼仪规范等。在思想上提高对礼仪规范价值认识,让礼仪成为一种习惯,在社会交往中起着举足轻重的作用,也事关一个人一生的发展。正如英国哲学家约翰·洛克所说:"礼仪是在他的各种美德之上加上的一层藻饰,使它们对他具有效用,去为他获得一切和他接近的人的尊重和好感。没有良好的礼仪,其余一切成绩就会被人看成骄傲、自负、无用和愚蠢。"

(三)老年服务礼仪

1. 老年服务礼仪

老年服务礼仪是指老年服务从业人员,在从事老年服务工作中为表达对服务对象的关注与尊重而采用的律己敬人的方式与方法,是老年服务伦理的外在表现形式。它是根据老年服务工作过程中的实践总结提炼出来的,具有重要的指导意义和实际意义。它要求老年服务从业者不但要遵从礼仪的普遍规律,还要遵从老年服务行业中本身应具有的特点。

按类型分,老年服务礼仪可分为个体服务礼仪和群体服务礼仪。个体服务礼仪主要包括两个方面的内容:一是外在表现形式,即个人的仪表、仪态、举止、谈吐、着装等;二是内核修养,即个人的职业道德、学识水平、人文素养等。作为老年服务从业人员的个人礼仪,重点则应放在职业道德、工作态度、礼貌修养、心理素质等层面上,将人文关怀体现在为老年服务的整个过程中。群体服务礼仪是指从事老年服务行业的工作人员,在这一特定的团队中,自觉遵守群体礼仪中的行为规范和准则,即尊重老年朋友,尽量让老年朋友在被服务中感受到宽松、和谐的氛围。

2. 老年服务礼仪的基本特征

老年服务礼仪的基本特征首先是文明性,它是老年服务行业所要显现的要求特征;其次是规范性,它是老年服务行业所要呈现的本质特征;再次是技巧性,它是老年服务行业所要体现的精华部分;最后是成效性,它是老年服务行业所要呈现的效能特征,也是老年服务所期望达到的最终目的。

二、老年服务礼仪与老年服务伦理的关系

1. 表现形式上的关系

从表现层次来看,老年服务礼仪是老年服务伦理水平的外在表现。

礼仪是道德约束下的行为规范。礼仪的外在表现形式是与内在的老年服务伦理密不可分的。换言之,礼仪是老年服务伦理内在要求的外在表现形式。可以说,就老年服务行业来说,其礼仪是提升和完善老年服务工作者伦理水平的基本途径,并且也是把老年服务工作者的伦理价值转为身体力行的礼仪实践的重要载体。

2. 社会功能发挥上的关系

从社会功能的发挥来看,老年服务伦理为老年服务礼仪的展现提供巨大的精神力量。老年服务伦理对从业者的思想和行为的规范是一种非制度化的规范,对从业者的思想和行为的规范没有也不使用强制性手段为自己开辟道路。相反,它为老年朋友开展的服务完全是主体性行为,也是从业者自我完善的巨大的精神力量。因此,要从伦理水平上加强老年服务从业人员对本职工作的认同感和责任感,对老年服务事业充满崇敬和热爱之情,以本职工作为骄傲和自豪,树立献身职业的价值观,把提高伦理水平看成是自身发展需要的必要过程。特别是老年服务工作者在自己的服务岗位上把兢兢业业、忠于职守、乐于奉献、全心全意、主动耐心的精神渗透到其文明礼仪当中,透过在文明礼仪中所表现出的大方、文雅、耐心、和蔼、热情、周到的服务态度和方式,以保证切实提高老年服务从业人员的服务水平。

第二节　老年服务礼仪的原则和本质

一、老年服务礼仪的原则

目前我国老年服务行业的礼仪建设处于一种重实践、轻理论,重结果、轻过程,重行为、轻思想的状况。鉴于此,我们提出以下的老年服务礼仪原则,希望老年服务从业人员在把握原则的基础上,能逐渐完善老年服务礼仪理念,使礼仪服务整体水平有所提高。

1. 德礼一体性

任何时代的任何礼仪都有其特有的道德内涵,礼仪行为与其道德内涵互为表里。德礼一体,就好比礼仪是道德的外壳,道德是礼仪的灵魂,两者缺一不可。中国传统的礼仪文化以儒家核心价值观为道德内涵。孔子主张以仁义为礼的核心,质朴是好的,如果丝毫不加修饰,就会流于粗野;但只重修饰,失去了质朴的本真,修饰就会变得没有丝毫意义,甚至是虚伪。因此,孔子说过要文质适度。老年服务行业礼仪应以"尊重"为核心,将"老年朋友至上"作为服务的一项基本原则,作为老年服务行业的座右铭,也作为老年服务工作中处理问题的出发点。在老年服务工作过程中,工作人员对老年朋友的尊重,是自身良好品质和素养的体现,也是建立良好人际关系的基础,否则将是失礼甚至失职的表现。因此,老年服务从业人

员要将对老年朋友的"尊重"渗透在日常生活和工作的习惯中,展示在工作人员动人的微笑、优雅的体态、清新自然的职业妆容、得体的礼貌语言和基本的人际沟通能力中。

2．审美向善性

礼仪具有美的属性。不论是内在的礼仪思想,即对别人的尊重,还是外在的礼仪行为,即谦虚谨慎的态度、文明礼貌的语言、优雅得体的举止、整洁规范的行为等,都是美的表现形式。老年服务礼仪秉承了礼仪的一贯对美的追求,要求工作人员在体态上"头容正"、"肩容平"、"胸容宽"、"背容直"、"坐立行",这既符合人类行为审美的规律,又关照了有益身体健康这一善的诉求[①],更重要的是让老年朋友感受到一种美的享受和服务,从而带来心灵和精神的满足。

3．知行一致性

我国素有"礼仪之邦"之称,从远古的典籍到今天的知识数据库里积累大量礼仪知识,这套知识不仅有精深的理论,而且有博大的体系。然而,我们深知良好礼仪的养成,需要依靠礼仪的践行,正如《吕氏春秋·孝行览》所说:"礼者,履此者也。"因此,老年服务从业人员在履行礼仪中一方面要充分利用图书资料、广播电视、互联网络、教学函授等形式,全面而系统地学习老年服务礼仪以及先进的服务艺术,另一方面要将知识与品行有机地结合在一起,通过礼的践行培养良好的礼仪修养与道德品格。一边学习老年服务礼仪和服务艺术,一边逐步运用实践,坚持实践,身体力行,真正做到"诚于中而行于外,慧于心而秀于言",并最终在实践中检验和丰富老年服务礼仪和服务艺术,用优质的服务赢得老年朋友的赞誉。

4．反躬自省性

古人强调个人要注意反躬自省,"吾日三省吾身"。学习服务礼仪和服务艺术,同样需要自我监督。在老年服务工作中,要反躬自省,发现缺点,及时改正,将学习服务礼仪和服务艺术的方法运用在工作中。在具体运用和实施老年服务礼仪时,要着重解决两个问题。一是要摆正位置,以老年朋友满意为服务宗旨。具体来讲,应尊重老年朋友的宗教信仰、风俗习惯,特别注意他们的宗教习惯和禁忌,保护他们的合法权益。如果遇到一些分歧,应多沟通,体谅他们的工作处境与困难,主动听取老年朋友的意见,积极配合他们的工作,以礼相待。二是要调整心态。老年服务行业的特点需要其工作人员是一个身心健康的人,而身心健康恰恰也是良好礼仪修养的表现之一。特别就心理健康来讲,老年服务从业人员应具备良好的心理素质,即在工作过程中有自觉性、自制性、坚韧性和果断性四个方面的统一。处事时应沉着冷静,有条不紊;处理复杂关系时要机智、灵活、友好协作;处理老年朋友的不满投诉时要干脆利落,合情、合理、合法。

5．和谐的原则

冯友兰先生曾说:"宇宙本来即有天然之秩序,即是一大调和,而礼乐则此秩序和之具体例证也。"礼所蕴涵的不仅仅是一个包含着"分"的生活结构,而且更是一个使人们超越现实结构形式的精神价值。可以说,和谐是礼治秩序所形成的一种最终的形态。因此,在老年服务过程中始终注意营造和谐氛围是广大工作人员共同追求的目标。应使老年服务从业人员在与老年朋友的交往过程中,把握"贵和"的道德价值取向,根据自身的分工,将行为规范

---

① 常晋波.当代公民礼仪确立的社会文化背景分析[J].剑南文学(经典教苑),2011(5).

约束在一定的礼仪范畴中,各就其位,各尽其职,努力为老年朋友提供优质的服务,以融洽主客之间的关系,建立和谐的文化氛围,促进老年服务机构的可持续发展。

二、老年服务礼仪的本质

老年服务礼仪是职业礼仪中的一种,它是指在从事老年服务工作中普遍共同遵守的职业服务规范和仪表。它的主要目的是满足老年朋友的服务需要,让老年朋友感受到热心和温馨的服务。关于对老年服务礼仪本质的理解历经了以下几个阶段。

1. 服务论:满足老年朋友需求,提供优质服务

老年服务的目标群体是老年朋友,而老年朋友相比其他年龄阶段的人来讲,无论是感知、智力功能、记忆力、感情与情绪等都会出现一些变化。具体来讲,一般老年人身体器官逐渐老化,心理承受能力会出现很大程度的降低,如遇到困难或挫折时,情绪反应更为激烈。因此老年服务礼仪应从硬软件着手,如摆设适合老年朋友的人性化家居,提供老年朋友所需要的健身娱乐设施;同时从服务态度、服务水准和服务内容等方面为老年朋友提供完善、优质的服务。

老年服务礼仪的基本功能就是满足老年朋友需求,为老年朋友提供优质服务。老年朋友对服务水平和质量的评价不但取决于它的硬件设施,更多的是来自老年朋友的内心感受,即幸福感。幸福是人生的追求,幸福是人生中永恒性的成就。老年人幸福是指老年人在物质和精神上获得满足的心理体验,是实现人生目标的快乐满足心态,是生命价值和生存意义的实现①。老年人的幸福可分为物质幸福、社会幸福和精神幸福。物质幸福指老年人的物质需要和生理需要得到满足,健康长寿;社会幸福指老年人平等享受权利和自由,得到归属和爱的满足;精神幸福则指老年人审美需要和自我实现需要的满足。老年人的物质幸福、社会幸福和精神幸福三者紧密联系在一起。老年服务工作者在为老年朋友提供服务时要重视老年人的物质幸福,因为如果老年人物质幸福得不到保障,社会幸福和精神幸福就会受其影响。只有老年朋友物质幸福、社会幸福和精神幸福三者的充分实现,才是老年人幸福的最终实现。

2. 制度论:老年服务礼仪是一种管理制度

礼仪从一开始,便对人们的行为构成了一种有效的规范和约束力。英国著名的人类学家马林诺夫斯基认为,"人生而有文化,文化生而有约束"。他认为,包括礼仪在内的文化在其最初阶段允许安全中存在自由,并有一个剩余边际,同时也含有要遵守、服从某些约束的意思。这些约束存在于如何开发环境、避其危害的技术和认识规划之中②。老年服务行业作为一个组织机构,其内部需要制定各种规章制度来规范工作人员行为,提高老年服务的工作效率。

礼仪作为一种约定俗成的行为准则,对老年服务从业人员行为有重要的约束作用。老年服务礼仪要求其工作人员将礼仪行为纳为自身的一种自觉的行为。这种礼仪制度区别于一般的管理规则,既有强制性,又具有自觉性。一方面,老年服务礼仪需要用制度形式规范工作人员的外在行为和表现。另一方面,老年服务礼仪要求工作人员要以对老年朋友尊重

---

① 孔娜、宣兆凯.老年社会工作价值体系初探[J].伦理学研究,2011(9).
② 熊锦:酒店礼仪文化体系构建及应用研究,湖南师范大学硕士学位论文,2009年6月.

为根本原则,并将此灵活运用在老年服务的管理过程中。这恰恰体现了对老年服务礼仪制度的深化和发展。具体来讲,老年人由于自身年龄和阅历优势,一般会在内心产生一种得到尊重的需要。然而老年人在心理定势上往往具有两重性,既有要求受尊重的"强势"一面,也有自卑感"弱势"的一面。特别是现代社会对年轻一代的器重使老年人极易产生一定的"精神疲乏感",常常表现为无用感和排斥感、内心空虚感和厌烦感、孤独感和害怕。这就要求老年服务工作者在尊重老年人的同时,也要推动老年人成为精神强者,帮助他们在解决困难中克服自怨自艾情绪,树立自强精神,珍惜自我价值。

3. 文化论:老年服务礼仪是老年服务文化价值的彰显

老年服务礼仪是从业人员在向老年朋友提供服务的过程中所展现出来的文明、礼貌、友好、团结的礼仪修养。老年服务礼仪具体表现为员工个人的礼容、礼貌、礼节等外在行为方式,也体现了老年服务从业人员的心理情操、价值观念、服务理念等更深层次的精神内涵。具体来讲,当老年朋友来寻求服务时,本身就是带有寻求尊重、寻求归属感和实现自我价值的心理,因此只有当老年服务从业人员为老年朋友提供宾至如归、彬彬有礼的服务,创造文明礼貌的文化氛围时,才能满足老年朋友的心理需求,而这也正是老年服务文化所表现的形式之一。

老年服务礼仪文化发展的进程究其原因,主要是与老年服务机构之间的物质竞争、资源竞争等有关。伴随市场经济的推进,老年服务机构之间在竞争过程中逐渐呈现出优胜劣汰。更值得一提的是当物质竞争与资源竞争没有太大运作空间时,探求老年服务机构的文化意义,已成为许多老年服务机构新的竞争策略,而重视老年服务礼仪也正归属于老年服务文化探寻这一大类。

第三节　老年服务礼仪的基本理论

一、马斯洛需要层次论

马斯洛是人本主义心理学家,他从人性理论出发,较早地对人的需要进行了具体的研究、分类和阐述。他于1943年在《人类动机理论》一文中初次提出了"需要层次论",将人的基本需要分为生理需要、安全需要、交往需要、尊重需要和自我实现需要等五类。而后他于《激励与个性》一书中又在第四层与第五层需要间补充了求知需要和审美需要,使之增加到七个层次。马斯洛又把七种基本需要又分为高低两级。其中,生理需要、安全需要、社交需要属于低级需要,又叫缺失的需要,这些需要通过外部条件使人得到满足;而尊重需要、求知需要、审美需要、自我实现(存在或成长)需要等高级的需要可以从内部得到满足,而这种需要往往是永远不会完全得到满足的。

马斯洛认为上述七种需要是按次序由低向高逐级发展的。当下一级需要获得基本满足以后,追求高一级的需要就成了驱动行为的动力。也就是说,低层次需要得不到满足,一般不会追求高层次需要。另外从儿童成熟的角度出发认为人的低级需要来得较早,而高级需要来得较晚,并提出了"优势需要"的概念。所谓"优势需要",即指那些处于人的需要结构的主导地位,对人的行为积极性影响最大的需要。人在某一时刻的行为往往是由优势需要决定的,人的需要结构及优势需要的形成,是由人所处的具体的社会、生活环境条件和人的个性决定的。因而,同一时刻不同的人往往具有不同的需要结构和优势需要①。

当老年朋友享受服务时,他们不光是期望满足基本的吃住等生理需要,而且希望可以获得更多的尊重和精神和心灵上的满足。老年服务从业人员的礼仪服务,包括对老年朋友的一个眼神,一个微笑,一句问候,一个动作,都能温暖老人的心窝。

二、以人为本的思想

以人为本,是科学发展观的核心,是中国共产党坚持全心全意为人民服务的党的根本宗旨的体现。要把握以人为本的科学内涵,需从两个方面着手。首先是"人"这个概念。人是相对于神和物而言。因此坚持以人为本,要以人为中心,突出人的发展,体现人文关怀和道德情感。其次是"本"这个概念。以人为本的本,不是"本原"的本,而是"根本"的本,它与"末"相对。提出"以人为本"就是要回答在我们生活的这个世界上,什么最重要、什么最根本、什么最值得关注②。

就老年服务礼仪而言,必须贯彻"以人为本"的服务理念。"以人为本"的价值取向在服务礼仪中最主要体现为"敬"。"敬"是礼的根本精神,敬人就是尊重人性,尊重人格,尊重人的价值。

具体地说,就是以老年朋友为本,贯彻"老年朋友第一、服务至上"的理念。对老年朋友利益的尊重和关爱,也就是对老年朋友人格、尊严的维护。它的关键在于老年服务从业人员对老年朋友充满人性的关怀,用爱心、耐心、细心、热心去对待每一位受服务的老年朋友,让他们感受到内心的温暖以及精神的愉悦和放松。

三、服务理论

服务理论是在服务业兴起,同时制造业技术和产品趋于同质化的背景下产生的。服务是满足他人需求的价值多赢的情感性劳动。"服务的前提是为他人利益或为某种事业而工作,服务的基础是对顾客的尊重和服从;服务的目的是提供完美的服务方案,为顾客创造价值,和谐内外关系,实现价值多赢;服务的本质是人与人之间的文化的沟通、价值的确认、情感的互动、信任的确立"③。老年服务礼仪的内涵正是与以上观点基本一致的。但值得一提的是服务产业正在迅速地扩展和壮大,使得服务理论的研究正向管理学领域渗透发展,也为老年服务行业的发展提供了新的前景和视角。

被称为北欧服务管理学派奠基人之一的瑞典经济管理学院服务营销学教授克里斯丁·格罗路斯(Christian Gronroos)为服务理论在管理学领域的应用作出卓越贡献。他认为服务一般是以无形的方式,在顾客和服务职员、有形资源商品或服务系统之间发生的、可以解决顾客问题的一种或一系列行为④。早在20世纪60年代,里根(1963)就提出,服务是顾客购买产品或服务时所得到的一种无形的满意结果或有形与无形结果相结合的活动。此后,

---

① 郭明.马斯洛"需要层次论"评析[J].商丘师范学院学报,2006(10).
② 易丹:重庆市义务教育阶段校园安全教育研究,西南大学硕士学位论文,2009年6月.
③ 熊锦:酒店礼仪文化体系构建及应用研究,湖南师范大学硕士学位论文,2009年6月.
④ 同上.

大多数学者都赞成,服务是一种管理活动的说法。斯坦顿(1974)提出,服务是能够给消费者或者工业用户带来满足的一些可感知但无形的活动[1]。格罗路斯在2000年提出,服务是由一系列或多或少具有无形性的活动所构成的一种过程,这种过程是在顾客与雇员、有形资源的互动关系中进行的,这些有形的资源(或有形产品、有形系统)是作为顾客问题的解决方案提供给顾客的[2]。

由此可见,服务将客人与服务提供者有机地联系起来,并且通过服务活动来加强彼此间的沟通和联系,服务的好坏将直接关系到客人的满意度。老年服务礼仪通过工作人员对老年朋友服务的方式展开,通过向老年朋友提供有形和无形的礼仪服务,使老年朋友产生满意,进而达到内心的满足和精神的愉悦,从而为老年服务机构在市场中的发展赢得良好的口碑。

在乌桥街道振兴居委的辖区内,有常住居民4000多人,其中有独居老人百余人,而这些独居老人中,无子女的老人有10多名。这些老人最老的已经90几岁,最年轻的也已经六七十岁。在该辖区内,还有一些老人,虽然不是独居,但却是"白发人"照顾"黑发人"。80多岁的廖婆婆自己照顾着50岁的患有精神病的儿子,今年94岁的李惜珍老人还得照顾一个弱智的儿子……辖区里的老人们大多生活得清苦,特别是独居老人和还得照顾儿女的老人更是艰苦,但他们几十年如一日,吃苦耐劳,不埋怨,不放弃,让人心疼,更让人感动。他们需要社会热心人的帮助,需要对他们的关爱。

这些老人大多住所又潮又乱,几乎吃喝拉撒睡都在一个屋内进行,卫生环境十分恶劣。已经82岁的谢汉杰老人,一辈子没有婚娶,自己在这小屋里住了一二十年了。屋里几个破旧的柜子占去了近1/3的面积,除此之外,家里没有其他家具。谢老日常的起居生活全部在这个小屋子里进行。屋里有一个下水道口,洗菜、洗鱼、洗澡等生活废水都直接倒入这个下水道口。

这些弱势老人的日常生活牵动着当地老年服务工作者的心。如何让弱势老人晚年相对安稳度过,如何用爱温暖他们的心,成为老年服务工作者急需面对和解决的课题。

思考题

1. 你认为独居老人内心需求有哪些?
2. 如果你是老年服务从业人员,你会用什么方式给弱势老人提供帮助?
3. 分析:老年服务从业人员如何在工作中体现对老年群体的尊重与关爱?

---

[1] 熊锦:酒店礼仪文化体系构建及应用研究,湖南师范大学硕士学位论文,2009年6月。
[2] 同上。

第八章　职业形象的塑造

学完本章,你应能够:
——认识仪容整洁的重要性;
——了解何为仪容整洁;
——学会如何做到仪容整洁;
——了解得体穿着包含哪些方面的内容;
——学会从不同的职业身份出发把握得体穿着的要点;
——辨别生活中举止的文明与否;
——把握不同情境下正确的站姿、坐姿、蹲姿以及行姿;
——学会如何找到自己最美的微笑;
——学会用微笑贯穿工作过程。

人们对一种事物从认识感觉到判断评价往往会经历看到、听到、感觉到进而作出判断的一系列过程。"看到"是对事物认识和评价的基础。在日常生活中,评价一个人或一种事物时,我们的"看到"发挥着非常重要的作用。老年服务从业人员是否能赢得服务对象的认可与信任,在很大程度上就取决于服务对象眼中的"我们"。因此,如何塑造专业得体的职业形象是成为一名优秀的老年服务从业人员首先应当关注并学习的内容。

第一节　重视仪容整洁

某市一家养老机构在2007年至2008年间,共入住145名老人,其中生活不能自理的老人共23名。在这23名身体虚弱的老人中,竟有15人受病菌感染,12人最终死亡。这么高的感染和死亡比率立即引起了医学专家的警觉。他们组成调查小组,到这家养老机构查找原因,专家们对这家机构内房屋环境、各种医疗和康复器械、食堂卫生甚至包括周边的生物群体都做了详细检验,仍未发现此类病菌。最后,一名专家把目光停留在两名值班服务人员的长指甲上,并惊讶地发现,她们的长指甲里寄生的病菌与老人所感染的病菌属同一类别。

一、头发的清洁与修饰

在日常生活中,观察一个人的外表首先是从头部开始的,所以头部在人的仪容方面就显得尤为重要。因此,作为老年服务从业人员塑造自己的良好的职业形象就应该从"头"开始。

(一) 洗发

对头发勤于清洗,作用有三:一是有助于保养头发;二是有助于消除异味;三是有助于清除异物。若是对头发懒于梳洗,弄得自己蓬头垢面,满头汗馊、油味,发屑随处可见,甚至生出寄生物来,是很败坏个人形象的。

一般来说,中性皮肤的人,冬天可隔4～5天左右,夏天可隔3～4天洗一次;油性皮肤和干性皮肤的人,要分别缩短或延长1～2天。夏季每天洗发基本没什么问题,需要注意的是必须选用性质温和的洗发水,例如含有氨基酸、蛋白质等活性剂的洗发水。

要洗好头发,有以下三条必须注意。

(1) 要注意水的选择。洗涤头发,宜用大约在40℃左右的温水。水温过低或过高,都对头发有害而无益。尤其要注意水质,各种矿泉水,包括含碱或含酸过多的矿泉水,均不宜用来洗头。

(2) 要注意洗发剂的使用。在选用洗发剂时,除了要使之适合自己的发质外,还应使之具有去污性强、营养柔顺头发、刺激性小、易于漂洗等优点。采用洗发剂洗头,一定要将其漂洗干净。

(3) 要注意头发的变干。第一步,是用吸水性较强的毛巾包裹吸得半干;第二步,当头发已经不再滴水的时候,用宽齿的梳子将操作一团的头发梳理开来;第三步,如果时间允许,最好令其自然晾干,此种做法最有益保护头发。若打算令头发迅速变干,可以用电吹风将其吹干,但温度不宜过高,否则会毁伤头发。

(二) 理发

理发指的是对头发进行适当的修整,并将其剪短到一定程度。在正常情况下,每个人的头发会不断地进行新陈代谢,生长不已。因此,每到一定的时间,人们就必须理发。

在修剪自己的头发时,有三个方面的问题应当引起重视。

(1) 应当定期理发。通常情况下,男士应为半月左右一次,女士可根据个人情况而定,但最长不应长于1个月。

(2) 应当慎选理发方式。具体说来,理发又分为剪、刮、洗、染、吹、烫等各种不同的方式。作为老年服务从业人员,在选择理发方式时来说,应当以大方简洁为原则,不宜选择过于夸张的造型。比方说,如果打算把自己的头发染得更黑一些,是比较正常的,因为它既是"人之常情",也符合中国人传统的审美习惯,然而若是执意把自己的黑头发染成红、绿、蓝、紫等各色,甚至将其染成数色并存的彩色,则与自己的身份不相符,也容易给服务对象留下较差的印象。

(3) 应当留意头发长度。对于男士头发的标准长度,一般的要求是:既不宜理成光头;也不宜将头发留得过长。为了显示自身良好的精神面貌,同时也为方便服务工作,通常提倡将头发剪得稍短为宜。具体而论,头发应前不覆额,侧不掩耳,后不及领,并且面不留须。作为女士,剪一头干练的短发或者留长发都是可以的,但应该特别注意的是在工作岗位上头发长度不宜超过肩部,刘海不宜遮住眼睛,更不宜将自己的一头秀发随意披散开来。因此对于长发的女士,建议在工作时最好对其稍加处理,例如暂时将其盘起来,或者束起来。

(三) 梳发

梳发,是保持干净整洁的职业形象不可缺少的日常修整工作之一。梳发可以去掉头及头发上的浮皮和脏物,并给头发以适度的刺激,以促进血液循环,使头发柔软而有光泽。

就梳理自己的头发来讲,有以下三点需要注意。

(1) 选择适当的工具。梳理头发,不宜直接使用手指抓挠,而应当选用专用的头梳、头刷等梳理工具。其主要标准是不会伤及头发、头皮。

(2) 掌握梳理的技巧。梳理头发,不但是为了将其理顺,使之成型,而且也是为了促进头部的血液循环与皮脂分泌,提高头发与头皮的生理机能。要做到这一点,就必须掌握必要的梳理技巧。例如,梳头时用力要适度,不宜过重过猛;梳子与头发可形成一定的角度,以促使头发的形状起伏变化;梳子应向某一个方向同向运动,不宜一再循环往复;等等。

(3) 勿在公共场合梳发。梳理头发是一种私人性质的活动。他人所了解的,应当是其结果,而不是过程。若是"当众理云鬓",在外人面前梳理自己的头发,使残发、发屑纷纷飘落的情景尽落他人的眼底,是极不理智的。

二、面容的清洁与修饰

在服务行业中,服务人员的个人仪容是最受服务对象重视的部位。实践证明,当服务对象选择服务单位时,服务人员的个人容貌对其产生重要的心理影响。如果服务人员容貌端庄、秀丽,看上去赏心悦目,即"面善",往往就会挽留住人,甚至有可能增进其进一步消费的欲望。相反,服务人员"面恶",则很可能令人望而却步。当然,这并不是说人人都必须是俊男靓女,而是说我们应当时刻保持面容的干净整洁。

(一) 面容修饰的原则

(1) 洁净。即要求优先考虑个人面容清洁。面部的干净,其标准是无灰尘、无污垢、无汗渍、无分泌物、无其他一切不洁之物。要做到这一点就必须养成平时勤于洗脸的良好习惯。依照一般常规,外出归来、午休完毕、用餐结束、流汗流泪、接触灰尘之后,均应自觉地及时清洁面部。在洗脸时,要耐心细致,完全彻底,面面俱到。

(2) 卫生。即要求在进行个人面部修饰时,要认真检查个人卫生健康状况。面部的卫生状况不佳,是极易使服务对象产生抵触情绪的。面部的卫生,需要同时兼顾讲究卫生与保持卫生两个方面,服务人员一旦出现了明显的面部过敏性症状,或是长出了痤疮、疱疹,则务必及时去医院求治,切勿任其自然发展或自行处理。治疗期间,一般不宜直接与服务对象进行正面接触,最好暂时休息或者暂时调岗。

(3) 自然。在进行个人面部修饰时要注意保持清新自然而不过分做作。

(二) 局部面容修饰的要求

(1) 眉眼部。人们常说"眼睛是心灵的窗户",因此对于眉眼部的清洁和修饰应当尤为注意。具体来说,应做到不画奇怪的眉毛,无眼屎、无睡意、不充血、不斜视,不戴墨镜或有色眼镜。女性不化眼影,不用人造睫毛。

(2) 耳部。耳廓、耳根后落入的灰尘及耳孔内的分泌物映入别人的视野会显得极不雅观。因此,务必在每天沐浴洗脸的同时进行耳部除垢。另外,有的人由于个人生理原因,耳孔周围会长出一些浓密的耳毛,若一旦发现自己有此类情况则应及时进行修剪。男性不得佩戴耳饰,女性如要佩戴耳饰,应以一副耳钉为宜,不得佩戴过多或过于夸张的耳饰品。

(3) 鼻部。鼻部的清洁与修饰包括三个方面:一是经常修剪长到鼻孔外的鼻毛,严禁鼻毛外现；二是鼻腔要随时保持干净，如有鼻涕或别的东西充塞鼻孔，宜选择在无人的地方以手帕或纸巾辅助轻声清除鼻涕或异物，切不要将此举搞得响声大作，令人反感；三是鼻部周围的清洁，鼻部周围往往毛孔较为粗大，内分泌旺盛的人若清洁面部时不加注意，便会在此积存油脂或污垢，出现"黑头"或"痘痘"，应当及时就医或选择科学的方法将其处理，切勿在公共场合乱挤乱抠，以免给他人带来不适并造成自身皮肤感染。

(4) 口部。

① 牙齿的保洁。坚持刷牙可以减少口腔细菌，清除牙缝里的积物，防止牙石沉着。正确有效的刷牙应做到"三个三"，即每天刷3次牙，每次刷牙宜在餐后3分钟进行，每次刷牙的时间不应少于三分钟。平日应不吸烟、不喝浓茶，以免牙齿变黄变黑，如已经产生了难以去除的牙斑，应及时到口腔诊所进行洗牙。

② 避免口腔异味。服务人员在工作岗位上，为防止因为饮食的原因而产生的口腔异味，应避免食用一些气味过于刺鼻的饮食，主要包括葱、蒜、韭菜、腐乳、虾酱、烈酒以及香烟。如因肠胃原因产生口气，可以使用漱口水和口香糖等去除气味，但切不可在他人面前嚼口香糖。

③ 护唇。服务人员平时应有意地呵护自己的嘴唇，不使自己的唇部干裂、爆皮。另外，还应避免嘴边、嘴角残留食物。

④ 剃须。男性应养成每日上班之前剃须的习惯，个别女性若因内分泌失调而在唇上生出过于浓重有损于女性美观的汗毛，也应及时除去。

(三) 化妆原则及化妆方法

(1) 淡雅。即服务人员在工作时一般只化淡妆。重要的是自然大方、朴实无华、素净雅致，这样才与自己的身份相称，才会被服务对象所认可。

(2) 简洁。工作妆应以简单明了为本。一般情况下，主要是嘴唇、面颊和眼部的轻微修饰，对于其他部位不予考虑。

(3) 适度。通常不宜采用芳香类的化妆品，如香水、香粉、香脂等，以免给服务对象带来不适或不雅之感。

(4) 庄重。服务人员在化妆时应对本人进行正确的角色定位。对于老年人来说，能够接受的化妆应以庄重为主要特征。老年服务从业人员若在上班时采用一些社会上正在流行的化妆方式，诸如金粉妆、日晒妆、宴会妆等等，则常会令老人觉得其轻浮、随便甚至不务正业。

三、四肢的清洁与修饰

人的四肢既是劳动的工具，也是展示自我风采和魅力的载体，任何优美的体态语言离不开四肢的和谐运用。同时，在服务行业内，四肢的清洁与否不仅关系我们自身的健康，更是关系服务对象的身体健康。这就要求我们不仅要合理地修饰自己的手臂和腿脚，以保持一个良好的职业形象，更要保持四肢的清洁，保证我们的服务安全卫生。

(一) 上肢的清洁与修饰

(1) 保持清洁。在日常生活中，上肢特别是手部是接触他人和物体最多的地方。上肢的保洁要做到真正的无泥垢、无污痕，除了手部的烟迹必须根除之外，其他污渍，如手上所沾的墨水、印油、酱汁、油渍等污垢,均应清洗干净。在工作岗位上,每一位服务人员都要谨记双手务必做到"六洗":一是上岗之前要洗手;二是弄脏之后要洗手;三是接触精密物品之前要洗手;四是入口之物前要洗手;五是上过卫生间之后要洗手;六是下班之前要洗手。另外,如遇到特殊要求的场合,还应按照规定戴好手套。

(2) 不留长指甲、不涂指甲油、不在手臂上文身。长长的指甲是污垢和细菌的隐匿之地,也给工作带来不便;指甲油中的化学成分一旦掉进食物或药物中,也极有可能危害他人健康;涂得光怪陆离的十指或者华丽的文身更会降低个人的可信度,与职业身份不相符合。服务人员的手指甲通常不宜长过其指尖,修剪手指甲,要养成每周至少一次的良好习惯,并且要做到坚持不懈。此外,还应注意及时剪除指甲周围因手部接触肮脏之物后而形成的死皮。另外,服务人员不允许在工作岗位上涂抹指甲油,或者进行艺术美甲,在手臂上刺字、绘画就更不适宜。

(3) 腋毛不外漏。一般而言,服务人员多不会以肩部暴露的服装为工作装。若在特殊情况有暴露腋下的可能,则应剃去腋毛,因为腋毛暴露在他人眼前是极不礼貌的行为。

另外,服务人员还须注意,在工作岗位上不可掏耳孔、抠鼻、剔牙、搔头发、抓痒痒、脱鞋,或是双手四处乱摸,抓捡地上的物品等,这些都是极不卫生且不雅观的。

(二) 下肢的清洁与修饰

(1) 下肢的清洁。下肢的清洁若掉以轻心,就会出现被人称为"凤凰头,扫帚脚"的不好形象。下肢的清洁应特别注意三个方面:首先要勤洗脚;其次要勤换袜子,最好做到每天换洗一双袜子,注意不要穿不易透气、易生异味的袜子;最后,还要定期交替更换自己的鞋子,在穿鞋前,务必细心清洁鞋面、鞋跟、鞋底等处,并定期擦油,使其锃亮光洁。

(2) 下肢的遮掩。对于服务人员来说,男性不应穿短裤暴露腿部,女性不应穿超短裙,着裙装时应当选择长过膝盖的裙子。在工作时,绝不允许光脚穿鞋和穿露趾的凉鞋或拖鞋,更不允许在别人面前脱鞋、脱袜。

第二节 把握得体穿着

服饰是指人的衣着及其所用饰品的统称,是人形体的外延,有遮体御寒、美化人体的作用。

从礼仪的角度看,着装不能简单地等同于穿衣。它是着装人基于自身的阅历修养、审美情趣、身材特点,根据不同的时间、场合、目的,力所能及地对所穿的服装进行精心的选择、搭配和组合。服务人员的衣着服饰,反映其精神面貌、文化涵养和审美情趣,并在很大程度上体现自身的专业性,影响其服务内容的实施。

作为老年服务从业人员,得体的穿着主要有以下基本要求。

(1) 文明大方。要求着装要符合本国的道德传统和常规做法,忌穿过露、过透、过短和过紧的服装。身体部位的过分暴露,不但有失自己身份,而且也失敬于人,使他人感到多有不便。

(2) 搭配得体。要求着装的各个部分相互呼应,恪守服装本身及与鞋帽之间的搭配,在整体上尽可能做到完美、和谐,展现着装的整体之美。

（3）专业化。专业化要求着装适应自身职业的特点，与工作和服务内容以及场合相符合。

下面，我们就按照工作和服务的内容划分，对着装要求做具体讲解。

一、行政管理人员着装要求

魏某是一家养老机构的总经理。最近，他获悉有一家大型跨国娱乐公司有意为该公司退休人员中的空巢老人寻找合适的养老院，并由公司支付全部养老费用。魏某觉得自己的养老机构环境优雅、设施完备，工作人员也具有高超的技术水平，各方面条件都符合对方公司的要求，于是请各路朋友为双方牵线搭桥，寻求合作。让魏某欣喜若狂的是，对方也有兴趣同他的养老院进行合作，并希望建立长期的合作关系。

到了双方会面的那一天，魏某觉得对方既然来自娱乐公司，自己的形象也不能像平时那样刻板落伍，于是他对自己的形象刻意地进行了一番修饰。他根据自己对时尚的理解，上穿皮夹克，下穿牛仔裤，头戴棒球帽，足蹬运动鞋。无疑，他希望自己能给对方留下精明强干、时尚新潮的印象。

然而事与愿违，对方公司工作人员与魏某见面不到10分钟，就以公司临时有急事需处理为由匆匆离开，此后魏总经理多次联系，对方都因有事回绝了魏总经理的邀约。

魏某的错误在哪里？为什么他所在的养老院各方面条件都符合对方要求却无法得到对方的认可，甚至对方都不愿意听魏某做详细解说？原因在于：根据惯例，在行政交往中，每个人都必须时时刻刻注意维护自己的形象，特别是要注意自己在正式场合留给对方的第一形象。魏某与对方公司工作人员的第一次见面属工作交往而非私人交往，不论对方公司的营业内容是何性质，作为行政管理人员，都应着正装，以示对对方的尊敬。但魏某没有这样做，就给别人造成如下印象：此人着装随意，个人形象不合常规，给人的感觉过于前卫，尚欠沉稳，与之合作之事当再作他议。

作为养老服务机构的行政管理人员，如果有统一制作的工作服，应当着工作服；如果有名字牌及其他规定的标志牌，应戴在上衣兜上方或相应的位置，不得有任何遮挡。衣服应保持平整、清洁。下面，我们按照性别划分分别对男性和女性行政管理人员的具体着装要求为大家进行详细的讲解。

（一）男性着装要求

男性的着装一般以西装为宜。西装上下身应当成套穿着，并统一面料和颜色；颜色应庄重、素净，不应太鲜艳夸张；款式应选择正装款，不能选择礼服款或时尚紧身款。西装外表整洁、笔挺，穿着时不得卷裤腿、挽袖口。

西装内应穿单色衬衫，衬衫的领子要挺括，不可有污垢、汗渍。衬衫下摆要塞进裤子里，系好领口和袖扣，衬衫领口和袖口要长于西服上装领口和袖口1～2厘米，以显有层次感；衬衫里面的内衣领口和袖口不能外露。按照惯例，即使在冬天，西装里也一般不穿高领毛衣，最多只加一件"V"字领毛衣，以保持西装线条美。

衬衣外应系领带。领带的长度以系好后大箭头垂到皮带扣为宜。天气炎热而不穿西装只着衬衣时，为避免领带随风飘动而不雅，应佩戴领带夹。领带夹应夹在衬衫的第三粒和第四粒纽扣之间。

穿西装一定要穿皮鞋,切不可搭配运动鞋。皮鞋的颜色不应浅于裤子。黑皮鞋可以配黑色、灰色、藏青色西服,深棕色鞋子配黄褐色或米色西服。鞋要上油擦亮。袜子一般应选择黑色、棕色或藏青色,与长裤颜色相配。任何时候,都忌黑皮鞋配白袜子。

男性除手表、婚戒、领夹外,不宜佩戴其他饰物。手表款式要简单、庄重、大方,不得戴花哨的广告表、卡通表、塑料表、怀式表等。

(二)女性着装要求

对于女性行政管理人员,在没有统一工作制服的情况下,出席正式场合一般要求穿着正式的职业套装,平日里为适应养老机构的和谐亲切气氛,可适度选择造型感稳定、线条感明快、富有质感和挺感的其他服饰。

在服装的颜色选择上,不宜过于夺目,应尽量考虑与办公室色调、气氛相和谐,与自身的工作性质相吻合。深色如黑色、灰色、咖啡色、深紫色,浅色如白色、米色等,都是庄重而典雅的。

服装的质地和款式应有所考究。第一避免过"露",过于性感的装扮,如袒胸露背、露脐、露肩等,都是穿着大忌;第二避免过"透",过于轻薄或容易起皱的质地不应选择;第三避免过"短",不能穿着无袖装,不能着短裤,裙边至少长及膝盖。

穿袜着裙装时,袜子应选择长筒或连裤丝袜,袜口不得短于裙摆边。袜子的颜色应为肉色或黑色等单一色彩,袜子大小松紧要合适,不能穿着网袜、带花边、蕾丝或其他装饰的袜子,也不能穿着挑丝、有洞或缝补过的袜子,不能当众整理自己的袜子。

鞋子要舒适、方便、协调而不失文雅。一般应穿皮质包头船鞋,有独立鞋跟,鞋跟的高度以 3~5 厘米为佳,不穿细高跟皮鞋、大头鞋、超厚底鞋及其他种类的时装鞋。

在配饰的选择上,应在遵守以少为佳、同质同色、符合身份的原则下选择简洁大方的饰品,力求整体搭配协调,可选择如婚戒、珍珠项链、素色胸针等饰品,应避免太夸张、太烦琐、摇摇晃晃的饰物。

二、护理人员着装要求

通常情况下,老年服务工作中从事护理工作的主要有两类人员:一是类似于医院护士的、持有相关资格证书的专业护理人员,负责老人的康复、保健和基本的医疗护理工作;二是生活照顾人员,负责老人的饮食、起居及等工作。他们都属于护理人员的范畴,在着装要求上基本相似,但在某些具体方面的要求也不尽相同,下面将对此进行详细讲解。

(一)日常工作着装

1. 工作服的穿着

护理人员应统一穿着养老机构统一制作的工作服。由于以白色为主基调的护理服装容易让老人产生一种在医院治病的感觉,因此老年护理人员的工作服可选择淡蓝色、淡粉色、淡绿色、淡紫色、淡黄色、淡米色等,这样更能使老人感觉到亲切自然。

专业护理人员应着护士服。护士服多为连衣裙式,给人以纯洁、轻盈、活泼、勤快的感觉,以整齐洁净、大方适体和便于各项操作技术为原则。穿着中要求尺寸合身,以衣长刚好过膝,袖长刚好至腕为宜。腰部用腰带调整,宽松适度,下身一般配与衣服同色的长工作裤。对于生活照顾人员,应统一制作衣裤套装,衣服的下襟在臀部上下为佳,款式以简单、整洁为原则,一般以类似于中山装的小立领为主,不露出里面的衣服以保证外观的整洁度;下身为直筒长裤。

工作服的衣扣、袖扣应全部扣整齐,缺扣子要尽快钉上,禁用胶布或别针代替。工作服上禁止粘贴胶布。衣兜内忌塞鼓满。袖扣扣齐使自己的内衣袖口不外露。

2. 帽子的佩戴

女性专业护理人员应佩戴燕帽。燕帽要洁白无皱,佩戴燕帽时,两边微翘,前后适宜。一般帽子前沿距发际3~5厘米。戴帽前将头发梳理整齐,以低头时前刘海不垂落遮挡视线,后发辫长不及衣领、侧不掩耳为宜。上岗前就应把头发夹好,不要一边工作一边腾出手去弄头发,一则易造成自己头发及至面部的污染,二则会给人以搔首弄姿的不良印象。燕帽要轻巧地扣在头顶,帽后用黑色或白色发夹别住,以低头或仰头时不脱落为度。男性专业护理人员及生活照顾人员应佩戴圆筒帽。在佩戴圆筒帽前,应仔细整理好发型,头发应全部放在圆筒帽内,前不露刘海,后不露发际。

3. 胸卡的佩戴

护理工作人员应佩戴统一制作的胸卡。胸卡是向人表明自己身份的标志,便于接受监督,要求正面向外,别在胸前。胸卡表面要保持干净,避免药液水迹沾染。胸卡上不可吊坠或粘贴它物。

4. 手套的佩戴

生活照顾人员根据工作要求应佩戴手套。应根据不同的工作内容选戴不同颜色的手套,如用红色的手套抹床、床头柜,用黑色手套洗厕所、倒垃圾、洗痰盂等,不同颜色和用途的手套要严格分开,不能混用。手套大小的选择上应根据自己手的大小选用合适型号的手套(手套分大、中、小码)。戴手套前要洗手,每次用完后要把手套洗干净、晾干,最好每天下班后用消毒水浸泡10~20分钟,然后冲洗干净并晾干。手套如有破损要及时更换。为了防止粘连,手套内可洒适量滑石粉或爽身粉。

5. 工作鞋的穿着

工作时应穿白色低跟、软底防滑、大小合适的工作鞋,这样在行走时,既可以防止发出声响、保持速度,又可以使脚部舒适、减轻疲劳。反之,如果穿着高跟鞋、硬底鞋或带钉、带响的鞋,在自己行走时容易疲劳,而且也会影响老人休息。工作鞋应经常刷洗,保持洁白干净。袜子以浅色、肉色为宜,与白鞋协调一致。

6. 不佩戴饰物

饰物不仅会妨碍工作,也是交叉感染的媒介体,在护理工作进行时还可能会划伤老人、划破手套、脱落污染,不便于手的清洁消毒。因此,护理人员要求一律不佩戴首饰、耳饰或其他衣饰。

(二) 无菌工作服的穿着要求

因特殊护理工作要求,如护理患有传染病的老人时,需要穿着无菌工作服。

无菌工作服的款式为中长大衣后开背系带式,袖口为松紧式或条带式。穿着前应彻底洗净双手,衣服的穿、脱应在戴有手套的同事帮忙下进行。穿无菌工作服时,应佩戴圆筒帽、一次性口罩及手套。

口罩的佩戴应完全遮盖口鼻,戴至鼻翼上一寸,四周无空隙,吸气时以口罩内形成负压为适宜松紧,达到有效防护。口罩戴的位置高低松紧要适宜。口罩戴得太低或口罩带过松,污染的空气可从鼻翼两侧和周围空隙进入口鼻,起不到防护作用;戴得太高会影响视线或擦伤眼黏膜。在工作过程中,不可用已污染的手接触口罩,口罩潮湿时,为避免病原微生物的透入应立即更换。

穿着无菌工作服时佩戴的手套应为带弹力完全贴合双手的乳胶手套,以避免病菌的进入。

无菌工作服、一次性口罩和手套在使用完毕后应用专门的塑料袋或垃圾桶装好并立即送往环卫部门或卫生部门做彻底无害化处理。

第三节 举止自信从容

举止是指人的姿态和风度。举止是一种不说话的"语言",能在很大程度上反映一个人的素质、受教育的程度以及能够被别人信任的程度。冰冷生硬、懒散懈怠、矫揉造作的行为,无疑有损于良好的职业形象;相反,从容潇洒的动作,给人以清新明快的感觉,端庄含蓄的行为,给人以踏实可信的印象。除了保证外表的干净整洁以外,自信从容的举止更能帮助我们塑造良好的职业形象,赢得信任、认可和尊重。

一、挺拔的站姿

小赵大学所学的专业是心理学,毕业后来到重庆一家养老院工作。他的职责除了接受老人主动的心理咨询外,每周还要求分别与每位老人做一次交谈,以便及时了解老人的心理状况。这天是周一,小赵从一楼的房间开始,逐一与老人做交谈。赵某最近生了痔疮,不宜坐,所以进老人房间之后都是站立着与老人交谈,但他从小就有一个习惯动作,站立时总喜欢将双手交叉抱在胸前。整整4层楼走访下来,一看时间,竟然只花了1个小时,而且有好几个房间的老人特别是新入住第一次见到小赵的老人都很不情愿与小赵交谈,没说几句就把小赵打发走了,有的眼神里还露出丝丝怯懦的神情。小赵回到办公室后,对着镜子把自己的脸照了又照,也没发现什么可怕或者令人憎恶的东西啊,抓破脑袋也想不出为什么老人们会是这样的态度。

站立是人们日常交往中一种最基本的举止,是静态的造型动作,是其他动态美的起点和基础。站姿是优美举止的基础。优美的站姿能显示个人的自信,衬托出美好的气质和风度,并给他人留下美好的印象。

(一)基本站姿

(1)两脚跟相靠,脚尖展开45°—60°,身体中心线应在两腿中间向上穿过脊椎、头部,重心主要支撑于两脚的脚掌、脚弓之上。

(2)腿部肌肉收紧,大腿内侧夹紧,髋部上提。男性两腿自然并拢,女性脚尖分开呈"V"形或"丁"形。

(3)腹肌、臀大肌微收缩并上提,臀、腹部前后相夹,髋部两侧略向中间用力。

(4)脊柱、后背挺直,胸略向前上方提起。两肩放松下沉,气沉于胸腹之间,自然呼吸。

(5)两手臂放松,自然下垂于体侧。

(6)脖颈挺直,头向上顶。

(7)下颌微收,双目平视前方。

男性基本站姿如图8-1所示。

（二）提物时的站姿

（1）身体立直，挺胸抬头。

（2）下颌微收，双目平视。

（3）两脚自然分开与肩齐，一手提物，一手置于体侧。

（4）挺胸立腰，两肩和手臂的肌肉适当放松。

（5）气下沉至胸腹之间，呼吸自然。

男性提物时站姿如图 8-2 所示。

图 8-1

图 8-2

（三）与人交谈的站姿

（1）双目自然直视前方，面带微笑，下颌微收。

（2）脊背自然挺直，不挺腹、不后仰。

（3）肩、臂自然放松，双手或自然置于身体两侧，或交叉叠放于体后贴在臀部，或将右手搭握在左手四指上置于腹前。

（4）双脚可自然并拢，也可左右分开不超过肩宽；还可以脚尖略分，右脚在前，左脚在后，微微靠近在右脚脚弓处，这时身体重心可放在两脚上也可放在一脚上，并通过重心的移动减轻疲劳，但重心交替切不可过于频繁。

后搭手分腿站姿如图 8-3 所示。

（四）站姿的注意事项

（1）站立时，竖看要有直立感，即以鼻子为中线的人体应大体成直线；横看要有开阔感，即肢体及身段应给人舒展的感觉；侧看要有垂直感，即从耳至脚踝骨应大体成直线。切忌东倒西歪，无精打采，懒散地倚

图 8-3

靠在墙上、桌子上。男性的站姿应刚毅洒脱、挺拔向上，女性应站得庄重大方、秀雅优美。

（2）不要低着头、歪着脖子、含胸、端肩、驼背，不要将身体的重心明显地移到一侧，只用一条腿支撑着身体。

（3）在与人交谈时，双手可随说话的内容做一些手势，但不能太多太大，以免显得粗鲁。

（4）在正式场合站立时，不要将手插入裤袋里面，切忌双手交叉抱在胸前，或是双手叉腰。

（5）避免下意识的小动作，如摆弄衣角、咬手指甲等。这样做不仅显得拘谨，而且给人一种缺乏自信、缺乏经验的感觉。

几种不正确的站姿，如图8-4～图8-6所示。

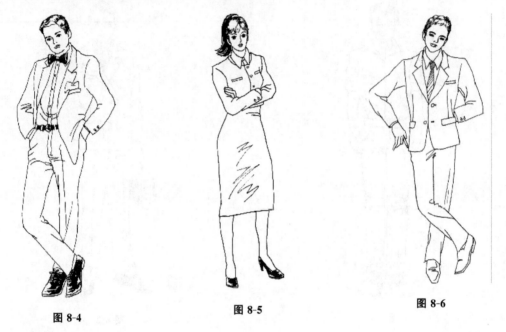

图8-4　　　　　　　　图8-5　　　　　　　　图8-6

（五）良好站姿的训练

（1）提踵：脚跟提起，头向上顶，身体有被拉长的感觉。注意保持姿态稳定，练习平衡感和挺拔感。

（2）两人一组，背靠背站立：脚跟、腿肚、臀部、双肩和后脑勺贴紧。为加强效果可在两人头顶各顶一本书，在五个触点夹上夹板并保持夹板不滑落。

（3）背靠墙练习：后脑勺、肩、臀、小腿肚、脚后跟紧贴于墙上，使身体五点形成一条直线。

二、优雅的坐姿

小张是老年服务专业的毕业生，毕业后回到家乡，就职于社区养老服务中心。平日里，小张的工作主要是组织各种丰富多彩的社区老年活动，大家也都很喜欢他。

经过一段日子的接触，小张发现李奶奶常常来服务中心，但每次活动总是坐在最后一排，基本不说话，不爱与外人接触，脸上总挂着不安的神情，双手也总是在紧紧攥住。由于在读大学时辅修了心理课程，并考取了国家心理咨询师资格证，小张觉得李奶奶可能患有焦虑症,而焦虑症如果不及早发现治疗可能会引起高血压和冠心病等并发症。于是小张想主动找李奶奶谈谈,进一步了解一下李奶奶的生活,并希望利用自己所学的知识帮助李奶奶。

这天,社区又搞活动了,李奶奶也来了。活动结束后,小张走到李奶奶跟前,主动提出想陪李奶奶到公园逛逛,李奶奶一向对小张印象颇好,觉得这个小伙子又能干又善良,于是便答应了。俩人在公园里散步,聊着李奶奶喜欢的事情,李奶奶的心情很放松,也开始露出了一些笑容。这时走了到公园的小亭边,小张提议坐一会,这时他开始对李奶奶的现在的家庭情况进行询问,一边问也一边习惯性的抖动双腿。李奶奶看着小张的腿,语速越来越慢,眉头越来越皱,双手越攥越紧,表情也愈发不安,直到扭头过去,一言不发。

优雅的坐姿传递着自信、沉着、友好、热情的信息,同时也是展现自己气质与修养的重要形式。反之,不管你拥有多么专业的技能,穿着多么职业的装束,都无法给人留下良好的印象。

(一) 男性基本坐姿要求

(1) 入座时要轻、稳、缓。走到座位前,转身后轻稳地坐下。如果椅子位置不合适,需要挪动椅子的位置,应当先把椅子移至欲就座处,然后入座。

(2) 坐在椅子上,应至少坐满椅子的 2/3,宽座沙发则至少坐 1/2。

(3) 身体重心应该垂直向下,腰部挺直,两腿略分开,与肩膀同宽,看起来不至于太过拘束。

(4) 头部要保持平稳,目光平视前方,神态从容自如,脸上保持轻松和缓的笑容。

(5) 双肩平正放松,两臂自然弯曲,双手以半握拳的方式放在腿上,亦可放在椅子或是沙发扶手上,以自然得体为宜,掌心向下。

(6) 两膝间可分开一拳左右的距离,脚态可取小八字步或稍分开以显自然洒脱之美,但不可尽情打开腿脚,以免显得粗俗和傲慢。

(7) 两脚应尽量平放在地,大腿与小腿成直角。

(8) 落座后至少 10 分钟左右时间不要靠椅背。时间久后,可轻靠椅背。

(9) 谈话时应根据交谈者方位,将上体双膝侧转向交谈者,上身仍保持挺直,不要出现自卑、恭维、讨好的姿态。

(10) 离座时要自然稳当,右脚向后收半步,而后站起。

男性基本坐姿如图 8-7 所示。

图 8-7

（二）女性基本坐姿要求

（1）入座时要轻稳，走到座位前，转身后退，轻稳地坐下。如果是衣着裙装，应用手将裙子稍稍拢一下，不要坐下后再拉拽衣裙。

（2）上身自然坐直，立腰，双肩平正放松。

（3）女性双手叠放于双腿中间前部或一腿中部，也可以放在椅子或沙发的扶手上，掌心向下。

（4）双膝自然并拢，双脚平落在地上。

（5）坐在椅子上，至少应坐满椅子的 2/3，脊背挺直轻挨椅背。

（6）起立时，右脚向后收半步，而后站起。

女性基本坐姿如图 8-8 所示。

图 8-8

（三）其他正确坐姿

（1）前伸式。男女皆可使用。这种坐姿的要求是：在标准坐姿的基础上，两小腿向前伸出两脚并拢，脚尖不要翘。如图 8-9 所示。

图 8-9

（2）前交叉式。男女皆可使用。这种坐姿的要求是：在前伸式基础上，右脚后缩，与左脚交叉，两踝关节重叠，两脚尖着地。如图 8-10 所示。

（3）屈直式。男女皆可使用。这种坐姿的要求是：一脚在前，另一脚在后，大腿靠紧，两脚在一条直线上。如图 8-11 所示。

图 8-10

图 8-11

（4）后点式。适用于女性。这种坐姿的要求是：两小腿后屈，脚尖着地，双膝并拢。如图 8-12 所示。

（5）侧点式。适用于女性。这种坐姿的要求是：两小腿向左斜出，两膝并拢，右脚跟靠拢左脚内侧，右脚掌着地，左脚尖着地。如图 8-13 所示。

图 8-12

图 8-13

（6）侧挂式。适用于女性。这种坐姿的要求是：在侧点式基础上，左小腿后屈，脚绷直，脚掌内侧着地；右脚提起，用脚面贴住左踝；膝和小腿并拢，上身右转。如图 8-14 所示。

（7）重叠式。一般在非正式场合、相熟的人面前、或就座较高椅子时使用，男女皆适用。这种坐姿的要求是：在标准式基础上，两腿向前，一条腿提起，腿窝落在另一腿膝上边。要注意上边的腿向里收，贴住另一腿，脚尖向下。如图 8-15 所示。

图 8-14

图 8-15

(四) 入座后的注意事项

(1) 避免不良习惯：脊背弯曲、耸肩驼背；瘫坐在椅子上或前俯后仰；坐下时手中不停地摆弄东西，如头发、戒指、手指等。

(2) 避免腿的不当表现：摇腿跷脚，脚跨在椅子或沙发的扶手上，架在茶几上，或把腿盘在座椅上；双腿叉开过大；架腿方式欠妥，小腿向上翘起，趾高气扬，两小腿之间前后空出很大距离；反复抖动或摇晃自己的腿部。

(3) 避免脚的不当表现：脚尖指向他人；脚尖高高翘起；随意蹬踏他物；脱掉鞋袜，打赤脚。

(4) 避免手的不当表现：手触摸脚部；双手抱腿，将手压在大腿下；将手夹在两大腿中间。

(5) 其他注意事项：

① 入座之前应想清楚此场合自己是否被允许入座。

② 在别人之后入座。出于礼貌，和客人一起入座或同时入座时，先请对方入座，自己不要抢先入座。

③ 从座位左侧入座。如果条件允许，在就座时最好从座椅的左侧接近座位。这样做，是一种礼貌，而且也容易就座。

④ 向周围的人致意。就座时，如果附近坐着熟人，应该主动打招呼。即使不认识，也应该点头示意。在公共场合。要想坐在别人身旁，还必须征得对方的允许。离开座椅时，身边如果有人在座，应该用语言或动作向对方先示意，随后再站起身来。

⑤ 离座时注意次序。地位低于对方的，应该稍后离座；地位高于或年龄大于对方时，可先离座；双方身份相似时，可以同时起身离座。

⑥ 要起身缓慢。起身离座时，动作应轻缓，不要"拖泥带水"，不要弄响座椅，或将椅垫、椅罩弄得掉在地上。

⑦ 条件允许时从座位左侧离座。

三、合理的蹲姿

蹲是由站立的姿势转变为两腿弯曲和身体高低下降的姿势，是在比较特殊的情况下所采取的一种暂时性体态。在对工作岗位进行收拾、清理,拿取低处物品,拾起落在地上的东西以及为老人系鞋带等时候,如果采用正确的蹲姿,就可以避免产生弯曲上身和撅起臀部等不雅情形。

(一) 蹲姿的基本要求

(1) 姿态自然、得体、大方,不忸怩。
(2) 两腿合力支撑身体,脊背挺直,臀部向下,掌握好身体的重心,避免滑倒。
(3) 应使头、胸、膝关节在一个角度上,使蹲姿优美。
(4) 男性两腿间可留适当的缝隙,女性无论采用哪种蹲姿,都要将双腿靠紧。

(二) 四种正确蹲姿

1. 高低式蹲姿

这种蹲姿动作简单,特征是双膝一高一低,在日常工作中选用这种蹲姿最为方便。

高低式蹲姿的动作要领如下:下蹲时,双腿不并排在一起,而是右脚在前,左脚稍后。右脚应完全着地,小腿基本上垂直于地面;左脚则应脚掌着地,脚跟提起。此刻左膝低于右膝,左膝内侧可靠于右小腿的内侧,形成右膝高、左膝低的姿态。臀部向下,基本上用左腿支撑身体。女性应靠紧两腿,男性则可以适度地将其分开。男性高低式蹲姿如图 8-16 所示,女性高低式蹲姿如图 8-17 所示。

图 8-16

图 8-17

2. 交叉式蹲姿

交叉式蹲姿通常适用于女性,尤其是穿着裙装的女性。这种蹲姿造型优美典雅,其特征是蹲下后双腿交叉在一起。

交叉式蹲姿的动作要领如下:下蹲时,右脚在前,左脚在后,右小腿垂直于地面,全脚着地;右腿在上,左腿在下,二者交叉重叠;左膝由后下方伸向右侧,左脚跟抬起,并且脚掌着地;两脚前后靠近,合力支撑身体;上身略向前倾,臀部朝下。如图 8-18 所示。

3. 半蹲式蹲姿

半蹲式蹲姿一般是在行走过程中临时采用,它的正式程度不及前两种蹲姿,但在需要应急时也采用。其基本特征是身体半立半蹲。

半蹲式蹲姿的动作要领如下:下蹲时,上身稍许弯下,但不要和下

图 8-18

肢构成直角或锐角；臀部务必向下，而不是撅起；双膝略为弯曲，角度一般为钝角；身体的重心与头、颈、脊椎在同一条直线上；两腿可并拢也可一前一后，但双腿之间不要分开过大。

4. 半跪式蹲姿

半跪式蹲姿也叫做单跪式蹲姿，它也是一种非正式蹲姿，多在下蹲时间较长，为了用力方便时采用，如为老人做腿脚按摩时可用。女性穿着裙装时不宜采用此蹲姿。半跪式蹲姿的基本特征是双腿一蹲一跪。

半跪式蹲姿的动作要领如下：右脚在前，左脚稍后。右脚完全着地，小腿垂直于地面；左腿单膝点地，左脚脚尖着地，脚跟提起，臀部坐在脚跟上。左右双膝应同时向外，双腿应尽力靠拢。

（三）蹲姿的禁忌

（1）下蹲时速度过快。特别是在行进中突然下蹲，不仅动作不雅，而且很可能让周围人措手不及。

（2）下蹲时离人太近。应注意与身边的人保持一定的距离，与他人同时下蹲时，更不能忽略双方的距离，以防彼此"迎头相撞"或发生其他误会。

（3）下蹲时方位失当。在他人身边下蹲时，最好是与之侧身相向。非工作需要正面他人下蹲抑或是背部对着他人下蹲，通常都是不礼貌的。

（4）下蹲时毫无遮掩。下蹲时一定要注意内衣"不可以露，不可以透"。尤其是身着裙装的女士，一定要避免下身毫无遮掩的情况，特别是要防止大腿叉开。

（5）蹲在凳子或椅子上。下蹲是在特殊情况下的姿势，不要随意乱用。切不可蹲在椅子或凳子上，也不要在公共场合蹲着休息。

（6）下蹲时臀部向后撅起、两腿叉开。因此当要捡起落在地上的东西或拿取低处物品的时候，不可有只弯上身、翘臀部的动作，而是应首先走到要捡或拿的东西旁边，再使用正确的蹲姿，将东西拿起。错误拾物蹲姿如图 8-19 所示。

图 8-19

四、从容的行姿

小宋刚从大学毕业就进入了一家养老院工作，这家养老院位置相对偏远，规模比较小，这里住的老人年纪也都相对较大。小宋刚毕业，服务能力一般，口才也不是很好，可走路的时候总是抬头挺胸，喜欢面带微笑，步履稳健，一副朝气蓬勃的样子，刚到这里工作了一个星期，就得到了老人们的喜爱和一致好评。老人喜欢和小宋待在一起，他们还都说看到小宋连精神都变得抖擞起来呢。

后来，小宋才听说，之前有一个工作人员小赵，和小宋年龄相当，可走路的时候总是耷拉着脑袋，弯腰驼背，双脚还总是在地上拖着。老人们都不愿意和他在一起，这才被辞退了，小宋现在所在的就是小赵以前的工作岗位。

行姿是人体所呈现的一种动态，是站姿的延续。在我们的日常工作和生活中，时刻保持正确的行姿有利于展现人体的动态美，并在无形之中感染周围人的情绪。反之，不正确的行势不仅难看,还容易引发疲劳,导致腿、背部疼痛,甚至造成身体损伤。

(一)正确行姿的要求

(1)抬头、挺胸、收腹,两眼平视,两肩相平,身体要直,两臂自然下垂摆动,两腿直立不僵。

(2)手臂摆幅为35厘米左右,双臂外开不要超过20度。

(3)步位恰当,男性走平行线,女性走直线。

(4)步幅适度,男性每步约40厘米,女性每步约30厘米,穿着裙装或高跟鞋时,步度可略小些。

(5)速度均匀,正常速度为每分钟60～100步。

正确行姿如图8-20所示。

图 8-20

(二)走路步骤要点详解

1. 上体伸展

下巴突出、抬高头,气力充实,好像头顶有根绳吊着上体;两肩自然向后拉,这样肺部可以吸入更多的空气,也有利于双臂自然摆动;脊柱伸直,使身体维持平稳;胸和腰稍微提向前方。

2. 伸直膝盖

一腿向前迈出,上体稍向前倾,后腿蹬地,前腿膝盖自然伸直。此时,与前腿同一侧腰也与腿配合有向前运动之势。走的时候让大腿带动小腿,膝盖伸直,步幅也就大了。如果走路时膝盖弯曲,腿就只有一部分肌肉在起作用,这样易觉疲劳。

3. 脚跟先着地,再将身体重心移到脚尖

前脚着地时,脚跟先着地,此时身体重心落在脚跟上。然后,身体重心由脚跟通过脚掌向脚尖方向"滚转",最后到达脚尖。需强调的是,脚跟不承受全部体重,身体重心移动是流畅地在整个脚底下进行。前脚着地瞬间,后脚尖同时蹬出,身体重心在这个过程中自然向前移动。

4. 摆动胳膊

在走路的动作中,手与脚,或者说胳膊与腿有密切关系,右脚向前迈出,左手前摆,左脚向前迈时,右手前摆。摆动时,大拇指似触非触衣服为佳,在不受力的状态下,胳膊摆动时,肘部分自然伸与折。

(三) 不同情境下的走路要求

(1) 陪同引导。请对方开始行走时,要面向对方,稍微欠身。在行进过程中,应尽量走在他人的左前方。髋部朝向前行的方向,上身稍向右转体,左肩稍前,右肩稍后,侧身向着他人,与被引导者保持两三步的距离。行走的速度要考虑到和对方相协调,不可以走得太快或太慢,要处处以对方为中心。每当经过拐角、楼梯或道路坎坷、照明欠佳的地方时,都要提醒对方留意。

(2) 上下楼梯。坚持"右上右下"原则,注意礼让别人。如果是陪同他人上楼,陪同人员应当走在他人的后面;如果是下楼,陪同人员应当走在他人的前面。

(3) 进出电梯。使用载客专用电梯,并用手轻挡在电梯门口,请他人先行。进出电梯时,应该侧身而行,免得碰撞别人。

(4) 出入房门。进入他人房间前要轻轻叩门或按门铃,向房内的人进行通报,获得允许后再进入。和别人一起先后出入房门时,为了表示自己的礼貌,应当自己后进门、后出门,而请对方先进门、先出门。陪同引导别人时,还应在出入房门时替对方拉门或是推门。在拉门或推门后要使自己处于门后或门边,以方便别人的进出。

(5) 途遇他人。当走在较窄的路面或楼道中与人相遇时,要采用侧身步,两肩一前一后,并将胸部转向他人,不可将后背转向他人。

(6) 与人告辞。应先向后退两三步,再转身离去。退步时,脚要轻擦地面,不可高抬小腿,后退的步幅要小。转体时要先转身体,头稍后再转。

(四) 行姿训练

(1) 摆臂训练:直立身体,以肩为轴,双臂前后自然摆动。注意摆动的幅度适度,纠正过于僵硬、双臂左右摆动的毛病。

(2) 步位步幅训练:在地上画一条直线,行走时检查自己的步位和步幅是否正确,纠正"外八字"、"内八字"及脚步过大或过小。

(3) 稳定性训练:将书本放在头顶中心,保持行走时头正、颈直、目不斜视。

(4) 协调性训练:配以节奏感强的音乐,行走时注意掌握好走路的速度、节拍,保持身体平衡,双臂摆动对称,动作协调。

第四节 学会展露微笑

著名的美国希尔顿集团的董事长康纳·希尔顿,把一家名不经传的旅馆,迅速发展成遍及世界五大洲,拥有70多家豪华宾馆的跨国公司。当人们问起他的成功秘诀时,他自豪地说:"是靠微笑的力量。如果缺乏服务员美好的微笑,好比花园里失去了太阳和风。假若我是顾客,我宁愿住进那虽然只有残旧地毯,却处处见到微笑的旅馆,也不愿走进拥有一流的设备而见不到微笑的地方。"因此,他经常问下属的一句话便是:今天你微笑了吗?

一、找到自己最美的笑容

（一）放松肌肉

放松嘴唇周围肌肉就是微笑练习的第一阶段，又名"哆来咪练习"。从低音哆开始，到高音哆，大声地清楚地说三次每个音。不是连着练，而是一个音节一个音节地发音，为了正确的发音应注意嘴型。

（二）给嘴唇肌肉增加弹性

形成笑容时最重要的部位是嘴角。如果锻炼嘴唇周围的肌肉，能使嘴角的移动变得更干练好看。如果嘴边儿变得干练有生机，整体表情就给人有弹性的感觉，所以不知不觉中显得年轻有活力。正确的训练方法如下。

（1）伸直背部，坐在镜子前面。

（2）张大嘴，使嘴周围的肌肉最大限度地伸张。这时能感觉到颚骨受刺激的程度，并保持这种状态 10 秒。

（3）使嘴角紧张。闭上张开的嘴，拉紧两侧的嘴角，使嘴唇在水平上紧张起来，并保持 10 秒。

（4）聚拢嘴唇。在嘴角紧张的状态下，慢慢地聚拢嘴唇。出现圆圆的卷起来的嘴唇聚拢在一起的感觉时，保持 10 秒。

（5）咬筷子练习。把嘴角对准木筷子，两边都要翘起，并观察连接嘴唇两端的线是否与木筷子在同一水平线上，保持这个状态 10 秒。习惯这个姿势后，轻轻地拔出木筷子，维持刚才的状态。

（三）形成笑容

这是在放松的状态下，根据大小练习笑容的过程，练习的关键是使嘴角上升的程度一致。如果嘴角歪斜，表情就不会太好看。

（1）小微笑。把嘴角两端一齐往上提，给上嘴唇拉上去的紧张感。稍微露出 2 颗门牙，保持 10 秒之后，恢复原来的状态并放松。

（2）普通微笑。慢慢使肌肉紧张起来，把嘴角两端一齐往上提，给上嘴唇拉上去的紧张感。露出上门牙 6 颗左右，眼睛也笑一点。保持 10 秒后，恢复原来的状态并放松。

（3）大微笑。一边拉紧肌肉，使之强烈地紧张起来，一边把嘴角两端一齐往上提，露出 10 个左右的上门牙，也稍微露出下门牙。保持 10 秒后，恢复原来的状态并放松。

（四）修正笑容

虽然认真地进行了训练，但效果往往不那么完美，这时就要寻找其他部分是否有问题。容易出现的问题有以下几点。

（1）嘴角上升时歪向一边。两侧的嘴角不能一齐上升的人很多。这时应利用咬筷子的方法多加训练。

（2）笑时露出牙龈。笑的时候特别露很多牙龈的人，往往笑的时候没有自信，不是遮嘴，就是腼腆地笑。自然的笑容可以弥补露出牙龈的缺点，也可通过加强嘴唇肌肉的训练来改善。

（五）找到自己最美的笑容

通过以上的练习和修正后,再次对着镜子用下面的标准审视自己的笑容。

(1) 面部表情标准：面部表情和蔼可亲,伴随微笑自然地流露出 6~8 颗牙齿,嘴角微微上翘,神情真诚、甜美、亲切、充满爱心。

(2) 眼神标准：目光友善,自然流露真诚,不左顾右盼、心不在焉。

找到自己最美的笑容后,应多加练习,每次保持至少 30 秒。

二、学习用笑容表达自己

（一）微笑的理由

微笑,古人解释为"因喜悦而开颜"。微笑是一种特殊的语言——"情绪语言",其传播功能具有跨越国籍、民族、宗教、文化的性质,几乎在所有的社交场合下,都可以和有声的语言及行动相配合,起到"互补"作用,充分表达尊重、亲切、友善、快乐的情绪,拨动对方的心弦,沟通人们的心灵,缓解紧张的空气,架起友谊的桥梁,给人以美好的享受。

（二）微笑服务

所谓微笑服务,是指以诚信为基础,将发自内心的微笑运用于服务工作之中,对他人笑脸迎送,并将微笑贯穿于服务工作的每一个环节。微笑服务能提供高层次的精神愉悦和心理享受,可以使被服务者的需求得到最大程度的满足,也往往给自己带来意想不到的成功。

1. 微笑服务的三要点

自信的微笑,让对方对你充满信心,让自己充满力量;礼貌的微笑,将微笑当做礼物赠予他人;真诚的微笑,表现对别人的尊重、理解。

2. 用微笑贯穿服务过程

见面时要微笑。在服务对象走来或主动走近服务对象时,当离对方 3 米远的距离时,就应该主动向对方微笑,让人感到你的热情。

服务中要微笑。在服务过程中,始终保持面带微笑,不要将自己生活中的其他不良情绪带到工作中来,用微笑告诉他人："我是友善和值得您信任的,我正在努力为您提供最好的服务。"

服务中出现失误时要微笑。真诚的微笑使人能迅速谅解你的失误,并愿意继续接受你的服务。

临别的微笑。自己或服务对象离开时,应主动微笑送别,为自己的服务画上一个圆满的句号。

案例一：小陈是某市一家大型养老院的工作人员,平时工作一向积极认真,对待老人更是又耐心又细心,还特别会体贴老人们,因此得到大家的一致好评。张婆婆是这家养老院新搬来的住客,家里有三个孩子,可是几乎从不去看望老人,对老人的事情也从来都是推三阻四,张婆婆一直和老伴相依为命。可是最近,张婆婆的老伴因病过世了,经居委会的人介绍,张婆婆来到这家养老院。无依无靠的张婆婆即使到了养老院也成天唉声叹气,甚至经常有轻生的念头。这天,张婆婆看了电视里的悲剧情景又想起了自己的经历,哭得很是伤心,这时小陈正好进屋为张婆婆打扫房间卫生,张婆婆一把抱住小陈,把自己的过往一一对小陈道来,想得到小陈的关心和爱怜,可对于张婆婆的哭诉,小陈却一直紧闭嘴巴不肯开口。两天之后,张婆婆竟从养老院失踪了,桌上留下一封信,她说儿女也不管她,老伴又离她而去,而今就连养老院最会关心体贴老人的小陈也不搭理她了,她觉得活在这个世界已没有什么意义。院长对此事非常纳闷,把小陈叫来询问,才得知那天中午小陈吃了韭菜饺子,觉得自己一嘴口臭,才紧闭嘴巴不好开口,没想到竟害了张婆婆。

▼ 思考题

1. 案例中小陈有什么不当之处?张婆婆为何加深了轻生的念头,进而从养老院失踪?
2. 分析:老年服务从业人员个人仪容整洁在服务中有什么样的意义和作用。

案例二: 今天是不老松养老院院庆十周年的日子,全院举行了热闹非凡的庆祝晚宴。院长特意邀请了老人的家人,把养老院的活动大厅重新布置了一番,还专门请来了摄影师,对晚宴的盛况进行拍摄,并同时在大屏幕上播放。晚宴上,厨师为大家准备了丰盛的菜肴及点心,老人们争先恐后地展示精心排练的节目,相声、二胡演奏、唱歌、跳舞,养老院里一片欢乐祥和的气氛。坐在离舞台稍远处的老人们虽然不能近距离看到表演,但大屏幕上的同步播放让老人们对高科技的摄影直播技术连连称赞。

小丽是不老松养老院的一名服务人员,今天她主要负责现场巡逻工作。小丽非常尽职尽责,虽然表演都非常精彩,但她依然无法仔细观看,她一直在会场里四处走动巡视。当小丽走到摄影机附近时,她突然发现有一块蛋糕掉在了地上,于是急忙走过去,撅起臀部弯腰就要拾起蛋糕。这时大屏幕上竟然出现了小丽的臀部特写,现场顿时一片哗然,小丽竟全然不知,仍然用纸巾想把地上的蛋糕清理干净,旁边的张奶奶一把拉开小丽,这才稍微缓解了现场尴尬的气氛。

▼ 思考题

1. 现场的哗然因何而起?
2. 优雅合理的蹲姿应该是怎样的呢?
3. 分析:得体的举止在老年服务从业人员职业形象的塑造中有着怎样的意义。

案例三: 宋某是深圳某养老院一名资深的护理师,在养老院里经常为有需要的老人按照医嘱进行药物注射。这天是宋某值晚班,由于值班之后宋某就将前往机场同家人一起出国旅行,而且当晚也没有值班领导,于是宋某便着了一身便装。晚上的时候,新入住的李奶奶旧病复发,需要输液进行治疗,宋某便取了医生开的针药急忙赶到李奶奶房间准备为李奶奶输液。可是李奶奶看到宋某,急忙缩回手臂,满脸怀疑的神情,她问道:"你会扎针吗?你以前做过这个吗?会不会扎不进血管啊?还是让别人来吧。"

▼ 思考题

1. 为什么经验丰富的宋某会遭到李奶奶的质疑并拒绝宋某为其扎针输液呢?
2. 分析:老年服务从业人员的职业装在服务中具有什么样的意义?老年护理人员的着装要求又是什么呢?

第九章 学点儿说话的艺术

学习目的

学完本章,你应能够:
——了解语言的基本要素;
——正确使用谦辞与敬语;
——掌握与交往对象交往中的一般语言技巧;
——使用非语言符号传递信息和表达情感;
——了解如何通过语言表达对服务对象的尊重;
——了解并掌握老年服务的工作语言规范。

语言是由语音、语汇、语法所构成的一定的系统。在一般情况下,在运用语言与人交往时,应注重目的性、对象性、诚实性和适应性。语言分为口头语言和书面语言。口头语言的运用就是我们在社会交往中每天都在做的事情——"说话"。我们通过"说话"来表达思想、交流情感、沟通信息,也通过"说话"来树立职业形象,展示职业能力。老年服务工作面对的服务对象是老年人,所以依据语言运用的对象性,我们在用语言服务于人时,应该针对老年人的心理和生理特点,掌握一些说话的艺术。

第一节 老年服务从业人员语言规范

老年服务从业人员的服务对象主要是老年人。我们知道,随着年龄的增大,老年人在心理上和生理上都发生着各种变化。生理上的衰退和因退出主流视线而产生的心理上的弱势感,使得老年人更加渴望被尊重和理解,更加看重周围的人在言行举止上对他们表现出的情感和重视。老年服务从业人员在为老年人提供服务时,在言辞间体现对他们的尊重和理解是联系情感、加深信任、优质服务的重要因素。具体来说,与老年人语言沟通交流中应在言辞间把握以下要点。

一、亲切自然:擅用尊称和敬语

(一)得体自然的称呼

在人际交往中,特别是与陌生人打交道的时候,人们对于别人怎么称呼自己都表现得非常在意。准确而又妥帖的称呼可以表达对被称呼者的尊重和友好,而不恰当的称呼则令人心生不快,影响人际交往。对于服务人员来说,称呼就是自己在为服务对象提供服务的过程

中,对服务对象采用的称谓语。这个称谓语是否准确得体在很大程度上影响着服务品质和服务对象的感受。那么,怎样的称呼才是老年服务从业人员应当使用的正确得体的称呼呢?

首先,掌握对老年人的习惯称呼。在社会生活中,尊老敬老会很明显地体现在称呼上。如"老先生"、"老人家"等冠以"老"字头的叫法,就让人油然而生一种尊重之感。在一些非正式场合常用的"叔叔""阿姨""大叔""大妈"等称谓使得与服务对象的距离迅速拉近,产生亲近亲密之感。对一些德高望重的老人家则可敬称其"××公""××老"。

其次,称呼要视人而定。语言是一种沟通的工具,而沟通中非常重要的一个原则就是双向沟通。双向沟通要求在理解和尊重交往对象的基础上建立一种良好的沟通渠道以促进交流。这就要求老年服务从业人员在与服务对象交往时,要与对方建立一种约定俗成且双方都认可的交往方式。这之中,称呼是重要的一环。比如说,有些老年人严谨认真,有一定的名望和地位,这就需要通过称呼体现出对对方的尊重及敬意。与其交往时,应用敬称称呼对方。但是,随着人际交往范围的扩大,把人往老字辈上"架",以示尊重的传统正在悄悄转变。例如,有一位老先生很有意思。因为面相比较老,经常有年轻人叫他"老人家""大爷",每到这时,他就会自动屏蔽这些称呼,不爱搭理;若是碰到人家喊他"老哥",他就会迅速答应。对面楼上的张大妈,也时常纠正小孩子给她的"奶奶"称呼,一定要让他们改叫"阿姨"。有很多老年人退休后心态积极,有的积极参加各类老年社团,参与各项社会活动;有的报读老年大学,寻找和提升自己的兴趣;也有的注重自己的形象,善于保养并用心装扮。这些人有共同的心理特点,就是展示自己心态和状态的年轻。因为年轻让老年人重新拥有自信。把人叫得年轻,就像给老年人灌输"您还年轻"的概念,久了,老年人会更注重保养,心态也变得年轻。从今天开始,年轻人不妨试着换个称呼,把老年人叫得年轻点。

(二) 恰当合宜的敬语

老年服务从业人员在与服务对象沟通与交流的过程中,应当恰当准确地选用敬语谦词。这不仅是尊老敬老的体现,也是成为一名优秀老年服务从业人员的基本素质。那么,如何恰当合宜地使用敬语呢?

首先,自觉使用文明礼貌用语。构建文明和谐的社会是当今中国社会建设与发展的目标。尊老敬老是评价一个社会文明程度的重要标准之一。因此,从事老年服务工作的我们更应该站在尊老敬老的最前沿,身体力行地把我们对老年人的尊敬与热爱通过每一个细节加以体现。在工作中自觉使用文明礼貌用语是老年服务工作者的工作规范与要求。根据使用的不同场合和目的,服务人员常用的文明礼貌用语可分为问候语、迎送语、请托语、致谢语、询问语、应答语、夸赞语、祝贺语、推托语、致歉语等十种类型。

1. 问候语

适用于老年服务从业人员采用的问候语分为下列两种。

(1) 标准式:即直截了当向对方问候。如"您好""大爷好""阿姨您好"等。也就是在问"好"之前,加上人称代词或称呼语。

(2) 时效式:即在特定的时间使用的问候语。如"早上好""大妈早上好""叔叔阿姨晚上好""周末好"等。具体方式是在问好、问安前加上具体的时间,还可在时间前加上对方的尊称。

2. 迎送语

迎送语适用于在提供服务的过程中迎接或送别服务对象时使用。使用迎送语时的要点有以下几点。

（1）展现对服务对象的热情与友好。如"有什么可以帮助您的吗""您走好""有什么需要再来找我"等。特别要指出的是，老年疾病康复护理方面的老年服务从业人员慎用"欢迎""下次再来"之类的迎送语。

（2）表现对服务对象的重视。当服务对象再次到来时，迎接语中应表明自己记得对方，以使对方产生被重视的感觉。如"大爷，我们又见面了""阿姨，您来了""王老先生，这次您有什么需要我们提供帮助的""张姐，多多保重""大妈，回头我去看您"等等。

（3）使用迎送语的同时应该向服务对象施以点头、微笑、鞠躬、握手、注目等辅助语言符号。

3. 请托语

老年服务从业人员在从事具体的服务工作时，难免有需要理解或是寻求帮助的时候。这时，就需要使用请托语。请托语可以分为两种形式。

（1）标准式。当服务人员向服务对象提出具体的要求时，加上一个"请"字，就会显得文明有礼。如"请稍候""请让一下""请这边坐"等。

（2）求助式。求助式用于请人让路，请人帮忙，打断对方的谈话等。求助式请托语的代表词汇是"劳驾""拜托"。

4. 致谢语

致谢语也称感谢语。服务人员使用致谢语的情况主要有以下几种：一是获得帮助；二是得到支持；三是赢得理解；四是感受善意；五是婉言谢绝；六是受到称赞。如"谢谢您""非常感谢""谢谢您的理解"等。

5. 询问语

老年服务从业人员在服务过程中需要了解服务对象的需求和感受时，往往会用到询问语。常用的询问语主要有：主动向服务对象提供帮助时所用的主动式询问，如"需要帮助吗""您需要什么""您想要哪种"；向服务对象征求意见或建议时所用的封闭式询问，如"您觉得这样好吗""我的力道合适吗"；提出方案供服务对象选择时所用的开放式询问，如"您是要白色还是蓝色""您要不要跟我一起去看一下"。

6. 应答语

应答语用于服务人员对服务对象的回应或是答复。使用应答语的基本要求是：随听随答，有问必答，灵活应变，热情周到，尽力相助，亲切有礼，不失恭敬。根据适用情况的不同，应答语分为三种。

（1）应诺式。用来答复服务对象的要求。如"好的，我明白了""我会尽量做好""随时为您服务"等。

（2）谅解式。当服务对象向服务人员致歉时，服务人员表示谅解与宽容的应答语。如"没关系的""我不介意""不必，不必""我没事，您别放在心上"等。

（3）谦恭式。服务人员在收到感谢或是夸赞时用谦恭式应答语来表示谦逊。如"您太客气了""没什么，这是我的分内之事""举手之劳，何足挂齿""过奖了"等。

7. 夸赞语

用于人际交往中对他人的肯定和赞美。适时适度的夸赞语不仅仅可以带给服务对象愉悦感和自我肯定，也可成为服务人员与服务对象之间进一步沟通联系的润滑剂。因此，老年服务从业人员在工作中要学会正确合理地使用夸赞语。具体来说,就是恰到好处,宜少不宜多。服务活动中常用的夸赞语有:"您真有眼光";"您今天气色好极了";"需要向您学习的地方太多了";"您说得没错"等。

8. 祝贺语

吉祥的祝愿与真诚的祝贺是一种正能量,能够带给他人幸福与满足。老年人这个群体对于情绪的表达和情感的分享会更加看重。因此,作为老年服务从业人员,应学会适时灵活地为服务对象送上祝福和祝贺,形成与他们情感上的相互支持与共鸣。

9. 推托语

很多时候,服务人员不一定能够完全满足服务对象的需求和愿望,或是达不到他们的要求。这时,就需要用推托语向服务对象表达友好和真诚,最大限度地平复和抚慰服务对象的失望心理,使他们容易接受这种"不得已的拒绝"。当我们需要向服务对象表达拒绝时,可以直接向对方致歉,如"对不起,我确实做不到";也可以转移对方的注意力,如"您要不要看一下其他的";还可以向对方做出合理的解释,如"这是固定好的,我无法移动""我们这儿有相关的规定,我不能违规办理"等。

10. 致歉语

服务人员在工作中,如果带给他人不便,或可能干扰到他人,就需要用致歉语向对方表达歉意。常用的致歉语有"抱歉""对不起,请原谅""真是过意不去"等。

其次,了解一些常用的传统谦词敬语。中国是传统的礼仪之邦,几千年的继承与发展中,虽然有一些已经不适应现代社会的词语被淘汰了,然而,仍有一些具有深厚文化气息及实用意义的传统词语是我们可以学习和使用的。在老年服务工作中,应对特殊的场合或是服务对象时,这些传统谦词敬语的正确理解和使用可以体现出服务人员的综合素质和职业水平。

现代社会中仍可见并仍在使用的传统谦词主要包括以下内容。

(1)用于称呼自己父亲的"家父""家严",用于称呼自己母亲的"家母""家慈"。"家"用于对别人称自己的辈分高或年纪大的亲戚。

(2)用"小儿"、"小女"来称呼自己的儿子、女儿。"小"用来谦称自己或与自己有关的人或事物。还有"小弟",是男性在朋友或熟人之间用来谦称自己。

(3)老年人谦称自己时用"老朽",年老人指自己面子时用"老脸"。"老"字适用于老年人谦称自己或与自己有关的事物。

(4)用"愚兄"向比自己年轻的人称自己,用"愚见"称自己的见解。"愚"字用于自称的谦称。

(5)"拙"字用于对别人称自己的东西。如"拙笔"谦称自己的文字或书画,"拙著""拙作"谦称自己的文章,"拙见"谦称自己的见解。

(6)用"敝人"谦称自己,用"敝处"谦称自己的房屋,"敝校"谦称自己所在的学校。另外还有用"寒舍"谦称自己的家,用"犬子"称自己的儿子,用"笨鸟先飞"表示自己能力差,恐怕落后,比别人先行一步,用"抛砖引玉"谦称用自己粗浅的、不成熟的意见引出别人高明的、成熟的意见,等等。

现代社会中可见并被使用的敬辞主要有以下内容。

(1)"令"用在名词或形容词前,表示对别人亲属的尊敬,有美好的意思。如"令尊""令堂"用于对别人父母的尊称,"令兄""令妹"用于对别人兄妹的敬称,"令郎""令媛"用于对别人儿女的敬称等。

(2)"惠"和"垂"用于对方对自己的行动。如"惠临""惠顾"用于指对方到自己这里来,"惠存"请别人保存自己的赠品,"垂问""垂询"指对方询问自己。

(3)"赐"指所受的礼物。如"赐教"指别人指教自己,"赐复"用于请别人给自己回信。

(4)"请"用于希望对方做什么事。如"请问"希望别人回答,"请教"希望别人指教。

(5)"高"称别人的事物。如"高见"指别人的见解,"高论"指别人见解高明的言论,"高足"用于尊称别人的学生,"高寿"用于问老人的年纪,"高龄"用于称老人的年龄,"高就"指人离开原来的职位就任较高的职位。

此外,还有"华诞"代表别人的生日,"奉还"代表归还等。

附:常用敬辞

见谅:客套话,表示请人谅解。

借光:客套话,用于请别人给自己方便或向人询问。

垂爱:(书)敬辞,称对方(多指长辈或上级)对自己的爱护(多用于书信)。

久违:客套话,好久没见。

久仰:客套话,仰慕已久(初次见面时说)。

劳驾:客套话,用于请别人做事或让路。

赏脸:客套话,用于请对方接受自己的要求或赠品。

舍间:谦称自己的家,也称"舍下"。

泰山、泰水:尊称岳父、岳母。

托福:客套话,指依赖别人的福气使自己幸运。

二、通俗易懂:使用平实生活化的语言,少用或不用流行语

随着社会的发展,信息传播的渠道大大扩展,传播的速度也越来越快,而各种信息传播渠道在传播信息的同时也带来了各式新的语体和语汇的传播。接收信息最快,最容易接受新鲜事物的人群中便有了所谓的流行语的盛行。流行语,作为一种词汇现象,反映了一个国家、一个地区在一个时期人们普遍关注的问题和事物。因为流行语的"流行"都有一个过程,而且不同文化程度、不同修养、不同语言习惯的人使用流行语的态度也不相同,故流行语使用的场合、社群、语体常常有一定的限制,一般只限于亲朋好友、地位身份相当的人日常交际使用。社会地位和文化层次高的人,特别是女性和中老年人,在使用流行语时有很大的选择性,一般只在开玩笑或故意幽默一下时才偶尔使用那些已经家喻户晓的词语,如"大款""宰""侃"等。此外,流行语有时还具有地域性。地域流行语由于具有浓厚的地方文化色彩,甲地的流行语在乙地很难被理解和认同。一般来说,文化层次越高,使用流行语的比例越小,比如像高级知识分子或大学教授等的嘴里,流行语是比较少的。即使一些非常通行的流行语,也受到使用场合和对象的严格限制。比如"打的"在北京话中是一个非常通行的流行语,可是在正规或严肃的场合,依然使用"出租车"。

因为老年人自身的心理生理原因和社会对老年群体提供信息资源条件方面的原因,老年人接收信息的速度与量及接受"流行"的尺度都会受限。这就要求老年服务从业人员在与老年人进行言语沟通和交流时,尽量不使用可能会对交流产生障碍的流行语。使用能够让

服务对象"愿意听"、"听得懂的话"也是一种尊重。

三、得体悦人：注意忌言讳语

老年人退休回归家庭后，人际关系范围回缩，生活节奏和内容发生变化，其心理上会产生深深的失落感和孤独感。再加上其自身的生理原因及社会对老年人的角色定位对其产生的影响，老年人会失去自信心，觉得自己无能无用。随着年龄的增长，身体机能的衰退，疾病的困扰也成了老年人的心病，让其感觉死亡临近，焦虑且缺乏安全感。这许多种的弱势心理最终形成了老年人独特的心理特征：自尊与自卑相互缠绕与依托。这种心理必然会对日常的人际沟通产生重要的影响。因此，作为经常与老年人接触与交往的老年服务从业人员，在与老年人交往沟通的过程中，就要了解他们的禁忌，在言语上多加注意，给予老年人更多的尊重与用心，更好地推进正常的服务和提高服务质量。

禁忌一：被称作"老头儿"、"老太婆"。

很多时候，我们都能够听到身边的人称呼年老者为"老头儿"、"老太婆"。而这样的称呼所传递出的语言形象是白发苍苍，身躯伛偻，老迈无用，言语中有轻慢无礼，心生嫌隙之意。这对于自尊心极强，渴望得到尊重的老年人来说，是很难接受的。

禁忌二：谈论"死亡"话题。

很多人都觉得自己不惧"死亡"。然而对于身体机能日渐衰退，已能明显感觉到自己走入生命的夕阳之中的老年人来说，却对死亡有着一种本能的敬畏。不管是对死亡有恐惧，还是对死亡很坦然，死亡毕竟在人的心理留存的是一种灰暗与绝望的情绪。而作为服务老年人的我们，需要传递给老年人的是希望与信心，是珍惜和把握美好生活的正能量。所以，老年服务工作中，除非特殊情况，应当尽量避免谈论"死亡"话题。

禁忌三：听到"您年纪大了，身体又不好，哪里管得到这么多。能管好自己就不错了"。

这句话在日常生活中经常被我们用来劝慰那些闲不住、爱管事爱操心的老年人。其实，老年人听到这句话往往不是怒气反驳就是心中生怨。这是因为老年人忌被人当"废物"。老人离退休了，不是就什么都不能干了，最怕别人说"他们没用"了。老人都乐意做一些有意义的事；即使身体真的不好，也愿意以自己的人生阅历为晚辈提供参考意见。而原本是希望老人不要太操心、应多多休养、照顾好自己的美意却因为语言使用的不当而带给老年人一种被否定的挫败和失落。因此，这类在措辞中流露出让他们联想到"无能感"的言语，应谨慎使用。

禁忌四：否定他们经历的过去。

每个人的生活态度和价值观都和自己所处的时代有关。老年人的人生经历及所走过的时代记忆是他们生命中最珍贵的东西。无论那些是欢喜还是忧伤，是艰难还是平坦，老年人对那一切都有着无法替代的感情。我们应当尊重并保护老人心中那份美丽的情感，而不是自以为是地去评价。尊重服务对象要求我们也要尊重他们的经历和情感。

禁忌五：谈论家庭纷争与矛盾。

在中国人的传统观念里，幸福的家庭应当是父慈子孝，其乐融融。而幸福的家庭是所有老年人的追求和梦想。现实生活中，有许多家庭会有一些纷争和家庭成员之间的矛盾。但是在老年人的心目中，这些"家丑"是不足为外人道的。老年服务从业人员经常接触老年人，甚至是老年人的家庭，也许会对其家庭情况比较了解，但一定不能主动和服务对象去聊对方家中的事,避免给服务对象带来难堪和不快。

案例: 2011年3月,某知名医学院毕业生赵磊在父母的要求下回到了家乡。在父母的帮助下,赵磊进入当地的一家知名医院成为老干部门诊的一名医生。赵磊是个外向开朗的人,他觉得老干部门诊的就诊者一般都是反复就诊的熟面孔,所以应该和他们亲密一些,加强熟悉和信任。所以,每次在问诊时,他除了一般的工作语言外,还会主动牵起话头和对方聊天。可是奇怪的是,他的主动示好似乎并没有让就诊者和他亲近起来,反倒是有不少人对他态度冷淡,不愿意再接受他的诊疗服务。某天,某局已退休的老领导陈硕到医院就诊,看到其他诊室门口都排着长队,只有赵磊所在诊室门前人不多,就挂了赵磊的号。很快,陈硕就进入了诊室。赵磊面带微笑看着陈硕,大声招呼:"嗨,来了,这边坐。"陈硕迟疑了一下,走上前坐在了赵磊的对面。

"小伙子,你认识我?"陈硕问。

赵磊说:"我面前每天来来去去的都是你们这种老人,我看起来差不多。你是第一次来吗?"

"是呀,我第一次来你们医院。"

"呵呵,那你以后得常来,我好记住你哈。喂,你叫陈硕?"

"是。可是我不想常来。"

"那可由不得你,你以后一定会常来,到了你们这个年龄,以后跑医院会跑得越来越勤。"

"哦,年纪大的人是不能跟你们年轻人比。"陈硕心里有点不大舒服。

"要看比神马哈,在这个拼爹的时代,年轻人鸭梨山大呀!"

"什么意思?"

"哈哈,代沟呀,回去问你儿子吧。来,衣服掀起来,我听一下。"

……

之后的问诊过程很顺利,但是陈硕心里憋着一种说不出的灰色情绪。出门后,陈硕回头看了一眼赵磊,低声地对自己说:"怪不得这儿人最少。"

🔖 **思考题**

1. 为什么陈硕觉得心里不舒服?
2. 为什么同科室的病人宁愿在其他诊室门前苦等都不愿意到人少的赵磊所在诊室就诊?
3. 赵磊的主观意愿和客观现实之间的错位是怎么形成的?
4. 分析:案例中的主人公赵磊有什么不当之处?请一一指出并说明理由。

第二节 非语言符号的运用

在人际交往中,沟通不局限于使用语言,还可以通过非语言符号来表达事实、感觉和意念。在信息与情感的有效传递中,这种非语言符号作为一种特殊的沟通方式发挥着非常重要的作用。美国学者L.伯德惠斯特尔估计,在两个人传播的场合中,有65%的社会含义是通过非语言符号传递的。

非语言沟通是相对于语言沟通而言的,是指通过身体动作、体态、语气语调、空间距离等方式交流信息、进行沟通的过程。人际传播中的非语言信息、非语言符号的作用往往需要由不同的非语言符号来承担,而不同的非语言符号亦会释放出不同的功能。本节我们将了解和学习在语言沟通中发挥重要作用的语言传播要素和表情符号。

一、类语言

它是人发出的有声而无固定语义的信息传播,如各种笑声、哭声、叹息、呻吟、叫声等等。这是因为人的信息沟通离不开感情的表露和传递。我们在与服务对象沟通交流时,情感的交流是非常重要的一环。所以,类语言的使用可以为语言交流助力,并进一步融洽服务人员与服务对象之间的情感联系。

二、说话时的语气

感情的传递在很大程度上取决于"怎样说",而不完全是"说了些什么"。而这个"怎样说"中非常重要的因素就是使用什么样的语气来说。我们已经知道,老年人是敏感而又自尊的,这就要求我们在与他们对话和交流时多一些肯定,少一些否定;多一些平和,少一些激动;多一些关切,少一些要求;多一些理解,少一些评论。

(一)多用肯定句,少用否定句

要学会给老年人以适度的夸奖。俗话说得好,老人和小孩子一样,喜欢别人的赞美和夸奖。虽然我们不能像夸小孩子那样"你好漂亮,你好可爱"等话语去评价老人,但是我们可以说"你身体真好,真硬朗,一点也不显老"等话语与老人交谈时,老人一定心里很高兴。只要真诚、慷慨地多赞美他,他就高兴,那谈话的气氛就会活跃很多。当我们在为服务对象提供服务或是与之交往时,即使是遇到服务对象有不正确的心态和行为需要纠正,也不要用以下词语作为交谈口头禅:"你说的不对,我认为是……"。而应该这样说:"我理解你的意思,你的意思是说……吗?嗯,我理解你的处境和目的,能不能考虑还有这些可能……"

(二)轻缓平和,推己及人

在与服务对象对话时,服务人员应当带着对当事人的共情、理解与关切去讲话。首先,老年服务对象通常听力和理解力都处于衰退期,我们必须根据他们的生理和心理特点来采用说话的语气和方式。对老年人说话时,要语速减慢且声音稍大,咬字清晰。但是这里的声音稍大所指的是音量,而不是音调。不能把音量与音调相混淆。声音频率的高低叫做音调。声音的三个主要的主观属性即音量(也称响度)、音调和音色(也称音品)。音调表示人的听觉分辨一个声音的调子高低的程度。通常情况下,音调高则轻,短,细;音调低则重,长,粗。当一个人说话音调高时,接收者听觉所受的刺激相对较强,听久了会产生听觉疲劳,进而引来情绪上的焦躁或是排斥。而一个人说话音调平和,则会更适应听觉的特点,让人感觉平静、舒适,更有利于信息的传递。对于听力本来就有所损失的老年人来说,采用中音调和低音调要比高音调更适合他们的心理和生理特点。这就是我们所说的语气平和。其次,与服务对象交往时,我们应当时刻注意自己所用的语气,说话的内容是否让服务对象感到被尊重,被关注。事实上,推己及人是所有人在人际交往中都应该做到的。它要求我们换位思考,理解对方。

三、说话时的语速

老年人因为听力和思维的衰退,接受语言信号并进行语意加工处理的速度会降低。这就要求我们与服务对象进行语言交流时,适当地放慢语速。正常的普通话说话语速大概是每分钟150~170个字,而与老年人交流时的语速应该放到每分钟120~140个字。这个语速还取决于交流对象的具体情况。一般而言,与交流对象的语速大体保持一致为佳。

四、说话时的动作与表情

老年人细腻敏感,缺乏安全感。他们在与人交往时,多从交往对象的细微表情来认识和判断对方的心意和态度。所以,作为老年服务从业人员,为了给服务对象提供专业的服务并使之心情舒爽愉悦,我们需要在与服务对象交流时,注重表情的运用。

(一)表现你的耐心

其实大家都明白,老年人一般都爱唠叨,说起话来喋喋不休,这时我们不要不耐烦,而是要耐心地倾听。老人在讲话的过程中不要随意打断,一定要有耐心,随时给老人以微笑。倾听对方说话时不要东张西望,眼神游离不定。眼睛注视对方的时间应该占整个对话时间的1/2到2/3,以示对对方谈话内容的兴趣。对老人话语的倾听是给老人的最大回馈,也是最起码的尊重。而在自己表达时,更要关注对方的表情和反应,以便及时对谈话内容、音量、语速等作出调整。

(二)表现你的诚心与细心

与老人交流时,要靠近对方,坐下来或是弯下腰去平视老人。不要让老人追着你的走动去说话,也不要让老年人抬起头跟你说话,那样让老年人觉得你很高傲,不愿意接近他。与老人谈话时,最大的忌讳就是不注意老年人的表情,让老年人感觉自说自话;最好的办法就是如果与同性交流的话,我们除了眼神对接以外,还可以在交流的过程中替老人捶捶背、揉揉腿,或者握着老人的手交谈,这时老人会有另一番心情。老人因某事情绪不对时,我们应尽量不要去劝说,而是先用手去轻拍老人的手或肩膀作安慰,稳定情绪,然后想办法转移话题,转移老人的注意力。

案例: 又逢周末,地处闹市的肯德基餐厅内,一场争执吸引了所有人的注意。一位年近七旬的老人满面通红地对着一名20岁出头的餐厅收银员说:"我站得近一点,好让你看清楚。省得你斜着看伤了眼睛。"对方回道:"我不想和你这种人说,走远点。"看到老人气得浑身发抖,有人轻拍老人的脊背边安抚边小声地问:"大爷,怎么啦?"老人激动地讲述争执的过程:"今天来给孙子买儿童套餐。我问她要个儿童套餐,她板着个脸问要哪种?我问有哪种?她劈里啪啦说了一串,我听都没听清楚,就又问了一遍。她看都不看我,说:'自己到旁边去看,让开,别影响后面的人点餐。'你说我要知道怎么回事又能看得明白还要问她?从头到尾都在甩脸子,什么意思嘛?每个人都有爸妈,这种人对自己的爸妈也好不到哪儿去……买个东西都要受气,看人脸色,我真的是太生气了。"

老人平复不下来自己的情绪,一直絮絮叨叨地发泄着心中的委屈和不平。与老人同来的老伴买到想要的东西并打包后走到老人身边拉扯着老人的衣角示意离开。在众人和老伴的劝说下,老人才愤愤不平地离开餐厅。

老人出门后,与老人争执的收银员对着老人的背影念了一句:"这些老头儿、老太婆,最麻烦了。"

▼ 思考题

1. 老人与餐厅收银员发生争执的原因是什么?
2. 餐厅收银员在服务过程中的不当之处有哪些?请一一指出。
3. 老人对餐厅服务员的服务态度不满,餐厅服务员却没自省,而是对老人也多有抱怨,这是为什么呢?
4. 分析:为老年人提供服务时,服务人员在语言和神态上应当注意些什么。

第三节 常用沟通交流技巧

一、问询与介绍

(一) 问询

日常生活和工作中,我们不可避免地会遇到一些不明白不了解或是不知道的事项需要向人问询。当我们的问询对象是老年朋友时,我们需注意些什么?怎样问询会更好?这是作为经常接触老年朋友的老年服务从业人员必须认识并把握的知识和技巧。

首先,礼貌称呼不可少。很多时候我们都会忽视这一点。比如最常见的问询形式之一——问路。问路时我们总会这么说:"哎,请问一下××××怎么走?"这话乍一听是没有问题的。有礼貌用语,句式合乎规范,语气也还温和。可是,这句话里所体现的是对问询结果的关注,而忽视了对被提问者的尊重。任何接受我们问询的人的角色都不是"被问询人",而是因为有了我们的问话才让他们临时扮演了"被问话者"的角色。在我们使得对方被动性地扮演这样一个角色时,更应该体现我们内心对他人的尊重和感激。而这份尊重与感激首先应体现在合理规范的礼貌称呼上。对老年人的礼貌称呼主要有:"大爷""大妈""叔叔""阿姨""老人家"等。具体称呼应根据地域习惯、对方年龄、问话场所等来作出选择。

其次,语速适中音清亮。向老年人问询时,一定要适当地放慢语速,并且略微抬高声音,清晰准确完整地说清问询事项。有时会遇到老年人听力不佳,需要反复问询的情况,这时,一定要有耐心,要温和平静地重复自己的语意。

最后,致谢用语别忘记。问询结束后,要向问询对象回应并致谢。不可一言不发,转身离去。比如"哦,我明白了,谢谢""好,我记下了"等。

(二) 介绍

在老年服务从业人员的日常工作中,经常需要向服务对象就某一事项或是某一物品作介绍。介绍也是老年服务从业人员的重要工作内容和技能之一。在为老年人做介绍时,应当语速放缓,吐字清晰,还应当尽可能地使用通俗用语,少用专业名词。当服务对象在介绍的过程中有什么疑问时,应停下来,目视对方鼓励其大胆说出并认真倾听解答。在整个介绍的过程中,应该关注服务对象的反应,以便及时调整音量、语速或是表达方式。

二、安慰与解释

(一) 安慰

在人际交往中,我们常常会对正处于烦闷、忧郁、伤心、失落等负面情绪中的交往对象进行安慰。老年服务从业人员经常与老年人接触交往,也常常会遇到需要安慰的老年人。事实上,老年人心理十分敏感与脆弱,相比其他人群,他们可能需要更多的安慰与理解。因此在必要且恰当地时间对服务对象的安慰会使得服务对象感受到关注和重视,也会在一定程度上缓解他们心理上的负面情绪干扰。只有恰当的安慰,才能真正起到给予被安慰者支持与关爱的作用。因此,老年服务从业人员应该了解安慰的语言艺术。

(1) 身体不好的老人,被别人伺候,多少都会有些难为情,这时候就会很伤感。我们遇到这样的情况,要用语言转移老人的思维重点。例如:

老人说:"我都成了废人了。"

服务人员小张:"这话怎么说的,您怎么会是废人呢?"

老人说:"你看我病成这样,什么都干不了,多拖累人呀。"

服务人员小张:"大妈,您身体好的时候,本来什么都能干,而且干了很多。现在老了,身体不好了,晚辈们伺候您、照顾您也是应该的,您不要有什么负担……"

(2) 老年人在最初罹患某种疾病,特别是偏瘫"半身不遂"时,都会表现得比较悲观。我们遇到这样的老人,就应当引导老人积极地想问题。例如:

老人:"你说说我怎么这么倒霉呀?"

服务人员小A:"怎么了?"

老人说:"为什么就让我摊上这个病?"

服务人员小A:"大妈,以前毛主席说过,对世界大战,我们有两条原则:第一条反对;第二条不怕。对待生病,咱也是这两个原则。谁也不愿意生病,但是,既然已经病了,咱就得积极配合治疗,好好康复。自己心里别老想着自己的病,您的病就好了一半了……"

(3) 对把死挂在嘴边上的老年人,一方面是对死亡的恐惧,另一方面他们又都很客观地为自己做迎接死亡的心理准备。对于这种情况,我们应当大方自然地回应和安慰,不能回避和躲闪。例如:

老人:"我这么活着真是多余。"

服务人员:"为什么呢?"

老人说:"这病也好不了了,活着也是受罪,还不如死了算了。"

服务人员:"大妈,我可不赞成您这么说,俗话说,好死不如赖活着。咱们每个人能活着本身就都是一个很大的奇迹。只要好好活着,没准儿哪一天,科学取得重大突破,您的病还能治好呢……"

总而言之,当我们的安慰对象是老年人时,我们一定要注意不能让自己与对方一起陷入负面情绪中,更不能陪着对方一起伤感,一起掉眼泪,这样只会增加安慰对象的心理负担和压力。我们给予服务对象安慰的目的是帮助他们减轻或摆脱负面情绪,我们传导给对方的应该是积极的正能量,是支持与引导。

(二) 解释

解释分为主动解释和被动解释两种。解释是对事物的现象、过程、状态、道理等进行描述,以说明其含义、原因、理由等。解释的含义主要有二:一是分析阐明,如"经过无数次的研究和实验,这种自然现象才得到科学的解释";二是说明含义、原因、理由等。在这里,我们主要所指的是解释的第二种含义,即向服务对象就某事物说明其含义、原因、理由等,意义在于希望通过合理有效的解释消除服务对象心中的疑虑或是避免误会的发生。

1. 主动解释

主动解释多为服务对象对服务人员及其服务活动表现出疑虑或是可能会产生某种误会时,由服务人员主动作出解释。老年服务从业人员想要为老年人提供优质服务,一个非常关键的要素就是要赢得服务对象的接纳和信任。而这种接纳和信任的建立和维护需要服务人员从始至终的重视和努力。老年人多数防备心较重,疑虑较多且心思细腻,他们会格外关注服务人员在与他们交往时的细微之处,往往会因为服务人员工作中的疏漏由小见大,进而改变服务对象对服务人员或是服务活动的认知和判断。所以,服务人员对于可能会引起疑虑和误会的事物要多留点心,慎重为之。对于服务对象的态度变化要善于观察,及时发现,认真处理。而学会在恰当的时间用恰当的方式作出解释就是解决这类问题的最好办法。

首先,解释应及时。第一,当服务人员感知某事项可能会给服务对象带来疑虑或是不愉快时,就应及时地向服务对象就该事项作出解释,以期得到对方的理解和原谅;第二,当服务人员的某项必要活动或是某事物是服务对象所不熟悉不了解的时候,应首先把相关事项向服务对象阐述清楚,作出解释,避免之后可能会发生的误会或疑虑,若该解释的时候没有作出解释,解释就失去了其作用和意义。

其次,解释应真诚合理。在向服务对象作出解释时,一定不能与事实和常理相悖。若解释经不起推敲,或是不能自圆其说,就会让自己的信用在服务对象面前彻底垮塌。

再次,解释应符合服务对象的心理及情感特点。这就是我们有时候说的"善意的谎言"。很多时候,为了抚慰或是顺应老年人的情感需求和健康状况需要,我们需要用并不一定真实的原因或理由去向对方作出解释。解释不是事实,但一定是真诚的,动机一定是善意的,目标一定是为了促进疑虑的消除和避免误会的发生的。

2. 被动解释

被动解释是服务人员应服务对象的要求而对某一事物作出的说明。在这种情况下,服务人员不仅仅要及时合理、顺应情势地作出解释,还有以下几点需要特别注意。一是不厌其烦。老年人心有疑虑时总会反复求证,这个时候,服务人员一定不能表现出不耐烦或是不想再解释的态度,而应平和细致耐心地回复老人的问题,有问必答。二是淡定从容。如果服务人员在这个时候表现出混乱或是焦躁,就会加重服务对象的疑虑和担心,会使得原有的误会进一步扩大。服务人员应学会举重若轻。三是不惧冷眼。如果服务对象真的对服务人员或其所在机构有所误会的时候,他们可能会冷眼相待,对服务人员的解释置若罔闻或是粗暴打断,这时,就需要服务人员平和应对,对对方的态度多一些包容和理解,并观其形势寻找合适的时机再行解释。举一个被动解释的例子:

老人:"你们那个×××(某服务人员)都好几个礼拜没来看我了!"

小张问:"您想他了是吗?"

老人:"他原来答应给我……(承诺某件事)"

小张微笑解释:"他肯定是因为工作、学习方面的原因,这段时间来不了,他有时间一定会来的,怎么会忘了您呢?"

一句恰当地解释,解除了老人对那位服务人员的不满。然后,通过和老人攀谈,了解原来的服务人员承诺的是什么问题,再寻找适当的解决办法……

三、致歉与致谢

(一) 致歉

无论是在生活中还是工作中,我们都难免有做错事或是因为给别人带来困扰和不便而需要向人致歉的情况。因此,我们必须了解道歉的要点和方法。向人致谦的关键在于:谦虚的心态;得体的用语。这句话同样适用于老年服务从业人员与服务对象之间。

第一,道歉需及时。一旦知道自己发生错误或是失误就应当第一时间道歉。拖得越久,对方就会越生气窝火,越容易让对方误解,进而扩大当事人双方的矛盾。而且在事件发生的当下即时道歉可以避免当事人之间的冲突,使得双方退一步海阔天空,免得因小失大。

第二,道歉要大方。做错事不是耻辱,虽要求致歉者态度谦逊,但不要过分贬低自己,否则容易被人看不起或是使对方得寸进尺。

第三,道歉用语应当文明规范。当心感有愧他人之时,应说"深感歉意""非常惭愧";当渴望对方原谅时,"多多包涵""请您原谅"是恰当表达;在有劳别人时,说一声"打扰了""麻烦你了";而一般场合下,致歉需说"对不起""很抱歉""失礼了"。

第四,可借物致歉。有些道歉当面难以启齿,可写信或是借物表达心中的歉意。例如,黄玫瑰和灯笼花的花语是道歉。

需特别提到的是,道歉不是万能的,也不是天下皆准的。有些情况下,道歉不仅不能让对方接受,还有可能在对方情绪激动时火上浇油,事与愿违。所以不该道歉时不要道歉,不如用实际行动打动对方。

(二) 致谢

我们每个人在一生中都会遇到麻烦、困难或者不幸,而也总会得到他人热心的帮助。得到他人帮助之后,你自然会想到感谢。对他人的帮助表示由衷的感谢,这是完全应该的,也是人之常情。老年服务从业人员在工作中与服务对象之间的关系是工作和情感的双重关系。这样一来,当我们受到服务对象的帮助之时,一份真诚的感谢将是给予对方最好的感谢回馈。

第一,要及时而主动地表示感谢,以显示真诚。尽管许多人帮助他人并不指望着得到回报,但对于受帮助的人来说,一定要及时而主动地表示真诚的感谢,这将成为人际关系最好的推动剂。

第二,要诚实守信,许下的诺言决不打半点折扣。有时,为了能尽快解除自己的麻烦或困难,我们会公开寻求帮助,并许下诺言:一旦帮助成功,给予某种方式的酬谢。这也不失为一种行之有效的方法。但一定要恪守诺言,决不能说话不算数。不管对方付出的劳动如何,不管对方是出于何种动机,只要确实给你提供了帮助,就应该不折不扣地兑现诺言。

第三,要根据不同的对象,选择恰当的途径和方法。感谢他人的途径和方法是多种多样的,除了物质上的表示外,还可以通过其他形式。要根据帮助者的身份、职业、性格、文化程度及经济状况等具体情况来选择最恰当的形式,不要以为送值钱的东西就是真诚的感谢,也不要以为无限地夸奖就是感谢。因此,感谢别人,不能一概而论,而要因人而异。对于老年服务从业人员来说,除了真诚地道谢,我们还可以通过与服务对象的接触了解为对方送上更实用且贴心的小礼物。更要始终记得,对其真诚地关爱就是最好的感谢。

第四,要掌握好感谢的度,力求做到合理与恰当。和做其他事情一样,感谢别人也要掌握分寸,力求适度,过分和不足都有所不妥。

第五,表示谢意是一种感情行为,不能一次性处理。帮助与感谢是一种感情的交流行为。对方帮助你,这本身就是一种情的表现,对情的回报,除了物质上的必要馈赠之外,最好还应该用同样的情来报答。这样才能体现出人与人之间的温暖,才能建立更加密切的人际关系。

四、推销与劝说

(一) 推销

随着社会生活的丰富和老年人生活观念与消费观念的变化,有越来越多的老年相关产业得到了蓬勃发展,市面上出现了越来越多的老年产品。作为特殊的消费群体,老年人的消费观念和消费心理都与其他人群有着一定的不同。从事老年产品销售的人员,应当在熟悉老年人心理特点和消费习惯的基础上,掌握一定的推销技巧,以推动工作的顺利开展。在职业道德的内在要求下,在这里,我们要强调的是老年产品营销也是一种服务,应当切实从保护老年人的消费权益出发,为老年人的生活和健康消费提供好服务。现在,就让我们了解一下推销的基本语言技巧。

(1) 语言技巧之封闭式提问。例如:"老人家,您要红色的还是要绿色的?"当服务对象可以选择的目标物范围较窄时,可以以这种方式引导对方。其优点是能够缩小服务对象选择的范围,节约选择时间。

(2) 语言技巧之语言加法。例如:"阿姨,您可以选择这种钙片。它有好几种口味可以选择,而且钙含量也高,最重要的是适合您的补钙需求。"这是让服务对象全面了解所面对产品的最便捷方式,但需注意的是,要实事求是,不能夸大其辞。

(3) 语言技巧之语言减法。例如:"大爷、大妈,这种优惠活动一年只做一次,平时价格是这个的两倍。如果错过了这个机会,就得再等一年,而且明年的事儿谁说得清呢?"当服务对象对是否购买某样物品或是选择物品犹豫不定时,服务人员可采用这种方法帮助服务对象梳理思路,尽快决定。

(4) 语言技巧之语言除法。例如:"叔,这东西虽然乍一听挺贵的,但您算算,一年365天,平均每天才花几块钱。"对于价格比较敏感的老年消费者,这种语言技巧往往会在推销活动中产生很好的效果。

(5) 语言技巧之卷芭蕉法。即先顺着客人的意见,再转折阐述。例如:"您说的对,这个东西确实不便宜。不过科技含量高的东西价格肯定不低,我们更看重的是它比其他的同类产品好用,值得起这个价。"不直接否定服务对象的判断,而是顺其思路进行引导,这样会更有利于消除服务对象的排斥。

(6) 语言技巧之借人之口法。例如:"这东西用过的顾客都说好,我在这儿工作三年了,一起关于质量的投诉都没有。"许多时候,消费者都会更看重别人对某一事物的看法和判断。这种语言技巧可以激发消费者的购买欲。

（7）语言技巧之赞语法。例如："这个东西是我们这里的镇店之宝,您真有眼光!"对服务对象中意的某样产品给予肯定和称赞,能够让对方产生愉悦的心理感受,强化其购买中意物品的愿望。

（8）语言技巧之亲近法。例如："您是老顾客,您看中的东西我一定会在价格上给您优惠。"对老年人的重视和关注会让其愉悦购物。

在向老年人推销某种产品或是服务时,除了掌握基本的推销语言技巧外,还需端正心态,耐心细致,让服务对象的购物行为成为一种愉悦的享受。注意,一定不能对再三询问、谨慎小心、消费能力相对较低的老年顾客表现出不耐烦或是轻视。

（二）劝说

多数老年人敏感、多疑、缺乏安全感。很多时候,他们会抱怨或是情绪不稳定。作为老年服务从业人员,我们要在为老年人提供服务的过程中,关注服务对象情绪和心态上的动向,适时地给予他们劝导,帮助他们平复情绪,心境开阔。而在对老年人进行劝说时,同样要讲究方式方法。例如：

一位老人向服务人员抱怨："×××（邻床或者隔壁房间的其他老人）真讨厌!"负责照顾老人生活起居的服务人员张兰芳关切地询问是怎么回事。老人就此开始发泄满腹的牢骚与怨气,桩桩件件地数落着×××的"讨厌之处"。在耐心地听老人发泄过一阵后,张兰芳在恰当的时候打断老人的抱怨,告诉老人："大妈,您这么生气真不值,别人有问题,是她们自己的错误,她们自己应当不舒服才对。您干吗用别人的错处让自己不舒服呀?"

在这个案例中,服务人员的语言和表现就非常恰当。首先我们要了解老年人心中有不快或是情绪不好时,吐露出来远胜于闷在心里。而且老人选择把心中的不快告诉服务于她的服务人员,表明了老人对服务人员的信任和依赖。这样一来,服务人员就应当不辜负老人的这份信任与依赖,而要静静地倾听她的发泄,让对方的情绪有个出口。但是,我们不能让服务对象一直沉浸在灰色的情绪中,所以,适当的时候要把她们的情绪拉回来。这个过程,就是劝说。

案例：一个月前,社区工作人员小岑在社区广场上遇到了在本社区居住的熟人张阿姨。两人在闲谈时,张阿姨提出请小岑帮她物色一名家政服务员,请小岑一周内给个回话。小岑在接受了张阿姨的委托后却把这个事情忘记了。一直到十天以后才想起自己还没有落实这件事,也没办法给张阿姨回话。自感理亏的小岑怕被张阿姨责怪,开始有意回避与张阿姨碰面。

◤ **思考题**

1. 小岑的行为有什么不当之处?她应该怎么做?
2. 小岑如果向张阿姨道歉,应该怎么说?

第十章 在工作中让礼仪与技能同行

学习目的

学完本章,你应能够:
——了解和掌握老年服务从业人员在老年生活照料中的礼仪规范及要求;
——了解和掌握老年服务从业人员在老年心理健康服务中的礼仪规范及要求;
——运用礼仪方面的知识发现和解决在老年服务工作中的问题和障碍;
——懂得文明礼仪在老年服务工作中的重要意义和作用;
——知道良好的礼仪规范可以为服务加分。

老年服务是一种特殊的服务活动。它不仅要求服务人员具备岗位所需的娴熟的服务技能,还需要从业者对自己职业的真诚热爱与投入。只有这样,才能自觉树立强大的责任感,自觉学习和摄取能够让自己的职业行为更高质高效的方法和技巧。而那些经过长期实践检验卓有成效的经验与态度则是我们需要继承和学习的重要组成部分。现在就让我们一起分享:

真挚——用坦诚的态度与对方交往,让对方感觉到你的真诚与友好;

接纳——服务对象大部分缺乏安全感,希望得到别人的关怀和接纳,需以爱心去体谅和接纳他们;

尊重——服务对象常感无用,容易产生自卑,应给予尊重和支持,增强其自爱和自尊心;

主动——服务对象大多是被动,自信心低,对人有戒心。应主动接触他们,给予关心;

耐心——服务对象会有一些不愉快的生活体验和情绪要表达和发泄,需要耐心聆听及处理;

个体性——每个服务对象都是独立个体,有不同的特质和需要,除基本态度和技巧之外,还需要顺应情况,作出合宜的行为和回应。

这些基本的原则和态度若只是停留在识记的层面进行孤立地理解,只是一句空话。职业素养和职业态度是可以通过实践活动表现出来的。对于老年服务从业人员来说,职业态度和职业能力的结合,就是具体的服务中技能与礼仪同行的过程。

第一节 老年生活照料礼仪规范

想要成为一名优秀的老年服务从业人员,必须在掌握服务规范和技巧的同时,了解老年人的心理和生理特点,并根据对服务对象需求和感受的把握,把听到、看到、学到的礼仪要点熟记心中，灵活运用。这是能否顺利推进服务工作和得到服务对象认可的重要因素。通常情况下，在为老年人提供生活照顾服务的过程中，我们应该懂得并学习的礼仪要点主要有以下方面。

一、语言和情态语言的运用

绝大多数老年人心理上自尊和自卑相互缠绕。他们一方面会认为自己已经成为"社会和家人的拖累与负担"，因生理的衰微而日渐无能；另一方面却希望虽已年老，但曾经为社会为家人作过贡献的自己能够得到他人的尊敬、理解和重视。这样一来，我们在与他们交往和交流的过程中，就要同时顾忌到他们这两个方面的心理特点，在生活照料的过程中给予他们细心照顾的同时，还能照顾到他们的心理需求，让他们感觉被尊敬、被珍视。能否达到这样的要求，与能否恰当运用语言和表情有着十分重要的关系。

（一）语言：表达方式变一变，尊重得体好人缘

汉语是世界上最神奇而又复杂的语言之一。它不仅有着音律和语法的变化，更有着丰富的辞藻与句式。而这当中，一点点的细微变化都会带来语意和情感的不同。当我们运用这样一种文字进行口头交流时，应当准确掌握并运用好其在情感表达和信息传递方面的特殊性和优越性，在人际交往与交流中为自己助力。现在，我们通过举例来感受句式与语气的变化在情感传递和语意表达中的不同：

例一：正准备为服务对象进行按摩服务的服务人员小芹对服务对象说的话。

表达方式A："张大爷，我准备给您按摩了。您想要力道轻点还是重点？"

表达方式B："张大爷，我来给你按摩，您看我现在这个力道合不合适？"

以上两种表达方式相比，B明显较A好。原因在于：力道的轻重通常是因人而异的，A中的这种问话，显然没有一个衡量与选择的参照物，服务对象很难回答，也容易造成信息传递的失误；B中的问话方式则给予服务对象一个参照标准，以此来征求服务对象的意见，会得到相对准确与有效的沟通结果。

例二：服务人员小桃在帮助服务对象整理物品时，发觉老人家习惯把一个脚凳放在靠近床尾的地方，而这个地方在老人夜间起床时，可能会绊倒老人成为一个安全隐患，于是想要把角凳移个位置并就此与老人沟通。

表达方式A："阿姨，我给您把脚凳移个位置吧，放在这里您夜间起床时可能会绊倒你。我给您放在那里，那里不碍事，您也好取用，好不好？"

表达方式B："阿姨，这个脚凳不能放这儿，我给您放在那边吧。"

以上两种表达方式中，A优于B。原因在于：每个老年人都会有自己习惯的生活方式，对自己物品的摆放也有着自己的想法和意图。老年服务从业人员应尊重老人的习惯，不要随意动屋内的摆设和其他物品，对于老人放置不妥当、不安全的事项应给予提醒。当我们发觉服务对象的某些习惯或是物品的摆设不恰当必须纠正时，则应态度真诚，清楚明了地向对方说明自己的意图及原因。

例三：服务人员与服务对象意见相左，但希望达成共识时。

表达方式A："我不同意您的意见，我觉得××××××××××××，不信你可以试一试。"

表达方式B："您的意思是××××××××××对吧,现在,我想和您说说我的想法：×××××××。希望能给您提供一些建议和帮助,愿意的话,您可以进一步了解一下。"

更妥当的表达方式应当是B。通常情况下,最好不要直接地表达对别人意见的否定。与他人意见相左时,首先应当是对对方的意见和想法给予充分尊重,其次才是在合适的时间用合适的方式表达自己的意见。当意见相左的双方不能达成一致时,要学会求同存异。

总而言之,老年服务从业人员在生活照料中与服务对象进行语言交流时大致有以下要求。

（1）尽可能地避免使用有争议或是容易引起歧义的表达方式。

（2）解释和说明性的语言要尽量具体细致。

（3）不要轻易否定他人,也不要急于证明自己,应学会理解与尊重。

(二) 表情：神态表情变一变,舒心温暖情意现

情态语言是指人脸上各部位动作构成的表情语言,如目光语言、微笑语言等。在人际交往中,目光语言、微笑语言都能传递大量信息。人的面部表情是人的内心世界的"荧光屏"。人的复杂心理活动无不从面部显现出来。面部的眉毛、眼睛、嘴巴、鼻子、舌头和面部肌肉的综合运用,可以向对方传递自己丰富的心理活动。说话时的表情是一种无声的语言,是有声语言最好的辅助。总的来说,在与服务对象进行语言交流的过程中,表情应当与语言表达的内容和情感保持一致。用真挚、亲切与温和向对方展示亲和力与专业感。

1. 眼神

每个人都知道眼睛是心灵的窗户,它可以折射出人的真实内心。老年服务从业人员是否真心接纳服务对象并乐于为服务对象提供相应服务,可以通过对其眼神的细致观察看出来。这不仅仅要求老年服务从业人员在为服务对象提供生活照料时发自内心的真诚与尊重,还需要从业者了解和掌握一些有关眼神运用的知识。以老年人生活照料应用为例：在服务人员与服务对象进行语言交流时,服务人员应双眼平视对方,不斜视,不睨视,不俯视。视线停留的位置大约在服务对象的眉眼额头这一区域。除非以眼神指向语言表述内容相关的物体,其他情况下一般不随意转换视线。征询对方意见及提示提醒对方某些事项时,须与对方目光相对。

2. 笑容

微笑是一种令人愉悦的表情,它可以和有声语言及行动一起互相配合,起到互补作用,在交际中表达深刻的内涵。老年服务从业人员为服务对象提供服务的过程中,尤其是与服务对象对话时,应保持微笑,岗位服务微笑的标准是笑不露齿,眉眼柔和。笑与举止应当协调,以姿助笑,以笑促姿,形成完整、统一、和谐的美,使人感受到愉悦、安详、融洽和温暖。

3. 其他

服务礼仪中关于表情的最基本要求是：切不可面无表情。现实生活中,有许多人会在不自觉中表现出"面无表情"的状态。一般情况下,没有旁人的提醒,自己很难察觉自己无意中向别人传递了"我不开心""我有心事"这一类的信息。在服务于他人时,我们要表现出的是对服务对象的接受和尊重。如果把"我不开心""我有心事"一类的信息传递给服务对象,难免会引起服务对象的猜测或是影响服务对象的心情。所以,服务人员在服务过程中除了为表达对服务对象谈话内容的关注和对服务对象的情感支持而有时需应和服务对象的情绪而展露的其他表情外,要时时提醒自己积极微笑。

除此之外,绝不可在为服务对象服务的过程中,流露出厌恶、嫌弃、不满、疲惫、烦躁等表情。

二、其他体态语言的运用

体态语言是人际交往中一种传情达意的方式,除上文提过的情态语言外,还有身势语言、空间语言等。体态语言是人际交往中不可缺少的,不仅有助于理解别人的意图,还能使自己的表达方式更加丰富,更利于人与人的沟通。

(一)身势语言

身势语言也称作动作语言,指人们通过身体部位的动作表现某种具体含义的动作符号,包括手、肩、臂、腰、腹、背、腿、足等动作。在人际交往中,最常用且较为典型的身势语言为手势语和姿态语。手势语是通过手和手指活动来传递信息,能直观地表现人们的心理状态,它包括握手、招手、摇手、挥手和手指动作等。手势语可以表达友好、祝贺、欢迎、惜别、不同意、为难等多种语义。比较而言,握手是人际交往中使用得最频繁的手势语。姿态语是指通过坐、立等姿势的变化表达语言信息的"体语"。姿态语可表达自信、乐观、豁达、庄重、矜持、积极向上、感兴趣、尊敬等或与其相反的语义。

人的动作与姿态是人的思想感情和文化教养的外在体现。对于老年服务从业人员来说,经常使用的手势语和姿态语主要包括以下几种。

1. 握手

老年服务从业人员在为老年人提供生活照料服务的过程中,握手的发生有两种情况:一是服务人员向服务对象表达问候与关爱;二是服务对象向服务人员表达友好与接纳。在与老年人握手时,需注意的要点主要有以下几点。

(1) 伸手要及时。一般来说,服务人员在迎接服务对象时需主动伸手,其他时候则应由服务对象先伸手。无论是先伸手还是后伸手,服务对象都需及时伸出右手与对方相握,若出手过慢,则会产生犹疑的印象,令交往对象感到不悦。

(2) 力度要适当。伸出去的手与人相握时应稍加力道,用力适度。这个力所传导给对方是真诚和热情。如果用力过度,则会传导给对方某种暗示或是敌意。

(3) 时间要恰好。一般情况下,握手时间应在3~5秒。

(4) 手温要适合。老年人对温度比较敏感,与老年人握手时,手温应是温暖的。如果因天气或是身体原因手温过凉,则应在伸手时向服务对象说明并致歉。

2. 摇手

在服务人员的服务过程中,有时配合语言"……不要……"需要以摇手的动作来做辅助表达。摇手时,应把右手抬至胸前,掌心向外,四指并拢左右轻摇两三下。不能前后摆手及手臂挥舞动作过大。

3. 指示引导

在对服务对象进行生活照料时,有的时候需要服务人员通过手势来做指示和引导。如为服务对象指示物件所放的位置,引导服务对象安全通道及危险地方,配合语言内容指示话语中所诉的对象,引导服务对象的视线落点等。在作指示引导时,应手心向上,五指并拢,指尖朝向所指物体或方向。

4. 抚触

在与老年服务对象进行交往的过程中,有一种特殊的手姿,即手的抚触。触摸可以传递安全信息,使受有种慰藉感、舒服感、满足感和受保护感。触摸者和被触摸者都承认,触摸传播的信息常常比讲话更重要。老年人在与真心接纳或是信任的人面前,喜欢把对方的手拉到自己身边,边抚触边讲话,而且也喜欢别人这么对待他们。因此,在与老年人交往时,很多时候,我们需要通过抚触来表达对服务对象的关切与爱护。在交往中,根据语言内容的变化,这种抚触除了对手的抚触,还包括对肩部、背部、手肘部的抚触。抚触时,应以温热手心接触服务对象,力度适当,时间适当。

5. 身体姿态

服务人员在为服务对象提供服务时的身体姿态不仅仅应该是优雅的,令人看着赏心悦目的,还应当是得体的,符合服务对象的心理要求的。因此,对老年服务从业人员的身姿要求也有两个方面:一是体态端庄大方,举手投足平稳从容;二是在合适的情况下采用合适的身姿,以适应服务的要求。比如,在与服务对象对话时,应靠近对方并弯下身且不能随意走动;在为服务对象提供生活照料服务时,应尽量让自己的身体位置与服务对象同高。注意,不可以居高临下之姿让服务对象产生压抑感和被轻视感;在为服务对象提供服务的过程中,应尽量避免抓、挠、揉等动作,因为这会表现出你极不舒服或是焦虑的样子。

(二) 空间语言

空间语言是一种空间范围圈,指的是社会场合中人与人身体之间所保持的距离间隔。空间距离是无声的,但它对人际交往具有潜在的影响和作用,有时甚至决定着人际交往的成败。人们都是用空间语言来表明对他人的态度和与他人的关系的。多数人都能接受的四个空间为亲密空间、个人空间、礼仪交往空间、公共空间。

每一个人都生活在一个无形的空间范围圈内,从而构成了个人的领地。每个人的领地大小不一。首先,它是依据每个人所属的文化来确定。一般而言,拉丁美洲人、阿拉伯人和日本人谈话时喜欢靠得很近,而英国人和澳大利亚人则喜欢有一个宽敞的空间。因此,不可用此文化中的距离感去评价彼文化中的传播情境,否则易造成错误的传播。其次,空间大小还与每个人的个性有关。大多数脾气暴躁、不太友善的人往往占有较大的空间。再次,空间的大小与距离的远近及传播情境也有密切的关系。大量研究表明,人们和他们所喜欢的人交谈要比和他们不喜欢的人交谈靠得近;朋友要比点头之交靠得近;熟人要比陌生人靠得近;性格内向者要比性格外向者保持稍大的距离。在交谈时,两个女人要比两个男人靠得近。

我们每个人都应尊重别人的领域或空间,但现实生活中总有人以"并非有意"、"表示亲近"、"侵入"和"污染"等形式侵犯他人的领域。面对来犯者,由于"侵犯"的原因有的是密友,有的是求爱,有的是怀有敌意,有的是准备"占有",被侵犯者若不能接纳,就可能作出撤离、隔离或者反击的举动。所以,侵犯他人的领域或空间,若不受欢迎,必然既影响互动行为,亦影响交流效果。

附:人际空间距离的信息:

12步<L<25步:公共讲话(公共演讲);

4步<L<12步:社会谈话距离(陌生人);

1.5步<L<4步:一般交际谈话距离(熟人,朋友);

L<1.5步:亲密距离(家人或密友)。

三、其他注意事项

为老年人提供生活照料服务是一项既需要技能与态度,又需要耐性与技巧的活动。因为老年人特有的心理和生理特点,使得老年服务从业人员在生活照料服务中会遇到一些特殊的情况和事项。在为服务对象提供专业和优质服务的同时,要想与他们建立良好的互动并取得服务对象的信任与喜爱,就需要服务人员在许多细节上用心做好。

(1)在服务人员为服务对象提供生活照料的开始,应当首先向服务对象介绍自己的身份和名字,并且向对方表达接纳和善意。

(2)用最短的时间认识服务对象的家人并熟悉服务对象的基本情况和喜好。

(3)少说多听。

(4)把服务对象看做自己的长辈和朋友。

(5)不随意接受服务对象的礼物。

(6)自觉维护自身所属服务机构的形象。

(7)从事生活照料的服务人员不留指甲,双手温暖干净。

案例:兰老先生的三个儿女早年成家后搬离了一家人曾居住过的旧居,只有兰老先生与老伴相伴居住在那套写满了回忆与情感的老房子里。成家后的儿女们都曾向父母发出过邀请,请父母到自己的家里去生活,方便照顾。但是兰老先生和老伴性格要强,不想成为孩子们的拖累,也担心与儿女居住在一起,会和儿媳或是女婿发生矛盾,所以一直坚持独立生活。可是去年开始,已年满八十的兰老先生夫妻的健康状况都出现了问题,一个行动不便,一个双目失明。他们之间的依赖虽然越来越重,但相互照顾却越来越力不从心。面对仍然不肯到儿女家中居住的老人,兰老先生的儿女想到了给老人家请个住家保姆或是专业的社区服务人员定时定点照顾老人的生活起居。可是,一年内换了三个服务人员都没做下来,老人家更是一说起这个事情就直摇头,甚至对请人照顾这件事情产生了抵触情绪。仔细了解过后,儿女们才知道个中原因:看到每次进门就按部就班地忙个不停的生活照料人员,老人家对衣来伸手、饭来张口的生活有点不太适应,因此也不好意思再向服务人员提出自己的意愿和要求。偶尔因为食物的选择或是物品的摆放小心翼翼地表达自己的想法时,服务人员便会以"吃这个不好,××××对你们更有好处""这样放才顺手,知道吧"等语言来回应。几次下来,老人家觉得不接受服务人员的想法和意见似乎是辜负了对方的好意,而照着对方的意见和想法来,自己又确实不适应。慢慢地,老人觉得他人的上门服务成了自己的一种负担。带着沉重的心理包袱,他们一次次要求不要请人来照顾自己了。可是儿女觉得父母可能是对某一个服务人员不满意,一心想着换一个满意的。而这些换人的行为,让老人家的生活步调完全被打乱,排斥感越来越强。

现实的无奈和父母的坚持让兰老先生的儿女十分焦虑。他们不知道究竟什么样的老年生活照料人员才能让老人舒心满意,也不知道被家人寄予希望的"对"的那个人究竟在哪里……

思考题

1. 上文描述中,老年生活照料人员为什么会让服务对象产生抗拒感和排斥心?

2. 分析:老年人对生活照料服务方面的要求主要有哪些。

3. 分析:在老年服务从业人员上门为老年人提供生活照料方面的服务时应注意些什么问题。

第二节　老年人心理健康服务礼仪规范

老年人心理健康服务的内容可以分为两部分，一是心理咨询及心理辅导，二是心理评估与治疗。从事心理咨询与心理辅导的服务人员主要是心理咨询师或是具有专业知识和技能的社会工作者，而心理评估与治疗则需专业的心理治疗师、心理学家、精神科医师等来完成。要做好老年人的心理健康服务，首先要了解老年人的心理特点。我们的服务对象最普遍的心理特点就是失落、焦虑、孤独、无能、缺乏安全感，而老年人的心理问题多为抑郁、焦虑、痴呆及躯体疾病并发症。在老年心理评估与治疗中，更多是专业能力和治疗技术发生作用，而在心理咨询与心理辅导中，除了心理学知识，服务人员通过良好的礼仪规范体现专业素质和专业态度，也是心理健康服务的重要组成部分。在这里，我们着重介绍心理咨询与心理辅导中的礼仪规范。

一、服务人员应具有良好的视觉和听觉形象，具有符合道德伦理规范的职业行为

（一）良好的视觉形象

良好的视觉形象指的是从事老年心理健康服务的人员应当具有规范的着装，得体的举止和整洁的仪表。首先，无论是在机构内接受服务对象的上门咨询还是到服务对象的家里去作心理跟踪和辅导，服务人员的着装都不能过于随意，但也不能太过正式。过于随意的着装会失去专业感和权威感，而太过正式的服装则会使服务对象不自觉地进行自我修饰，不利于心理健康服务活动的顺利开展。具体而言，适合老年心理健康服务人员的服饰要求有：上衣有领、有袖，衣衫平整，男性下身着有皮带的裤装，女性裙装不能短于膝上二寸，鞋面干净，女性首饰以少为佳。其次，从事老年心理健康服务的人员必须具备文明有礼的举止表情，这是体现职业素质、增强服务对象对自身信任感和亲近感的重要因素。有语言交流过程中的表情配合，手势运用及整个服务过程中的姿态和活动形态都需得体、悦人，体现真诚与美好。最后，整洁的仪表所指的就是头发清洁整齐，女性工作中不披发，男性前发不盖额、后发不遮颈、侧发不盖耳，双手指甲修剪整齐，不留污垢，精神饱满，眉目有神。

（二）良好的听觉形象

良好的听觉形象指的是从事老年心理健康服务的人员应当准确称呼、规范用语、清晰表达、声音温和悦耳。有的人说话，我们会觉得听着是一种享受，而有的人说话，我们会觉得听起来既逆耳又堵心。这之中的区别就在于对方"会不会说话"。老年心理健康服务中最主要的工作方式就是对话与倾听，学会说话是做好服务的前提和基础。对服务对象的准确称呼是要求之一。称呼往往决定着交往双方关系的走向，称呼得体会为接下来的交往与交谈打下良好的基础，也会成为情感交流的重要指标。对老年人的称呼更要符合他们的年龄和身份，以使对方感受受到尊重和重视。此外，恰当的词汇选择会在沟通中有利于双方的正确理解和情感表达。清晰表达有利于语言交流中信息的有效传递。而声音温和悦耳则要求服务人员的语言节律优美、音调适中，并采用恰当的音量和语速与服务对象进行交流。标准的普通话具有用语规范、节律优美、音调变化和谐的特点，因此，我们鼓励服务人员把普通话当作

工作语言。但是,语言的使用很多时候会受到地域和人们不同语言习惯的影响,所以在一定的情境和语境中,有些非普通话的使用可能会在拉近距离、增强亲切感、表达贴合等方面起到不可替代的作用。

二、应尊重服务对象

对服务对象的尊重是服务人员基本的职业道德和行为准则。那么,在老年心理健康服务的过程中,有哪些环节能够体现服务人员对服务对象的尊重呢?服务人员又如何在服务中体现对服务对象的尊重?这些都是我们要学习和了解的内容。

(一)礼貌待人

当与服务对象初识时,我们首先应当做的就是礼貌称呼,其次就是自我介绍并根据实际情况请教对方如何称呼。服务人员的自我介绍可以让防备心重的老年服务对象明了对方的身份和角色,并通过服务人员的自我介绍形成对其的第一印象。这样可以有效消减老年人的不安全感与猜疑心,为后续交流打下基础。除此之外,还可以递上名片,以加深印象。递名片时,应把文字正对服务对象,双手递出。在这一过程中,有的时候还会需要握手。如果是老年人上门寻求服务,则应由服务人员首先主动伸手与对方相握。如果是上门为老年人提供服务,则需对方先伸手自己才可伸手。在机构中进行服务时,还可以为服务对象送上茶水,体现热情的同时有利于让其放松心情。

(二)重视细节要素

在一对一的心理健康服务过程中,服务人员与来访者可以坐在沙发上,也可以坐在椅子上。两张沙发或椅子的位置必须摆好。座位之间的距离要恰当,以1米左右为宜。一般来说,双方应成90°角而坐,这样既可以正视对方,又可以自然地移开视线,不至于使来访者感到很大的压力。切不可正面对正面,形成相互对峙的格局。如果双方坐在同一水平线上,则目光难以交流,也是不妥当的。两个人之间可以摆放茶几,这样可以使来访者有安全、缓冲的人际空间,也可以充当来访者脆弱无力时的支柱依靠。当然,茶几不能太大或是在茶几上放太多的东西,这样拉长了双方的距离,阻碍了双方的信息交流,不利于双方良好关系的建立。

(三)遵守工作原则与宗旨

老年人心理咨询与心理辅导的宗旨就是提供心理支持,排解负面情绪,必要时给予帮助。总的来说,工作原则就是亲切胜于亲热,态度胜于技术,多听胜于多说,了解胜于判断,同理胜于同情,理喻胜于教训,启发胜于代劳。这不仅是方法,也是态度,体现着关爱与尊重。

(四)尊重来访者的个人隐私,采用适当的措施为来访者保守秘密

保护个人隐私,是心理健康服务者的一项非常重要的责任,所有从业者均应遵守保密制度。

(1)心理健康服务人员在工作中收集的个人资料,包括个案记录、测验资料、信件、录音、录像和其他资料,均属于专业信息,应在严格保密的情况下进行保存,除司法机关凭介绍信可以借用外,不得向任何单位和个人泄露。

（2）心理健康服务人员在咨询工作的开始就应向服务对象说明心理咨询与治疗工作的保密原则，以及这一原则在应用时的限度。这一原则同样适用于集体心理治疗。

（3）只有在来访者同意的情况下才能对治疗或咨询过程进行录音、录像。在因专业需要进行案例讨论或进行教学、科研、写作等工作要引用案例时，均需隐去那些可能会据此辨认出咨询者有关信息的资料。得到来访者书面许可的情况可不受此限制。

（4）心理健康服务人员在工作中发现来访者有危害自身或危及他人及社会安全的行为时，必须采取必要措施以防止意外事件的发生，必要时应通知上级主管部门或公安机关，此情况可不受保密原则限制。

三、工作场所应布局合理，舒适安静，易于保密

心理健康服务是一项需要专业知识和专业技术支撑的服务活动。它不仅要求服务人员具备良好的专业能力和职业素养，而且在服务活动中，对于服务环境、服务条件、服务设备等外在要素也有一定的要求。服务条件和服务设备更多地涉及了专业技术运用的问题，与礼仪规范无关。在这里，我们要讲的是对服务环境的要求。

（一）工作场所应布局合理，干净整洁

心理健康服务以服务者和服务对象全方位的信息交流为主。除了直接的言语和体语交流之外，房间的布置，家具的颜色，画像的摆挂，阳光的投射，等等，都在传达着无声的信息。心理学家指出，心理健康服务场所里的任何一样东西都具有象征意义。因此，在建立心理工作室时，必须认真对待室内的结构、布局及风格。工作场所空间不宜太大，否则会阻碍咨询关系的建立；也不可过小，否则容易产生压迫感。如果有多间房，心理咨询与辅导场所不宜设在进门的第一间，而要选在稍微隐蔽和安静一些的房间。来访者的位置应避开门窗方向，避免让来访者与突然到来的外人照面，避免在门窗外就能清楚地看见来访者。在总体布局上都应该注意气氛的营造，要营造一种让来访者感到温馨、平静、放松、舒适和注意力集中小的环境。室内应光线柔和，灯光不要太刺眼或太昏暗；色调和谐，以淡黄、淡绿为好，不要大量使用太鲜艳的颜色，如红色、明黄，也不要大量使用暗淡的颜色，如黑色、灰色、褐色等。地板、窗帘、桌椅、沙发、装饰品整体上要协调，使人赏心悦目，心情愉快。适当点缀鲜花和绿色植物，让房间充满生机。墙壁上可以挂上一些有象征意义的画，也可以挂上与服务内容和岗位职责相关的内容，以增强来访者的信任感。

（二）工作场所应安静、保密

心理健康服务过程中可能涉及来访者的个人隐私，因此需要保密的环境，并保证服务过程无人打扰。安静的环境可以保证服务人员和来访者都集中注意力去讨论来访者的问题和可能的解决办法。心理服务是个专业的帮助过程，服务人员有责任为来访者创造安静、保密的服务环境，而来访者也要在面询时关掉手机或者将手机调至无声状态。

老年心理健康服务中的一些事项提醒：

（1）遵守职业道德；

（2）服务的提供应当遵照一定的程序；

（3）我们对老人不要轻易承诺，有时候，一句无心的承诺，会让老人深刻的记忆；

（4）永远保持谦虚谨慎的工作态度；

（5）不做自己能力和职权范围以外的事；

（6）服务应善始善终。

案例：张大爷的三个儿子都在外地工作，与他相依为伴的老伴去世后，张大爷对老伴的思念及独自生活的孤独交织成了焦虑与孤独，日夜困扰着老人。前些日子，张大爷坐在小区角落的石凳上发呆，社区工作人员小李看到老人家精神委顿，目光呆滞，就走上前去问张大爷："张大爷，好久没看见您了，您怎么了？看上去气色不太好呀。"张大爷头也没抬，低低地回了一句："没睡好，现在就回去睡。"看着老人孤寂的身影慢慢走远，小李想到以前的张大爷对自己开朗热情的样子，不禁有了一份不安。他回到办公室，就向其他的同事们说了这件事。不想，大家七嘴八舌地说："我早发现他不对劲了""他老伴走了之后，他就一直这样，估计是伤心过度吧""想想也挺可怜，孤身一个人，连个说话的人都没有""他以前可是很活跃啊，不是心理什么问题了吧"……

同事的话提醒了小李。"是的，张大爷这种情绪可是不对，得帮帮他。"小李向社区专门做心理健康服务的咨询师说了张大爷的情况，咨询师建议小李说服张大爷来看和自己聊一聊。

张大爷对小李的提议表现出了明显的抵触。小李几经劝说，请张大爷找个人好好说说心里的不愉快，就当发泄，反正也没人知道。这样，张大爷才勉强在小李的指引下来到心理咨询中心。可是，刚走到大门口，看到门上的牌匾，张大爷就落荒而逃……

▶ **思考题**

1. 请分别指出社区工作人员小李在对待张大爷情绪失常这件事上的是与非。
2. 张大爷为什么会从心理咨询中心门口落荒而逃？
3. 像张大爷这样的老年人，最需要什么样的心理健康服务？

第三节 老年产品推广与营销礼仪规范

都说老人的钱难赚，可近日公布的一项资料却显示，老年人已经成为一个庞大的消费群体。据估计，未来30年，中国每10年将净增1亿老年人口。在这种形势下，老年产品的生产和销售渐渐成了一个热点和焦点。现实生活中，老年人要获得所需要的消费品并不容易。目前老年人用品专业商场屈指可数，各大超市和百货商场也少有老年人用品专区或专柜。同时，了解老年心理，能够从事老年产品营销的专业人才远远不足。2005年我国老年市场需求为6000亿元，但国内每年为老年人提供的产品不足500亿元。老年产品供需之间存在巨大商机，市场呼唤着专业产品的出现和专业人才的成熟。而推广与营销中的礼仪规范则是从业者首先要熟悉并了解的内容。

一、老年健康产品推广与营销

社会上曾流传这样一句话："年轻时牺牲健康博取金钱，年老时挥洒金钱换取健康。"许多人进入老年期后，因为生理的衰退，各类病痛的体验，对于健康的渴望达到了空前的程度。

辛苦奋斗了一生的老人通常已具备一定的消费能力,但长期节俭的生活习惯使得他们可能在生活上精打细算,能省则省,但却为了能够缓解病痛或是获取健康长寿,对购买健康产品出手大方,积极热衷。许多人由此看到了商机,顺应老年人对健康产品的需求,开始跻身于老年健康产品的研发、生产和销售。老年健康产业由此进入了蓬勃发展期,从业者也以极快的速度在增长。

老年健康产品的推销模式大体上可以分为四类。一是现场推销,即在商品的现场,一边推销,一边销售。二是上门推销,由推销人员专程登门拜访潜在的消费者,向其直接进行商品或服务的推介。三是电话推销,由推销人员打电话向潜在的消费者进行推销。四是传媒推销,即利用电视、广播、报纸等大众传播媒介进行推销。要想成功地进行推销,在接近顾客、争取顾客、影响顾客三大方面应当依礼而行。

(一)职业道德是正道

健康产品是一种特殊的消费品,它直接关系消费者的生命安全与健康状况。因此,健康产品的推广销售人员一定要把责任感和良知放在最重要的位置,对生命常怀敬畏。老年健康产品推广与营销人员应熟知产品的功效、禁忌及其他相关信息。在推广销售的过程中,实事求是地向消费者介绍传递产品信息,让消费者明明白白地消费。不能为了产品的销售而夸大、吹嘘、隐藏产品相关信息误导消费者,更不能强卖强销。

(二)礼节运用是法宝

老年健康产品的推销过程中一定要做到注意礼节。首先,要问候得体。在接近顾客之初,要采用得体的称呼并问候对方,语气亲切,面带微笑。其次,要行礼有方。推销人员在与顾客接近时,应当向对方欠身施礼或者点头致意,一般情况下,欠身施礼、点头致意与问候对方应同时而行。最后,要自我介绍。在接近顾客时,让对方明确自己的具体身份是非常必要的。推销人员进行自我介绍时,有三种模式可以参考:现场服务时,只介绍自己的身份;上门推销时,介绍自己所在的单位、部门以及具体职务;正式场合中,则要将自己所在单位、所在部门、具体职务以及姓名一起加以介绍。此外,上门推销时,往往需要递上自己的名片,并在递名片的时候,强调自己的身份和说一些客套语。

(三)反应机敏是助力

服务人员在进行现场推销的过程中应当做到眼快、耳快、脑快、嘴快、手快、脚快。在面对顾客时胸有成竹,随机应变,争取变被动为主动。

二、老年旅游产品推广与营销

随着生活水平和社会教育程度的提高,老年人越来越喜欢离开家,到世界各地旅游参观各地名胜。他们大多是因为年轻时为了家庭和工作无法抽身到处走走饱览山河壮美,年老退休后反而获得了充裕的时间。现在很多老年人甚至是驴友一族。另外孝顺爸爸妈妈或者爷爷奶奶的人也喜欢在休假时带老人出去走走。顺应这种消费需求,各大旅游公司都推出了专门针对老年人的旅游产品。基于老年人生理和心理状况的特殊性,其对外出旅游的要求、期望、适应性等都有一些特殊要求。所以,老年旅游产品的推广与营销必须充分考虑老年人的特性,产品的设计和营销思路和方法都要与之相适应。在这当中,礼仪规范的要求占有十分重要的位置。

(一) 思虑周全,准备充分

旅游产品的推广与销售实质上销售的是一种服务。其推广与销售活动贯穿于整个服务过程的始终。只要服务过程没有结束,销售活动就一直在继续。在这个持续的服务过程中,涉及吃、住、行、游、购、娱众多程序、要素和环节,其中任何一点的疏漏都可能在服务过程中被放大而成为矛盾和问题。因此,旅游产品的推广与销售首先要做到的就是思虑周全。

(1) 老年旅游产品的目的地和线路设计一定要考虑老年人的生理特点,根据老年人的实际状况度身定做的。适合50岁以上的老年人参加的旅游,一般行程设计比较轻松,体力消耗不大。这是因为老年人身体状况毕竟不比年轻时,他们在外出旅游时,必须保证充足的休息时间,不能过于劳累,以免引起身体的不适。出游的目的地除了选择他们感兴趣、没去过的新鲜地方外,还要考虑旅游目的地的气候、地理条件、舒适度等要素,比如城市游比乡村游、山地游的条件更好,会更适合老年人参加。另外,可以结合老年人的年龄和身体状况来选择目的地。据了解,目前老年人出游的热门目的地一般有以下四个:第一是自然风光优美、气候宜人的海滨城市,像海口、三亚、厦门等;第二是文物古迹较多、有历史的城市,比如北京、西安、洛阳等;第三是繁华大城市,比如上海、成都、重庆等;第四是山水优美的地方,比如桂林、泰山、黄山等。

(2) 旅行社应建立针对老年旅游团队的专项应急预案。通过行前说明会、发放安全提示小卡片、配备随队医生等方式采取必要的安全防范措施,保障老年游客的人身财产安全。加强对领队和导游的安全培训、急救培训,在旅游途中对可能危及老年游客人身财产安全的事宜,及时作出真实说明和明确警示,并采取必要措施。一旦发生紧急事件,立即上报旅游管理部门,不可隐瞒不报。

(3) 老年旅游产品的设计最好是以老年旅游团队的形式集体出游。老年人出游最好结伴而行,可约经常在一起活动或单位里的老年朋友共同出游,因为彼此熟悉,可以互相照顾,同时也会因为需求与行进节奏大体相同或相近而利于统一行动。

(4) 把握老年旅游团队推广的合适时间。由于老年人的时间比较空闲,因此出游的时间可以有许多选择。一般来说,老年人出游会避开旅游旺季和黄金周等高峰期,一来可以避免拥挤产生的危险,二来淡季出游也能节省机票、住宿等开支。据了解,4—6月以及10—12月期间是老年人出游的黄金时间,这时候无论是南方还是北方,天气都不会太炎热,也不会太寒冷。一般在这样舒适的天气下出游,老年人不容易生病,而且在这些时间段,老年人的季节病也不容易发作。

(二) 语言详尽,耐心细致

出门旅游固然是一件身心愉悦的事,但在现实生活中,我们还是能看到或是听到因为老年人外出旅游感觉受骗或是受气而引起的许多矛盾和纷争。其中,有一部分是由旅游公司或是导游在服务过程中的违规操作所造成,但也有很多时候,旅游公司和消费者各执一词,让人难断是非。究其原因,问题还是出在相互之间的沟通与理解上。

(1) 旅游合同中的内容尽量用语言向老年人表述清楚。旅游公司在与消费者签订旅游合同时,通常会请对方自行阅读了解合同中的细节及相关内容,认可后签字生效。但是对于老年消费者来说,他们视力一般都有不同程度的衰退,阅读的速度减慢,而且对合同文本中出现的某些表述也不甚明了,所以很容易在没有充分细致了解合同内容的情况下签下自己的名字。草率签字造成的后果就是在服务过程中,一旦出现与他们想象与理解不一致的问题就会引起纷争。因此,在与老年服务对象签订合同时,一定要详尽地把合同中涉及的重要内容向其表述清楚,对于容易造成误会或是争议之处要特别讲明。合同上没有言明,但在旅途中可能会遇到的情况也要事先向服务对象作出提醒和说明。

(2)耐心回复,细致周到。老年人大多防备心较重,凡事喜欢反复询问落实,以确保无误。所以,对于他们提出的问题要耐心作答,不能表露出不耐烦的情绪或是疏于答话,这会引起老年消费者的猜测和不安。为了能够让老年消费者在接受服务的过程中感受温暖,体会优质,应当细致周到地给予对方关心与提醒。比如,给予对方当地的天气状况及携带适当衣物的提醒。老年人外出旅游应备物品主要有服装、洗漱物品、钱币、身份证、机票车票、手机、摄像机或照相机、充电电池、胶卷、小手电、常用药物、雨具等。千万不要忘记出发之前给老年人办理旅游意外伤害保险。在签订旅游合同前,旅行社工作人员应详细了解老年旅游者的基本情况,掌握旅游者的年龄、本次旅游是否有亲友陪同、身体条件是否适宜参加旅游活动等。对于年龄较大的游客,最好建议其提供身体健康状况证明,并要求亲友陪同旅游。

(三)尊重理解,安排妥当

大多数老年人在选择旅游产品时最敏感的要素是"价格",所以,旅游公司的老年旅游产品也大多选择在旅游淡季推出以降低成本。但是,为了满足老年人"便宜实惠"的消费心理,旅游公司往往以极低的价格抢占市场,然后通过在旅游服务过程中的自费项目和各种购物消费来谋取利润。如果在双方自愿一致的情况下,这种做法也无可厚非。但是老年人这个特殊的消费群体,在旅游过程中除团费之外的额外支出通常十分保守,这源于他们长期的节俭及对陌生事物天然的防备心。所以,在讲明相关情况并进行了信息的准确传递后,应把选择的权利交给老年消费者,理解并尊重他们的选择。不能强销,更不能因为其"不配合自己的工作"而有不敬的言语和行为。如旅游团进行自费项目和购物活动时有不参与的团员,应妥善安排其休息等待。此外,旅行中的食、宿、行是非常重要的服务内容。成功的老年旅游产品一定要充分考虑老年人的特点和需要,把他们的食、宿、行安排好。旅行日程安排宜松不宜紧,活动量不宜过大,游览时,行步宜缓,循序渐进,攀山登高要量力而行。随行的服务人员应跟随老年人的身边,以便及时照顾。若老年人出现头昏、头痛或心跳异常时,应就地休息或就医。保证老年旅游者每天 6~8 小时睡眠,住宿条件不求豪华,但求舒适安静,选 2~3 人间。不要图省钱住潮湿、阴暗、拥挤的房间,以免影响睡眠,体力不支或诱发疾病。

(四)礼貌称呼,热情服务

在旅途中,老年人离家在外,不熟悉环境,难免会有一些生活上的不方便和心理上的不踏实。陪伴在老年人身边的导游、专业医疗保健人员就是他们重要的心理依赖。服务过程中,随行人员要当好保管员、服务员、讲解员。外出旅游总要带钱的,有时还带有相机、手机。老年人外出经验少,自我保护能力不强,自卫能力弱。而坏人就常常因此而欺老。我们陪伴老年人旅游,就要当好保管员,退房时提醒老年人一定要仔细察看,有没有东西放在卫生间、抽屉里、枕头底下;帮老年人管理好钱物,特别是陪老年人逛街、逛商店时更要注意这一点,这样才不致因老年人钱物丢失而给老年人造成不快,影响旅游。此处,随行人员还要当好服务员。上车、下车、买票、结账,我们要一手承办;老年人要买什么纪念品,我们要当好参谋;对老年人的喝水、休息,我们要做好安排;在带领老年人旅游进行参观游览时,切实做到"走路不观景,观景不走路"。碰到上山下坡、路滑不平时,更要提醒他们注意安全。整个旅程安排要宽松,劳逸适度,参观游览完了一个景点后要适当给他们一些自由活动的时间;见到厕所,要提醒老年人大小便……随行人员还要当好讲解员,讲解介绍时速度要慢,声音要响亮,游览时扼要地、细心地为老人讲解,能使他们玩得更舒心。

三、老年休闲产品推广与营销

在了解老年休闲产品推广与营销礼仪之前,让我们先来了解休闲的要义:休闲就是对自己所掌握的闲暇时间,以自己喜欢的方式进行的一种自由安排。积极休闲就是对以健康身心和享受生活为出发点,在摆脱必须实现的外在目的压力下的工作责任和必须完成的学习任务的同时,以自主、自愿、自由、自律的积极心态,按照自己所喜欢或者是心甘情愿的方式去参与工作制度之外的一切有益活动的一种时间安排。为了能保障老年生活的多彩多姿、充实而有意义,应有效地运用空闲时间,从事休闲活动,其范围包括以下方面。

(1)增进体能的休闲活动,如体操、散步、登山健行、桌球和网球等。

(2)益智怡情的休闲活动,如园艺、钓鱼、下棋、旅游、书法、绘画、插花、舞蹈、音乐、茶道、戏剧和民谣等。

(3)社会性的休闲活动,如义工、法律咨询、财税服务等。

由此可知,老年休闲产品消费的主要所指就是老年人以休闲为目的的购买活动。所以,老年休闲产品的营销与服务应该从满足老年人的休闲活动需要入手。老年人的休闲活动必须量力而为。这个"量力"包括身体、经济条件、操作能力、心理承受能力等。而从事老年休闲产品推广和销售工作的人员在进行产品推广的过程中,也应当充分考虑这些因素。这不仅仅是一种工作方法,也是一种职业态度。老年休闲产品的营销一般采用的是店面销售,服务人员主要的服务内容是导购。在这里,我们着重介绍导购的礼仪规范。

(一)顾客接待

顾客接待主要是由服务人员代表所在单位出面,向服务对象提供服务、出售商品的一系列过程。其中重要的环节包括以下两方面。

1. 等待时机,主动接触

待机接触的总的要求是:积极主动,选准时机。要求服务人员在接待之初,应处处以顾客为中心,发挥本人积极性和主动性,而切忌消极被动。而主动接触要在一定的前提和条件下,那就是选准时机。如果积极主动之举出现过早,就会让人有强迫和拉客的感受;而主动之举表现得太晚,又会令人感到怠慢、冷落。只有时机甄选得当,才能让积极主动发挥正面的作用,否则,很可能适得其反。具体来说,在这一阶段,服务人员需要做到以下几点:一是站立到位;二是善于观察;三是适时招呼。对于站立到位的要求一般是服务人员应主动站立于不但可以照看本人负责的服务区域,而且易于观察顾客、接近顾客的位置。善于观察是为了能及时捕捉主动接近顾客的机会。有一位著名的服务行业的经营者总结出六种主动接近顾客的机会:一是对方长时间凝视某种商品时;二是对方细看细摸或对比摸看某一商品时;三是对方抬头将视线转向服务人员时;四是对方为详看某一商品驻足停留时;五是对方左顾右盼,有寻物之姿时;六是对方与服务人员目光相对时。适时招呼是接待顾客时的第一句话,直接影响到对方对服务对象的第一印象,所以,服务人员向服务对象打招呼应时机适当、语言适当、表现适当。

2. 拿递展示

拿递指的是服务人员应服务对象的请求或是自己主动地把商品或其他物品拿到更靠近顾客的地方或是递到对方手中，以供其选择鉴别的动作。拿递物品时需准确、敏捷、安稳。而展示所指则是服务人员在必要的情况下，把顾客感兴趣的某种商品的性能、特点、全貌、使用方法用适当的方式当面展现出来的活动。在向老年服务对象展示某一商品时，服务人员应适当靠近服务对象，想方设法让服务对象看得见、看得清、看得明明白白，并要在展示的同时，适当增加语言的说明和描述，还要及时解答对方提出的问题。老年人接受信息的速度比较慢，也会对不熟悉的事物有更多的疑问，服务人员应对其不甚了解或不易了解的重点环节不厌其烦地反复展示、反复操作、反复说明，回答问题时更应耐心细致，不怕重复。

（二）介绍推荐

买卖双方能否成交，往往直接取决于导购人员向顾客所做的有关商品和服务的介绍推荐是否可以为对方所理解和接受。想要做好介绍推荐就要做到以下两点。

1. 熟悉商品

服务人员对商品的特点、性能、用途、使用方法等要熟记于心并能够展示操作。只有这样，才能把准确的商品信息传递给消费者，才能应对消费者针对产品提出的各种问题。这对于为老年顾客服务尤为重要。

2. 熟悉顾客心理

顾客在接触服务人员时，对于对方对自己的态度以及可信程度是很重视的。不同性别、不同地域、不同习惯、不同受教育程度的人的具体表现往往有所不同。一般情况下，服务人员在为顾客进行介绍推荐时应当做到：与顾客建立和谐的关系，努力缩短双方之间的距离，让对方感受宾至如归；与顾客建立彼此依赖的关系，对顾客诚实无欺，"买卖不成信义在"；使顾客自然而然地决断，不强拉硬卖，也不能无视于对方的反应而陷于"自吹自擂"之中。老年顾客对老年产品的期待往往以质量可靠、方便健康、经济实用为主。这要求销售人员在接待过程中要不徐不疾，在介绍品牌、包装时注意顾客的神色、身体语言，要适可而止，不硬性推销。

（三）成交送别

成交主要是指顾客在决定购买商品、服务之后，与服务人员达成了具体的交易。在商品服务的成交阶段，服务人员应该注意以下几点。

（1）协助挑选。在必要时，服务人员可协助服务对象进行挑选，百拿不烦，百挑不厌，特别是不能把残次品选给对方。

（2）补充说明。顾客在购买商品或服务时，服务人员应对对方购买之物进行补充说明，如使用禁忌、保养方法、售后维修信息等。

（3）算账准确。服务人员在为顾客结账时，应当严肃认真，迅速准确。计价与开票时应当与服务对象核对，收取现金时，更要唱收唱付，供对方确认。

（4）仔细包装。仔细包装的要求是积极主动、快捷妥当、整齐美观、便于携带，并且要吸取和满足顾客的想法和要求。

（5）帮助搬运。对于一些体积大重量大的物品，服务人员应当在力所能及的前提下，帮助顾客搬运至店门之外或是对方的车辆之上。也可帮助对方联系运送车辆。特别是对老年顾客,这一点体贴服务更是非常必要,且最能表现对老年人的尊重和关爱。

(6)去有送声。顾客离去时,服务人员应向其礼貌道别,使自己的工作善始善终,给对方留下亲切、温馨之感。道别时应真诚,无论对方是否购物,都应面带微笑,语气温和。道别的语言应当自然简练。

附:"影响顾客六要素"

1. 以诚实服务。所谓诚实服务,就是要求从事推广与营销的服务人员对顾客以诚相待,真挚恳切,正直坦率。

2. 以信誉服务。对于推广与营销人员来说,一旦失去了信誉,就失去了自己的立足之本。

3. 以心意服务。就是要全心全意地服务于顾客,做到善始善终,在服务中奉献真心,实心实意。

4. 以情感服务。真挚而友善的情感具有无穷的魅力和感染力,强烈而深刻的情感能够促使自己更好地为顾客服务。它要求服务人员情感健康,具有爱心,持之以恒。

5. 形象服务。推广与营销工作往往与服务人员的个人形象息息相关,而且对有关服务单位的整体形象产生一定的影响。因此,服务人员应当重视个人形象,维护单位形象。

6. 以价值服务。以价值服务的主要要求是:在商品的推广与营销过程中,必须使顾客了解清楚被推介的商品、服务的真实价值,使之认识到自己即将做出的购买决策是物有所值。

相关链接

变"夕阳"为"朝阳"

记者对成都市内商业繁华地段进行调查,均未发现有专门经营老年用品的专卖店。为何这样一个潜力巨大的市场却遭遇投资者冷落?"要赚老人的钱太难了!"从事女装的张老板说。目前成都没有真正意义上的老年用品专卖店,老年人都节约,买每样东西的间隔时间太长,经营者不敢轻易把本钱砸进去。张老板说,她曾经在抚琴小区附近开一家服装店,兼卖老年人服装。后来,由于老年人服装生意惨淡,不得不撤掉老年服装,专门经营中年妇女的服装。为什么生意不好做?张老板解释道:"进价80块的衣服,老人还价还不到进货价的一半,衣服很难卖出去,卖到最后只能特价处理掉。"

采访中,记者了解到,持张老板观点的商家并不在少数。他们大多认为老年人产品市场利润少、回报低。也有一些商家向记者表示,他们考虑过开老年用品专卖店,只是找不到合适的进货渠道。"老年产品的销售渠道很少,想购买或代理销售老年人专用产品的话,我们也找不到相应货源。从网上获取一些信息,又怕上当受骗。"曾计划开一间老年用品专卖店的陈先生建议,通过政策扶持等手段,打响老年用品品牌,形成效应。

一方面老年人消费需求在逐年递增,另一方面老年人市场却存在很大的空白。如何解决这种矛盾?有关人士认为,同国内一些大城市相比,成都市在老年用品市场这一块做的工作尚不够,"主要原因是投资者意识不强"。

该人士分析了老年人消费特点。首先,老年人消费自主性强,他们是纯消费人群,经济独立、消费自主,可即时消费。其次,老年人消费习惯稳定,消费行为理智,易形成稳定购买习惯,这类习惯一旦形成,就较难改变。老年人还具有较高的店铺、品牌忠诚度。再次,老年人商品追求实用,强调质量可靠、方便实用、经济合理、舒适安全。至于商品的品牌、款式、颜色、包装装潢,则为第二位。老年人喜欢消费地点就近,他们大多愿意到离家较近的店铺购买商品。最后,老年人为排遣寂寞,还喜欢结伴行动,多"扎堆"消费。老年消费者心理成熟、经验丰富,他们更相信口碑宣传或自己亲自选择、体验过的产品,故经营老年人市场可节省大量广告费用。

他同时建议,考虑到老年人的身体和心理状况,老年用品专卖店应实行上门服务和薄利多销的原则,这样容易赢得老年人的心。开设老年用品专卖店须注重三个原则。首先,定位要薄利多销。多数老年人经历过贫穷的岁月苦难,在消费上非常节俭和注重实惠。经营老年用品要体现薄利多销的原则,依靠诚信经营在老年人中形成良好的口碑。同时,老年人的性格和交际特点决定他们很容易成为"义务推销员",因此,诚信经营、薄利多销是开老年生活用品专卖店的首要条件。其次,要在"专业"上下工夫。既然是专门经营老年用品,一定要品种齐全,从衣服、鞋帽、拐杖,到轮椅、老人助力车都可以经营,要给老年朋友形成"应有尽有"的专业化感觉,这样才会扩大在老年人和其子女中的影响,确保创业一炮打响。最后,要适度控制规模。老年人用品专卖店不宜投资过大。选址上不一定非在繁华商业区,可选在老年人经常去的公园、小学、老年人活动中心等地段。这样既能节约房租开支,又能确保客流量。另外,也可以在大中型商场承包柜台,设立老年生活用品专柜,达到控制规模、降低成本的经营目标。

(来源:商机网)

案例:某一天,在某服务厂设立的老年服装店里来了大约四五位消费者,从他们亲密无间的关系上可以推测出这是一家子,并可能是专为老爷子来买衣服的。老爷子手拉一位十来岁的孩子,面色红润、气定神闲、怡然自得,走在前面,后面是一对中年夫妇。中年妇女转了一圈,很快就选中了一件较高档的上装,要老爷子试穿;可老爷子不愿意,理由是价格太高、款式太新,中年男子说反正是我们出钱,你管价钱高不高呢。可老爷子并不领情,脸色也有点难看。营业员见状,连忙说,老爷子你可真是好福气,儿孙如此孝顺,你就别难为他们了。小男孩也摇着老人的手说好的好的,就买这件好了。老爷子说小孩子懂什么好坏。但脸上已露出了笑容。营业员见此情景,很快衣服包扎好,交给了中年妇女,一家人高高兴兴地走出了店门。

▼思考题

1. 文中的"老爷子"有怎样的消费心理?
2. 在这一案例中,服务人员成功营销的关键因素有哪些?
3. 在老年产品营销服务工作中,服务人员的礼仪要求有哪些主要内容?

第十一章 让礼仪活动传递你的真诚与热爱

学完本章,你应能够:
——了解老年婚恋服务的特点和内容;
——掌握老年服务从业人员在老年婚姻介绍服务中应遵循的礼仪要求及工作规范;
——掌握老年服务从业人员在老年婚庆服务中应遵循的礼仪要求及工作规范;
——了解老年结婚纪念活动的意义和形式;
——了解老年寿庆传统礼仪;
——掌握现代老年寿庆活动常用礼仪及工作规范;
——分析老年服务从业人员在老年婚恋及寿庆服务中的角色与作用。

随着社会的发展和人们生活水平的提升,老年人对生活品质的要求越来越高,这推动了老年服务工作内容的扩展和创新,也催生了针对老年人生活与情感需求的新的产业。只有真的热爱老年服务工作,真诚地老年人交流和沟通,才能真正把握老年人的生活与情感需求。老年礼仪活动不仅是老年服务从业人员专业知识和能力的竞技场,也是老年服务从业人员工作态度和工作热情的检验台。

第一节 老年婚恋服务礼仪

我国已经进入老龄化社会,随之而来的老年问题越来越多,其中老年人婚恋问题逐步受到社会的普遍关注。爱情与婚姻是人类永恒的话题,花前月下、两情相悦并不只是年轻人的专利,进入人生夕阳的老年人同样需要情感的慰藉、爱情的滋润。除了一直有伴侣陪伴的拥有健康婚恋生活的老年人,很多单身老年人为了拥有一个充实、幸福的晚年生活,考虑着能再成立一个家庭,能再找个老伴陪自己度过余生。他们都是老年婚恋服务的服务对象。但是,老年人的婚恋观和婚恋生活有着许多特殊性,所以,从事老年婚恋服务的人员应当结合老年人的婚恋特点及服务对象的实际情况,以专业的工作态度、良好的职业操守及得体的礼仪规范满足服务对象的需求,为他们送上贴心服务,送上真诚关爱。根据服务内容和服务形式的不同,我们将老年婚恋服务分为三个组成部分,分别阐述服务过程中的礼仪要点。

一、老年婚姻介绍服务礼仪规范

"我只要50—55岁……"

李先生刚从澳洲探亲回来,一身笔挺的藏青西装,蓝白条纹相间的衬衣前襟上,一条红底碎银花的领带熨帖自如。他的头发虽有些稀疏,却一丝不乱地往后梳着,黑的浮在面上,透着刚劲;白的沉在底下,含着慈祥。他的5个子女都在国外,自己退休后在福州路买下一间店面,经营文化用品。近来觉得体力不支,精力不足,就将它承包给别人,每年收取点承包费。自从老伴去世后,这些年来他一直想再找一个伴。他说:"我要求不高,只要50—55岁,没有小孩,文静点,相貌过得去的。我今年62岁,找个伴,接下来的日子无非就是上海人讲的'度西日'了。"李先生先后在某婚介所和《老年报》征过婚。他有自己的房子,年收入在20万元左右。冲着这笔收入,前来应征的人可谓络绎不绝、五花八门。通常情况下,女士们总想把自己的年龄往低处报,可冲他而去的,年龄却一个劲往上涨、生怕自己不够老似的,甚至有35岁。

40岁的硬说自己50岁了。也难怪,谁叫他的征婚年龄段限在"50—55岁"呢!"我毕竟不是小年轻了。人老终归是老了。年龄差那么多,不合适的。"王先生苦笑着说。然而,那还不是最恼人的。"最近,发生了一件十分不愉快的事情。"李先生讲到这里,方才那种平静的神态消失了。那天,介绍来一位50多岁的女士。她一直没有结婚,也没有小孩。女士先到李先生处看了房子,然后请李先生去她家。一进女方的门,只见小小的屋子里济济一堂。经介绍,才知是她的哥哥、姐姐、弟弟、嫂嫂等亲亲眷眷,个个沉了一张脸,仿佛要来个三堂会审。李先生毕竟是见过世面的人,曾在中国最大的工业系统——纺织局做了几十年的工程师,于是他先开口把自己的情况简单陈述了一遍。

"照直说吧,你到底有多少存款?"亲戚堆里一个粗重的男声。

"对呀,万一你先走一步了,我妹妹怎么办?"

李先生被问得激动起来:"我的所有积蓄,都在中国银行地下室的一个保险箱里。钥匙有两把,如果婚后感情融洽,我会把其中一把交给对方的;如果不融洽,我也有保留我婚前财产的权利。"其中一个在工商局做事的亲戚盘问得特别仔细。他的警觉是有道理的:现在社会上骗子不少,他每天的工作就是"打假"。他盯着面前的李先生,很想摸透他的心思。可惜,他的眼睛并没有破译别人思维的功能。于是,他只得组织一大堆旁敲侧击的问题,仿佛李先生已经是一个有罪论定的罪犯,只等他说漏嘴来露出"狐狸尾巴"。李先生被激怒了:"你不要不相信,像我这样的条件,怎么会到现在还找不到合适的对象。如果你也到了我这把年纪,你再找找看。告诉你,就算比我条件更好的,也是很难的。"两个小时的谈话不欢而散。回到家里,李先生照了照镜子,只见双眼通红、角膜充血。他原本就是个急性子的人呀。

后来,女方再来约时,被李先生婉言拒绝了。

"也曾有比较好的人选,那时我还没退休,工作忙,错过了。"李先生说。如果某一天,你走在马路上,看到一位老人悠闲地骑着一辆单车,突然间,单车在一个街角停下来,老人取出相机"咔嚓咔嚓"即兴地按下快门,那么这个人,或许就是李先生。这是他目前打发日子的一种方式……

老年人要生活得充实,其最根本的条件有:(1)经济上的保障;(2)身心健康;(3)有能够从心底里相互谅解的对话人;(4)要有益于别人的工作及作用;(5)能得到适当的性满足。

而这当中,有相当重要的因素取决于老年人是否拥有健康的婚恋生活。许多丧偶的老年人因为生活和情感的需要渴望重新找个老伴,老年人又因为生活空间的回缩及人际交往的局限性,再加上人们对老年人再婚的接受程度不同,因而在这个问题上遇到了障碍,而老年婚姻介绍服务则需要在一定程度上对扫除这一障碍发挥作用。老年婚姻介绍服务有着其特殊的工作方法和工作礼仪规范需要我们了解和掌握。

(一)给服务对象留下良好的第一印象

许多老年人在寻求婚恋服务时都有一些不好意思,有时甚至是带着顾虑和压力的。所以,他们在与服务人员初次接触时往往会带着试探与防备之心。这时候,服务人员是否能给服务对象留下良好的第一印象直接决定了服务对象对服务的选择,以及在后续的服务中服务人员是否能得到服务对象的信任和配合。首因效应理论认为:人们对于某人、某物、某事所形成的第一印象,主要来自在彼此双方交往、接触之初所获取的某些重要信息,以及据此对对方的基本特征所做出的即刻判断。那些人们与某人、某物、某事交往或接触之初所获取的某些重要信息,即为形成第一印象的主要制约因素。通常情况下,在服务人员留给老年服务对象的第一印象之中发挥作用的制约因素主要包括以下几点。

1. 仪容表情

老年婚姻介绍服务人员应当仪容整洁,精神奕奕。精神状态是可以相互影响的,服务人员自然流露出的健康与热情会带给服务对象一种正能量,让他们也感受到积极与热情及对美好事物的向往。特别要指出的一点是:面容和善、笑容可掬是老年人最喜欢看到的一种神态。而且因为老年婚姻介绍服务内容的特殊性,服务对象更容易接受年纪稍长一些的中老年服务从业人员的服务。

2. 服饰

为老年人提供婚姻介绍服务的人员,通常不宜穿着太过时尚与个性化的服饰。如果让服务对象感受到服务人员与自己的生活态度和审美趣味相差过大,则会失去对服务人员的亲近和信任感。

3. 语言

从事服务工作的人员,在语言的使用上一定要根据服务对象的年龄及心理特征来把握。对于老年服务对象来说,服务人员的语言应当用词贴近生活、语速适中、文明得体、内容朴实,应避免语气的过大起伏及修饰词语的大量使用。当然,在语言中体现对服务对象的尊重是第一重要的。

4. 待人接物

待人接物即在与人的交往中,在接触他人时的态度和表现,如合适的称呼,得体的问候语,进退得宜,文明友好,礼貌周到等。老年婚恋服务人员需在与服务对象的接触中表现出真诚与理解。

(二)真诚耐心,细致周到

老年婚姻介绍服务的基本宗旨是为老年人婚恋提供帮助。

"真诚",要求服务人员做到一切以服务对象利益为出发点。服务人员在婚姻介绍服务过程中,要采用各种办法保护服务对象的权益。例如,核实个人基本情况、提供真实信息、尊重服务对象的意愿、坚持自愿恋爱原则等。

"耐心",所指的是服务人员要对在服务过程中出现的各种烦琐和波折做好充分的心理准备并始终对工作充满热心和耐心。老年婚姻介绍成功率往往不太高,老年人在婚恋对象的选择上又大多非常慎重,在整个服务过程中,服务人员要付出更多的精力用于帮助服务对象放下顾忌,树立成功婚恋的信心。很多服务对象会不断地对服务过程中的各环节提出质疑或是反复确认,保持始终耐心和热心不仅是对服务人员工作态度的要求,也是一种礼仪要求。

"细致",要求服务人员在与服务对象的接触与交往中善于观察和发现服务对象的情感和态度变化。老年婚姻介绍的服务对象是老年人,他们大多对婚恋方面的表达是比较隐讳的,也不习惯情感的外露和向他人倾诉。服务人员对服务对象的细致观察除了能及时把握服务对象的心理动向以便调整工作方式或是内容为其提供更好的服务外,也能够使服务人员发觉服务对象的一些潜在的问题和困扰,主动积极地帮助服务对象减轻压力,解决问题。

"周到",服务人员对服务对象的周到服务不仅体现在为其提供信息、介绍婚恋对象上,还表现在为其婚恋过程中出现的障碍和困难提供帮助。现代社会里,还有相当一部分人对于老年人再婚持质疑或是反对的声音。老年人在寻找伴侣的过程中,会受到不同类型和不同程度的压力和影响。所以,老年婚姻介绍人员的服务不应只停留在婚姻介绍的表面,还应包括协助服务对象与其家人的沟通,帮助老年人解决在婚恋问题上的矛盾和困扰,为老年人婚恋权利维权、为老年人婚恋提供咨询等方面。

(三)服务应有始有终,做好后续跟踪

老年婚姻介绍服务大体可分为三个步骤:一是个人信息采集和登记;二是通过信息比对,安排属意者见面交流,不合则另外安排信息比对,合则推动双方达成婚姻共识;三是对找到合意的人选的服务对象进行后续服务,提醒其加强婚前了解,了解对方的脾性、爱好、文化素养、经济状况以及家庭成员组成,尤其是双方子女对老年人再婚的态度。后续服务还包括帮助婚恋双方明确权利和义务,确定双方未成年子女的抚养责任和双方子女对两位再婚老人应尽的赡养义务;帮助考虑财产问题对婚姻生活的影响,最好在婚前进行公证,以免婚后发生争执等。除此之外,有始有终的服务还要求服务人员为每一位服务对象登记备案,关注其后续的发展,并向服务对象说明随时可为其今后婚恋中遇到的问题提供咨询及帮助。对于婚恋成功的对象,则应贺喜并送上祝福,给予持续关注。

(四)保护服务对象个人信息,保护其健康平静生活

服务对象在寻求婚姻介绍服务时,大多留下了比较完备且详细的个人信息,老年人个人信息的外泄很可能会给对方带来不必要的麻烦,干扰其正常生活。服务人员应当对于这些信息给予妥善保存,不能外泄,更不能为了经济利益而使之成为商业信息。

相关链接

老年人"再婚"三个注意事项

了解对方由外而内

老年人再婚者除财产、儿女等问题之外,彼此健康方面的详细情况是必须了解清楚的。有些老人对自己的健康状况并不是很了解,一旦亲密接触,就有可能因相互传染而患病。

同居还须有商量

老年人再婚稳定率低已是不争的事实。一些老年人认为,不领证"比较自由",万一双方"没感觉了",分手会比较简单。可是,未婚同居不为法律所认可,其间如果当事双方的权利受到侵害,是无法得到法律保障的。如果老年人不考虑婚姻,只谈恋爱,那是个人的自由;如果考虑婚姻却未婚同居,则应慎重,应该事先商定共同生活的一些规则,避免引起不愉快或大小冲突。

讲条件更要讲感情

中老年人再婚,感情基础欠缺,极容易怀旧、彼此猜疑。另外,由于经济因素,你有钱就和你过,没有钱就"拜拜"的现象很普遍,很少有同甘共苦的。中老年人再婚要考虑对方的经济条件,这对今后的生活会有保障作用,是必需的,但是不可以因为条件而放弃感情。

老年人再婚,应该与儿女坦诚相见,把自己真实的想法告诉他们,与他们在沟通的基础上达成共识。如果担心子女提出异议,可以慢慢渗透。老年人应该处理好自己的婚姻关系,同时又不宜因此影响与血亲之间的亲密感情。

二、老年婚庆服务礼仪规范

"五十年代一张床,六十年代一包糖,七十年代红宝书,八十年代三转一响,九十年代星级宾馆讲排场,二十一世纪个性张扬。"这个形容婚庆60年变化的顺口溜时下流传甚广。伴随着社会经济发展的大潮,中国人的婚庆从简朴到精致、从单一到多样,像一面镜子,折射出中国60年社会经济生活的巨变。

婚庆,是一种礼仪活动,具体来说指的是婚礼庆典服务。婚礼服务是指为客人量身打造的婚礼,它涵盖各种婚礼形式或是各种婚礼形式的组合体,是根据每对服务对象的不同爱好、追求或诉求点不同而为其量身定做的婚礼。老年婚庆服务是婚庆服务中非常特殊的一个组成部分,它不同于一般婚庆服务内容与环节的繁琐,婚礼仪式也没有耀眼的包装,而是具有简洁质朴情真的特点。但是,简洁质朴并不意味着随意粗糙。作为一项礼仪活动,老年婚庆服务仍然有许多的礼仪要点和注意事项需要服务人员学习和掌握。

(一)婚庆服务咨询礼仪规范

在选择婚庆服务之前,许多有婚庆服务需求的人都会首先进行比较和咨询。在这一过程中,服务对象不仅仅可以更加了解和明确自己的需求,也能够根据实际情况和需要选择适合自己的婚庆服务机构及其服务项目。因此,为顾客进行咨询服务是从业者的重要工作之一。婚庆咨询本身不会产生效益,所以有一部分服务人员在对待咨询这一问题时不够用心也不够重视,故而在礼仪规范方面有所疏漏,既没有满足服务对象的需求,又没有完成对自身及所在机构的推广宣传。那么,在为服务对象提供婚庆咨询服务时有哪些注意事项呢?

1. 认真细致,换位思考

在婚庆服务咨询中,非常重要的一点就是一定要认真细致,而且习惯于站在服务对象的立场与服务对象对话。老年人年轻时的结婚仪式是很简单的,他们对婚庆服务比较陌生,在进行婚庆服务咨询的时候,老年人大多除了讲明要简单低调外,基本上提不出什么成型的想法和思路。这种情况下,婚庆咨询服务会对老年人婚庆服务的选择起到非常重要的引导作用。基于此,服务人员必须以良好的职业操守和职业精神,依照自己的经验和知识给服务对象提供尽可能详尽的信息服务,并向服务对象推荐真正适合服务对象的婚庆项目及形式。在此过程中,服务人员不能把经济利益看得过重,否则容易忽视服务对象的真实需求和感受。

2. 得体大方,进退合宜

婚庆服务在几十年的发展中专业性不断增强,人们在寻求婚庆服务机构和婚庆服务人员时,考虑最多的就是对方的专业性。服务人员在为老年服务对象提供服务时,除了专业知识,还可以通过言谈举止、文明礼节来展现其专业性。专业的婚庆服务人员应当着装整洁大方,面带微笑,目光坚定,精神奕奕。除此外,言谈中应该充分合理地使用文明礼貌用语,在待人接物上表现稳重从容,举手投足间充满自信和果断。婚庆服务人员还应当善于观察,通过对服务对象衣着、言谈、态度、神情的观察揣摩服务对象的心理活动,为自己言语和行为的调整提供依据。只有准确判断服务对象的意向需求和态度,才能做到进退得宜,在取得服务对象信任和被服务对象选择这一核心问题上做到不被动等待,也不穷追猛打。

3. 开拓思路,多元服务

因为现实或是自身的原因,老年人对结婚形式的选择是很多元的。有的只是请双方家人吃个饭,有的会和老伴一起出去旅游,也有的希望能有一个难忘的婚礼弥补年轻时的缺失,当然也有的以只有自己才懂的方式庆祝自己结婚的。所以,老年婚庆服务的形式也应该是多元的。现在老年婚庆市场的开发还处于起步阶段,从业者更应该从老年人的心理生理特点和实际情况出发,积极拓宽老年婚庆服务的领域和思路,为老年人打造更多的婚庆服务产品供其选择。这种主观能动性的发挥需要来自于对老年人的真诚关爱和对职业的无限热爱。

(二)老年婚礼服务礼仪规范

老年人的婚礼通常规模较小且程序简单,省去了以车队迎亲等传统礼节,一般是老两口同去婚宴现场迎候宾客,并在选定的时间举行简短的仪式。常见的老年婚礼流程如下:男女主角入场→主婚人向来宾介绍新人→证婚人证婚→交换结婚礼物→来宾代表或家人致祝辞→新人致答谢辞→全场举杯→礼成。有的还有两人的恋爱经历回顾、人生感悟的表达等等。

婚礼服务从前一天的婚礼准备开始,到婚礼结束、宾客散尽后的事项完结止,在这之中,对服务人员的礼仪要求很多,让我们一一了解。

1. 婚礼准备

除了婚庆服务合同生效后至婚礼举行前三天的物资采买,其他的婚礼准备事项一般在婚礼举行的前一天完成。具体包括婚礼现场的布置、与服务对象的最后一次沟通及注意事项的重申、人员及物资的落实等。

在婚礼准备阶段服,务人员特别需要注意的是:(1)就服务内容和服务细节与服务对象最终确认,这是为了避免出现谬误与争议,同时也是为了强调和加深服务对象对婚礼注意事项的关注;(2)认真回答服务对象及其亲友的相关疑问,这是礼貌,也是礼节,更是对某些模糊事项的澄清;(3)帮助服务对象平复紧张和不安的心情,这要求服务人员尽可能地传递轻松与愉悦的情绪给服务对象,并调整服务对象"表演"的心态,引导其享受过程;(4)向服务对象展现从容与自信,只有服务人员是从容与自信的,才能让服务对象放下顾虑和忐忑,对第二天的婚礼充满信心;(5)把婚礼当天现场统筹人员的联系方式告知服务对象,方便联络及沟通;(6)布场时,应当服从婚宴场地的管理制度及时间安排,小心维护婚宴场地设施的完好无损,需要婚宴酒店工作人员配合的,需提前言明。

2. 婚礼进行时

婚礼举行当天,服务人员应当提前出现在现场,身着统一标准的工作装并佩戴工作人员标识。如果没有统一的工作装,则应着深色正装到场。工作人员标识的佩戴要醒目,以便于现场人员识别、联络。在整个婚礼进程中,场内婚庆服务人员要始终面带微笑,在指定的工作区域有条不紊地完成自己的工作,并且应善于用眼神向服务对象及场内工作人员传递信息和信心。任何情况下都不能在场内大声喊叫或是张皇失措,也不能流露出疲倦或是不悦的神情。

服务人员在场内应依据服务内容的不同,把握与服务对象的距离。(1)服务距离:以0.5~1.5米为宜,主要适用于服务人员应服务对象的要求,为对方直接提供服务之时。(2)展示距离:以1~3米为宜,适用于服务人员需要在服务对象面前进行操作示范。(3)引导距离:一般用于服务人员在为服务对象带路时彼此双方之间的距离。一般服务人员行进在服务对象左前方1.5米左右。(4)待命距离:是指服务对象在服务对象尚未传唤自己、要求自己为之提供服务之时,服务人员须与对方保持的距离。待命距离应当在3米外,以服务对象视线能看得到自己为宜。

3. 婚礼结束后

婚礼结束后,场内工作人员不能因精神的放松而使自己失仪。专业形象与专业素质的表现应当有始有终。许多时候,婚庆机构服务人员需要在婚礼结束之后向服务对象索取服务费用。在这一问题上的要求是:选对时间;选对对象。选对时间是说向服务对象索取服务费用一定要观察是否会打断或是干扰服务对象的谈话或是正在进行的某项活动。如果不分时间、不分时机地索要服务费用,会使得服务对象心生厌恶且影响其对服务的观感及评价。选对对象指的是服务人员应当提前询问,明确服务结束后由谁负责与婚庆服务机构结算费用。如果无法提前预知,则应当向在婚礼服务合同签订时起主导作用的人提出结算请求。

最后,在婚庆服务人员离场时,一定要向主人家致意并道别,切不可自顾自地离开。

三、结婚纪念服务礼仪规范

商丘重阳大型金婚庆典仪式昨日举行

商丘报业网——《京九晚报》报道:彩旗飘舞,鞭炮齐鸣,菊花吐蕊,笑声飞扬。昨日上午,来自全市的26对金婚老人在天鸿城二期工程广场手牵着手,心贴着心,踏上红地毯,参加了2006商丘九九重阳大型金婚庆典仪式,以此见证半个世纪的情感历程,体现和谐社会的美满幸福。

昨日上午,26对老人手牵手踏上2006商丘九九重阳大型金婚庆典仪式红地毯上的那一刻,秋菊绚烂,满城盈香。该仪式的主办方市委宣传部与承办方商丘日报社京九晚报一起,在天鸿城二期工程广场为26对相濡以沫走过50个金秋的老人举行了隆重而热烈的金婚庆典。

昨日上午8时30分,26对参加金婚庆典的老人身穿京九晚报为他们特制的礼服,在靓丽的木兰小姐搀扶下分别乘坐4辆旅游观光车从商丘日报社出发,沿商丘市主要干道进行浪漫而舒心的巡游,开始了金婚庆典的前奏。

10时30分,当老人们到达天鸿城金婚庆典仪式现场、携手走上红地毯时,天鸿城二期工程广场上鞭炮齐鸣,出席金婚庆典仪式的市领导高献涛、张琼、屈秀菊、李英杰、张修起等亲切接见了老人们,30名京九晚报小记者手持鲜花夹道欢迎。

红色的舞台、红色的地毯、红色的拱门、红色的条幅,仪式现场成了红色的海洋。金婚老人的金婚照挂满整个幕壁,舞台前方一排怒放的百合花洁白无瑕。在主持人的介绍下,一对对金婚老人在木兰小姐的搀扶下走上舞台,接受人们的祝福。在悠扬的婚庆乐曲声中,每位金婚老人向自己的老伴三鞠躬,感谢50年的支持与关爱;每对金婚老人手挽手喝下交杯酒,重温爱情的甘甜醇美。

在温馨和谐的气氛中,市委副书记高献涛发表了热情洋溢的讲话。他说,老人对社会和家庭作出了很大贡献,老人的幸福和谐也直接关系到我国3亿多个家庭的幸福和谐。2006商丘九九重阳大型金婚庆典弘扬了中华民族敬老爱老的传统美德,引领了良好的社会风尚,为全社会形成"知荣辱、树新风、强素质、塑形象"的浓厚氛围,为商丘的和谐发展尽了自己的一份力量。

商丘日报社党委书记、社长马基忠在仪式上讲到,2006商丘九九重阳大型金婚庆典是市委、市政府站在提升商丘公民道德素质、展示商丘良好形象的高度精心部署的一项重要活动。作为承办单位,商丘日报社党委对此高度重视。从今年8月12日至今,经过组织推荐、自愿报名、严格评选等一系列程序,在全市选出了26对金婚老人。我们为其统一制作了礼服,免费提供金婚纪念照和精美的金婚纪念品,以这种特殊的方式见证金婚老人的美满幸福。

金婚老人代表和金婚老人子女代表在仪式上发表了感言。

市委副书记高献涛,市委常委、纪委书记、宣传部部长张琼,市人大常委会副主任屈秀菊,市政协副主席张修起,市委宣传部副部长魏亚莉为金婚老人们颁发纪念证书。商丘日报社党委书记、社长马基忠,商丘日报总编辑谭体英,商丘日报副总编辑、京九晚报总编辑郭文剑与市文明办、市教育局、团市委等市直部门的领导一起为金婚老人们颁发纪念品。

之后,金婚老人们欣赏了由京九晚报为他们精心组织的文艺节目。

(来源:人民网河南视窗)

现实生活中,越来越多的夫妻开始注重结婚纪念日。有结婚纪念意愿的夫妻常见的动机有以下几种:一是夫妻一方想要以纪念的方式向伴侣表达感谢和爱恋;二是夫妻双方希望借结婚纪念完成某种心愿或是弥补某种缺憾;三是夫妻想要以结婚纪念的方式召集亲朋好友相聚,联络感情。随着人们对结婚纪念活动的期望值和要求越来越高,也因为社会对中老年婚姻的关注,结婚纪念活动逐渐成为了老年婚恋服务中的一个组成部分。

年轻夫妻的结婚纪念的形式大多是互赠礼物,夫妻约定共度结婚纪念日。通过礼仪活动来进行结婚纪念的一般都是结婚多年的夫妻进行的大庆,如金婚、银婚等。我们这里所讲的结婚纪念服务多指为中老年人进行的结婚纪念礼仪活动。结婚纪念服务大致分为以下几种。

(一) 结婚纪念日策划

如果打开网页,就会看到询问如何过结婚纪念日的帖子非常多。这传递给我们一个信息,那就是很多人都有结婚纪念的意愿,但他们需要他人帮助提供结婚纪念的点子。这种需求催生了结婚纪念策划这一服务项目。

结婚纪念策划是通过与服务对象的沟通,在了解服务对象的具体情况和基本需求的基础上,对于夫妻之间如何表达心意、如何度过结婚纪念日等方面给予实际而有效的建议并提供策划方案。结婚纪念不仅仅可以通过宴请的方式来进行,也可以建议服务对象重游故地、重温结婚誓词、共同完成某个有意义的活动等来完成。

（二）结婚纪念宴请

结婚纪念宴请是一种礼仪活动,对于服务人员的宴席安排、纪念仪式安排等都有较高的要求。

1. 宴席安排

宴席的安排一般是由服务对象主导,服务人员从旁协助的。具体来讲,需要注意的地方包括:纪念时间的确定,宴席桌数的确定,菜品的配备,席位的安排等。

（1）时间的确定。结婚纪念活动一般安排在结婚纪念日进行。但是在实际生活中,能够在结婚纪念日当天进行庆祝纪念活动的非常少,这主要是因为各种因素的制约。因此,宴请的时间应该充分考虑以下几种因素。

第一,考虑亲朋好友的因素。亲朋好友是参加纪念宴请的主要对象。在日期的选定上,要考虑到双方家庭成员的工作及其他安排会不会和宴请日期出现冲突,如刚好家庭其他重要成员要举行生日聚会、满月酒、老人大寿等,所以应该提前了解一下。少了亲密的朋友参加也是会缺少很多乐趣和意义的,所以最好可以事先沟通了解一下。

第二,夫妻双方自身的因素。自身的因素也是决定宴请日期一个很重要的因素。试想,如果宴请当天夫妻中有某一方身体不适,则在面对宴请那么多琐碎的事物时,肯定会觉得不厌其烦,所以最好就是避开这个日期。还有,宴请时间也要考虑到彼此的工作和生活计划,最好就是不要选择在高峰期或节日前后举行,这样很有可能会因为一些特殊情况而导致宴请准备不足甚至是宴请无法如期举行。

第三,对于是不是一定在纪念日当天进行宴请这个事情不要太过较真。每对夫妻的结婚纪念宴请都希望是正好在纪念日的那一天举行,但是宴请不是夫妻两个人的事,会涉及很多人和事,在无法周全的情况下,要依从实际情况。只要是能够达到结婚纪念的目的,让亲朋好友共同见证和祝福你们的幸福,能够有这样一个小小的纪念仪式让彼此珍视和珍藏,就足够了。

（2）宴席桌数的确定。宴请中客人来多少是一个很大的问题,不知道该定多少桌,准确估算客人数量并准确计算宴席桌数是省钱的一个重要项目。实际上,这也是个让主人最头疼的一件事,订多了浪费,订少了客人没地方坐,又非常失礼。一般来说,服务人员可以建议服务对象依照放出的请柬打 8～8.5 折来计算。比如说,发了 300 张请柬,到场的客人大约就是 240～255 人左右。不过,如果主人邀请的客人是来自于同属于某团体的,比如说上学时曾经是某社团成员,或是教友之类的,因为有团体力量及感情,客人出席率会比较高,故可以打 9 折计算。而如果发的请柬都是给小学同学、以前的同事,或是很久不联络的朋友,那大概就要打到 7 折了。如果要更谨慎一点,最好在宴客前一周打电话给来宾,邀请并确认对方是单独前往或携家眷光临,这样不但可以确实掌握来宾人数,还可以顺便联络感情,一举两得。

（3）菜品的配备。我们国家大部分地区均有一条不成文的传统:"红、白"喜事中的红喜事菜肴的数目为双数,白喜事菜肴的数目为单数。婚宴菜肴数目通常以8个菜象征发财,以10个菜象征十全十美,以12个菜象征月月幸福。菜式一般不受帮口流派的限制,原料不要求十分名贵,但要分量稍多,口感适合,尽量与酒水相配。千万不能出现宾客没有吃饱或者觉得无东西可吃的情况。经常可以听说有朋友到五星级酒店参加宴席,回来之后抱怨没有吃饱的现象,这给宾客带来了非常不好的印象。

（4）席位的安排。在宴请礼仪中,席位的安排是十分重要的内容,它关系到来宾的身份和主人给予对方的礼遇,因此往往会受到宾主双方的同等重视。在席位的排列上,通常情况下遵从"面门定位,以右为尊,以远为上"三条规则。

关于桌次安排。在中餐宴请活动中,往往采用圆桌布置菜肴、酒水。排列圆桌的尊卑次序有两种情况。第一种情况,是由两桌组成的小型宴请。这种情况又可以分为两桌横排和两桌竖排的形式。当两桌横排时,桌次是以右为尊,以左为卑。这里所说的右和左,是由面对正门的位置来确定的。当两桌竖排时,桌次讲究以远为上,以近为下。这里所讲的远近,是以距离正门的远近而言。第二种情况,是由3桌或3桌以上的桌数所组成的宴请。在安排多桌宴请的桌次时,除了要注意"面门定位"、"以右为尊"、"以远为上"等规则外,还应兼顾其他各桌距离主桌的远近。通常,距离主桌越近,桌次越高;距离主桌越远,桌次越低。在安排桌次时,所用餐桌的大小、形状要基本一致。除主桌可以略大外,其他餐桌都不要过大或过小。为了确保在宴请时赴宴者及时、准确地找到自己所在的桌次,可以在请柬上注明对方所在的桌次,在宴会厅入口悬挂宴会桌次排列示意图,安排引位员引导来宾按桌就座,或者在每张餐桌上摆放桌次牌(用阿拉伯数字书写)。

关于位次排列。宴请时,每张餐桌上的具体位次也有主次尊卑的分别。排列位次的基本方法有四条,它们往往会同时发挥作用。方法一,是主人大多应面对正门而坐,并在主桌就座。方法二,是举行多桌宴请时,每桌都要有一位主桌主人的代表在座,位置一般和主桌主人同向,有时也可以面向主桌主人。方法三,是各桌位次的尊卑,应根据距离该桌主人的远近而定,以近为上,以远为下。方法四,是各桌距离该桌主人相同的位次,讲究以右为尊,即以该桌主人面向为准,右为尊,左为卑。

根据上面四个位次的排列方法,圆桌位次的具体排列可以分为两种具体情况。它们都是和主位有关。第一种情况：每桌一个主位的排列方法。特点是每桌只有一名主人,主宾在右首就座,每桌只有一个谈话中心。第二种情况：每桌两个主位的排列方法。特点是主人夫妇在同一桌就座,以男主人为第一主人,女主人为第二主人,主宾和主宾夫人分别在男主人和女主人右侧就座。每桌从而客观上形成了两个谈话中心。如果主宾身份高于主人,为表示尊重,也可以安排主宾在主人位子上坐,而请主人坐在主宾的位子上。为了便于来宾准确无误地在自己位次上就座,除招待人员和主人要及时加以引导指示外,应在每位来宾所属座次正前方的桌面上,事先放置醒目的个人姓名座位卡。排列便餐的席位时,如果需要进行桌次的排列,可以参照宴请时桌次的排列进行。位次的排列,也可以遵循这四个原则。

2．纪念仪式安排

结婚纪念仪式在流程和情感表达重心上都不同于婚礼。婚礼是以浪漫与华丽歌颂爱情、迎接婚姻的一种仪节,而结婚纪念仪式则体现着结为伴侣的夫妻在感受和经历过婚姻生活后,对婚姻的尊重,对爱人的珍视,是一种爱情的延续和情感的沟通。通常情况下,结婚纪念仪式的着力点是真情与感激。服务人员需引导和带动服务对象进行情感的沟通和表达,以及展示幸福婚姻所传递出的正能量。

(三) 集体结婚纪念

人人都说"少年夫妻老来伴",许多年轻人都羡慕老年夫妻白首同心的那一份坚贞与坚守。为了给予老年人更多的重视和关爱,也为了能让老年夫妻朴实专注的婚姻爱情观给年轻人带来更多的引导和示范作用,更是为了见证社会的和谐和老年人的幸福生活,有越来越多的社会组织和团体以集体婚礼的形式为老年人送上结婚纪念的礼物。这种集体结婚纪念一般以金婚、银婚、钻石婚为主,通常会选择在重阳节或是重大活动举行的前后开展。这种集体庆典上一般都会有1～2个具有象征长久、同心、恩爱的特别环节以向老年夫妻送上敬意和祝福,也会有相关的来宾和领导送上祝辞,并向参与结婚纪念的老年夫妻赠送礼物。

附:宾客参加婚礼时的基本礼仪

1. 提前半小时到达婚礼现场

出席喜宴要提前半小时到达,而且要整理一下仪容,不要匆匆忙忙地赶到,不然很没礼貌。到达婚礼现场时,需要先在接待柜前把礼金袋交给接待人员,并签名祝贺。

2. 突发状况要事先通知对方

如果有事会迟到或早退的话,要事先通知对方。迟到时,让招待人员领你进去;若要早退,则要等来宾都致完词后再走。

3. 在迎宾台前说祝贺话

先对新人的亲戚道贺,报上大名,并要说谢谢他们的招待;递上礼袋,正面朝上递给对方,此时顺便说些祝福的话;在签名簿上签名,如果夫妻一起出席,要先写先生的名字,再写太太的名字。

▼ 相关链接

结婚纪念名称及意义

第一年是纸婚(意思是一张纸印的婚姻关系,比喻最初结合薄如纸,要小心保护)

第二年棉婚(加厚一点,尚须磨炼)

第三年皮革婚(开始有点韧性)

第四年丝婚(缠紧,如丝般柔韧,你侬我侬)

第五年木婚(硬了心,已经坚韧起来)

第六年铁婚(夫妇感情如铁般坚硬永固)

第七年铜婚(比铁更不会生锈,坚不可摧)

第八年陶婚(如陶瓷般美丽,并须呵护)

第九年柳婚(像垂柳一样,风吹雨打都不怕)

第十年锡婚(像锡器般坚固,不易跌破)

第十一年钢婚(如钢铁般坚硬,今生不变)

第十二年链婚(像铁链一样,心心相扣)

第十三年花边婚(多姿多彩,多样化的生活)

第十四年象牙婚(时间愈久,色泽愈光亮美丽)

第十五年水晶婚(透明清澈而光彩夺目)

以后每5年一个名称：

第二十年瓷婚（光滑无暇，需呵护，不让跌破）

第二十五年银婚（已有恒久价值，是婚后第一个大庆典）

第三十年珍珠婚（像珍珠般浑圆，美丽和珍贵）

第三十五年珊瑚婚（嫣红而宝贵，生色出众）

第四十年红宝石婚（名贵难得，色泽永恒）

第四十五年蓝宝石婚（珍贵灿烂，值得珍惜）

第五十年金婚（至高无上，婚后第二大庆典，情如金坚，爱情历久弥新）

第五十五年翡翠婚（如翡翠玉石，人生难求）

第六十年钻石婚（夫妻一生中最大的一次结婚典庆，珍奇罕有，今生无悔，是最隆重庆典）

凡六十至七十结婚周年纪念，中国人统称为"福禄寿婚"。

案例一：

周淑华和她的老年婚姻介绍所

每天晚上，家住沈阳市沈河区的黄大爷都会与老伴来到社区的广场，在音乐的伴奏下翩翩起舞，那亲密劲、恩爱劲，谁都不会想到这是一对再婚的夫妻。而成全了这段美满姻缘的，是一位既普通又特殊的社区干部——周淑华老人。

说周淑华老人普通，因为她只是一位负责社区老年人活动的干部；说她特殊，因为她建立了一家老年人婚姻介绍所，16年来已为1000多位像黄大爷这样的老人建立了幸福美满"夕阳之家"。

当记者见到69岁的周淑华老人时，热情、矍铄是对她的第一印象。而在与她接触过程中，从她身上感受最深的是老人对工作的热爱和执着。

老人最初产生建立老年人婚姻介绍所的想法，是她在与几位老人闲谈时萌发的。退休之后的周淑华在社区负责老年人活动场所的管理，每天晚上她都会发现一些老人到了活动结束时间仍不愿意走，经了解她发现这些老人都是没了老伴的。其中一位老人的话深深触动了她："周主任，我不是不想回家呀，可是儿女都不在身边，想找个说话的人都没有。我每次回家都会去按门铃，多想能有一个人来开门呀！"

为了帮助这些单身老人，1985年周淑华在街道和有关部门的帮助下，建起一家老年人婚姻介绍所。回忆起当年婚姻介绍所成立时的情景，周淑华对记者说："牌子挂出去了很容易，可是老年人再婚一直是人们思想观念中的禁区，随之而来的压力、问题可想而知。老人们儿女的反对，社会各方面的压力，都指向了我。"

每当她领着老人们出去联谊、联络感情的时候，一些人会在背后指指点点地说："那不是领着老头、老太太搞对象的头吗？怎么还敢出来'招摇过市'。"一位老人的儿媳妇还曾气势汹汹地找到周淑华，开门见山地问："谁让你给我老公公找后老伴，你经过谁的允许了？"而周淑华的回答也很直接："是老人生活的需要，也是老人生活的自由，是有法律做保障的。这是为了老人的幸福！"这样的例子在周淑华的工作中数不胜数，因此，老人们又亲切地称她为"硬茬红娘"。

随着老年人婚姻介绍所的不断发展壮大，周淑华又发现了新问题。她意识到，两位老人结合到一起也许很容易，可是如何保证婚后的生活和谐美满才是最关键的。有一对经周淑华介绍成家的老人,婚后日子过得很不顺心,原因就是双方无论在经济上、感情上都有所保留。老头一个月能开600元,而告诉老伴只有300元;而老太太有能力照顾对方的子女,却置之不理。周淑华发现这是一个普遍的现象,于是开始研究探讨这方面的问题。

1997年,周淑华成立了沈阳金秋婚姻家庭研究会,把老年人婚姻作为一个课题来研究。周淑华根据10多年来的工作经验总结出一套保证老年人再婚幸福美满的举措,包括善待对方子女、婚前财产要公正、婚后经济要公开等等,目的就是保证老年人婚后生活的美满。

现在,那对已经走过10年的老夫妻恩爱如蜜,他们对记者说:"周大姐既是我们的媒人,又是生活中的知音。平时两个人遇到什么解不开的难事,都会主动找到周大姐唠上几句,听一听她讲的话,想一想其中的意思,心里就觉得特舒服、特得劲。"

16年来,周淑华老人诚信热情的服务,不仅感染了整个社区,而且外地许多老年人也都慕名而来,寻找晚年的"春天"。周淑华说:"当初一步迈入老年人再婚这个领域,没想到自己干了整整16个年头。累是真累,苦也是真苦。但是每当参加了一对'夕阳新人'的婚礼,每当看到老年同志婚后幸福甜美的样子,一切都值了。"

(2002-03　来源:《老友》)

思考题

1. 老年人在婚恋问题上最看重的问题有哪些?
2. 老年婚姻介绍服务中的注意事项。
3. 分析:在为老年人提供婚姻介绍服务的过程中,服务人员应知应会哪些礼仪要点。

案例二:

结婚10周年办起访谈庆典

上周三晚,武昌江边一酒店宴会厅内,宾客云集。鲜花、舞台、大红喜字……这像是一场婚礼,偏又不是婚礼。仪式现场,星光璀璨,绚烂夺目:长长的红地毯,可同步直播的两个舞台,还有耀眼的灯光舞美,时而有乐队演唱,时而有沙画表演。但这些都还不算特别。特别的是,庆典的主角分明写着董斌、周捷夫妇,但夫妻俩上台的时间还不如宾客多。这是为何?因为庆典采用访谈形式,主持人将女方和男方的死党、闺密和亲友们一一请上台,通过他们回顾两人10年的相爱经历。而这一切的总策划,就是董斌和周捷。这对夫妻,一个是湖北婚庆行业协会会长,一个是知名婚庆策划师。夫妻俩经营着一家合肥婚庆公司,从2005年开始,他们为2000余对新人策划了婚礼,却第一次为自己策划,还是在结婚10周年这个特别的时刻。选择在结婚10周年的时候举行这一庆典,董斌昨日这样告诉记者:"这10年,我们俩太不容易。"而这一点,武汉婚庆界几乎人尽皆知。

21岁小姑娘爱上大龄穷小子

董斌和周捷的婚姻,一开始是遭到反对的。结婚10周年的庆典对这一点毫不避讳,参加访谈的亲友都是当年的反对者。

1999年9月9日,从事通信行业的董斌和周捷因工作相识,当时,周捷21岁,董斌比她大10岁。两人因业务关系,来往了两年,起初像兄妹一般,其间周捷谈了两次恋爱,董斌还做了参谋。

但周捷不知道的是,董斌早已动心。当周捷的两段恋情都失败后,董斌展开攻势,2001

年周捷生日那天,董斌送了一瓶蜂蜜给她,这特别的礼物源于董斌观察到周捷不爱喝水,希望用蜂蜜给水加点味道,使她多喝点水,这贴心的礼物打动了周捷。可恋情遭到周捷父母亲友的纷纷反对。周捷的父母、姐姐还有两个闺蜜,轮番上阵找她谈话,反对的理由一是两人年岁相差太大。"我父母就相差10岁,我妈以亲身经历告诉我,这样容易有代沟。"周捷昨日告诉记者。而反对理由之二就是,当时董斌是个穷小子。"谈恋爱时,最怕带周捷去超市,因为连多买点零食的钱都没有。"董斌这样形容当时的窘困。

从穷困到成功,夫妻俩不离不弃

2002年7月25日,董斌和周捷领证结婚,没有婚房没有车,一切都从零开始。

婚后不久,闺蜜结婚时,让周捷发现了婚庆市场这一商机,"当时的婚庆公司,连捧花都做不好。"2005年,周捷和董斌一起进军婚庆市场,开了一家婚庆公司。经过两年摸爬滚打,公司的生意越来越好,夫妻俩越来越忙。2007年4月,周捷累倒了,被发现体内长了肌瘤,手术风险很大。手术后的那一段时间,董斌买张行军床偷偷带进医院,除了上厕所,与妻子寸步不离,一起渡过难关。

当10年过去,公司成为行业内首屈一指的婚庆公司,这对夫妻却依旧甜蜜如初。董斌时不时便会给周捷制造惊喜,带她周游世界,为她寻遍超市只为找一种她爱吃的水果。而她作为标准的贤内助,生活上包揽大小家务,工作上也是最好的帮手。

昨日,董斌告诉记者,他已在期待下一个10年庆典,"为别人做了这么多场婚礼,终于为自己做了一场。"

思考题

1. 案例中的夫妻为什么要在结婚十周年时举行纪念庆典?
2. 结合案例分析说明结婚纪念庆典的特点。
3. 分析:我们在老年结婚纪念庆典服务中应当注意的事项和规范是什么。

第二节　老年寿庆礼仪

老太五世同堂　百岁寿宴席开百桌

巴南区李家沱染料村的李邦惠老太太,五世同堂,本周五将年满100岁。昨日,趁着周末,孙辈10家人牵头为她筹办百余桌寿宴,1000余宾客前去沾喜气。原本筹备的86桌宴席,因前来祝寿的人太多,不得不加桌,最后坐了108桌,除开直系晚辈30多人外,其中绝大部分都是亲朋好友和邻居。谈到生日愿望,老寿星说,膝下孙儿成群,生活条件也一天比一天好,她希望自己身体健康,不给晚辈添麻烦,再活20年,到玄孙成婚。

有福气

李邦惠老太太,1910年4月生,育有两个女儿,大女儿已过世多年,小女儿已是78岁高龄,外孙辈有10人,曾孙辈也有10人,还有一个1岁多的玄孙女,如今已经是五世同堂。

寿宴是由孙辈10家人各自出资筹办的。李老太的三外孙何先生介绍,目前老寿星跟随幺外孙一同居住,老居民楼下正好有两块空坝,和社区、邻居们商量后,搭起台子就成了寿宴场地。宽敞不说,道贺的邻居们也省去了长途跋涉的辛苦。

讨喜气

昨日中午，记者在寿宴现场看到，老寿星正坐在寿宴礼台中央，接受晚辈的拜寿祝福。还拿起刀叉切蛋糕分给晚辈。到场的宾客为讨喜，纷纷接受老寿星的摸手、摸头礼。

接待处，宾客排着长队来讨喜气，其中不乏一些并无往来的陌生宾客——这些市民为了讨个喜庆，专门登门凑热闹。居委会和街道办民政部门也前来祝寿。

原本筹备的86桌宴席，因前来祝寿的人太多，不得不加桌，最后坐了108桌，除开直系晚辈30多人外，其中绝大部分都是亲朋好友和邻居。

事后主人家统计发现，大约30余人是根本不认识的陌生人，有的还送了礼。

派喜礼

寿宴中，老寿星还准备了红包和红绳，红包发给年幼的晚辈，红绳人人有份。截至昨日中午1时许，老寿星派发了200个红包和1800根红绳，还不喊累。

李老太的晚辈们说，目前，老寿星除视力和听力欠佳外，身体倍儿好、行动自如。谈到长寿的秘诀，老寿星告诉记者，她胃口很好，从不挑食，一日三餐都随晚辈们同吃，也没有明显的食物偏好，几年前一顿能吃3两面条。最近一两年走动时间少了些，食量有所减少，也能吃满满一小碗。此外，作息有规律，天黑就睡觉，天蒙蒙亮就起床。

谈到生日愿望，老寿星说，膝下孙儿成群，生活条件也一天比一天好，她希望自己身体健康，不给晚辈添麻烦，再活20年，到玄孙成婚。

（来源：华龙网—重庆晚报）

中华老年医学学会根据我国具体情况，曾建议无论男性或女性年龄60岁者称谓老年人。老年人群年龄初步划分：45—59岁称老年前期；60—89岁属老年人范围；高龄老人一般指80岁以上者(Octogenarian)。我国《老年人权益保障法》第2条规定，老年人的年龄起点标准是60周岁。这与我国的传统习惯是一致的。

中国人祝寿一般从60岁或66岁开始，不论是60或66都是按虚岁计算，即按实际年龄提前一年。祝寿，也惯称"过生日"，老年人一开始"过生日"，以后就须年年过，不能间断。平常为小庆，逢10如70、80、90等，为大寿，要大庆。按照我国的传统礼俗，大庆时不但设宴待客，还唱大戏、放电影，或请唢呐班子演奏助兴。给老人贺寿的人有族内子侄辈和儿孙辈、女儿和女婿、侄女儿和女婿、干女儿和女婿、徒弟、学生、亲戚中的晚辈及朋友等，70岁以上的高寿老人过生日时，街坊邻居也常备礼庆贺。随着时代的发展和观念的更新，除了农村仍然保持着传统的寿庆习俗和方式外，在城市里，酒店寿庆成了寿庆的主要形式。因为筹备事项繁琐，许多人在过寿时希望有人能够帮助承担各项事务，这就推动了专业人士的出现。因为寿庆是现代文化对传统文化的传承，故老年寿庆服务人员必须同时学习和掌握关于寿庆的传统礼俗及现代礼仪要求。现在，我们就从传统礼俗及现代礼仪两个角度来分别认识老年寿庆礼仪。

一、传统寿庆礼俗

传统寿庆一般在家中完成，有以下几个重要组成部分。

（一）祝寿准备

给老人祝寿，家人们要提前做好各项准备工作。

第一是预备招待宾朋的菜肴和酒水。

第二是准备寿面、寿桃、寿糕等。寿面也叫长寿面。寿桃是用精致白面粉做成桃形。寿糕是用白面和红枣蒸制的多层枣馒,城镇多买生日蛋糕代替,但是生日蛋糕很多老人都不爱吃(油腻、含糖)。

第三要布置寿堂。寿堂一般在堂屋正厅,屋内张灯结彩,正面墙壁中间悬挂中堂图画,男寿多为南极仙翁,女寿多为瑶池王母,或八仙庆寿,或百寿图,或红纸书一大金色寿字。中堂两边为"福如东海长流水,寿比南山不老松"等祝福语句的对联。墙下放礼桌,桌上陈寿桃、寿糕、寿酒等,两边2只红蜡烛。桌前地上铺设红毡或花席,以备后辈人行礼。

(二)祝寿仪礼

中国人给老人庆寿并无严格的仪式程序,仅有大致的章法。一般是,寿辰之日,先把祖宗的神主牌位请于神案之上,点燃香烛,鸣放鞭炮,寿诞老人穿戴一新,率全家拜祭。之后,老寿星端坐寿堂椅上,晚辈们衣冠整齐,恭恭敬敬依次磕头祝寿,并献上贺寿礼品。祝寿磕头为"寿头","寿头"是必定要磕的。

祝寿完毕,寿宴开始,众人给寿星敬酒,寿星把寿糕、寿蛋、寿果等吃食分给众人,众人踊跃嚼食,说是替老人"嚼灾"。长寿面是寿宴上必有的食物,吃面时,儿女们要把自己碗中的面条拨向老人碗中一些,谓之给老人"添寿"。

寿宴后稍事休息,大家陪老寿星看戏、看电影。晚上请执事人等吃酒答谢,寿礼便圆满落幕。

(三)祝寿礼品

给老人祝寿的亲朋邻里都要拿祝寿礼品。祝寿礼品多种多样,有衣服、鞋帽、手杖,有寿面、寿桃、寿糕或生日蛋糕,有肉、蛋、鱼、酒,有苹果、石榴、桃,还有写有祝寿字句的寿幛、寿联、寿屏和寿匾。也有朋友送戏、送电影庆贺的。忌讳送钟(终)。

(四)特殊寿礼

六十六占两个六字,象征"六六大顺",老人和子女都很看重,所以寿礼较为隆重。"六十六,娘吃闺女一块肉",父母六十六岁生日这天,已出嫁的女儿除一般礼品外,还须买六斤六两一块肉,蒸六十六个小寿桃为父母祝寿,以报答父母生养之恩。肉与小寿桃须父母两人吃,其他人不得分食,否则谓之"夺福"。

七十三岁和八十四岁,俗谓人的一道生死坎儿,谚云:"七十三,八十四,阎王不叫自己去。"到了这个年龄,老人和子女都比较紧张,平时对老人加倍呵护,生日时也有个特别的破法,即子女买活鲤鱼为寿礼让老人吃,鲤鱼擅跳跃,吃了鲤鱼,就会跃过这道坎儿,获得平安健康。

二、现代寿庆礼仪

当人60岁以后,一般会从工作岗位上退下来回归家庭。这样一来,他们的情感寄托和生活期望就都转移到了家人的身上。他们渴望家庭成员对他们的关注和重视,特别在意儿女是否尊重与孝敬自己。每当他们生日的时候,就会希望儿孙围绕,家人都能陪伴在身旁,热闹喜庆地度过这一天。而平时因为工作和生活奔波的儿女也会选择在父母生日的时候给父母过个生日,陪陪父母,弥补平日里很少照顾和陪伴老人的亏欠。所以,老年寿庆已经成为社会生活中最常见的礼仪活动之一。现代寿庆礼仪在继承传统寿庆礼仪的基础上有了一些改良和发展。从事老年寿庆的服务人员应当重视并学习这些规范和要求。

（一）庆典的策划

在绝大多数情况下，寿典都是由子女一辈和其他晚辈亲自出面筹划并操办的，而不是寿诞者自己出面筹办的。此外也有不少事业有成的人士是由单位、团体或下级、学生、徒弟等晚辈来出面筹划操办的。寿典的筹办人需懂得以下传统习俗规范。

1. 寿典时间

民间一般以50岁才能做寿。寿典一般是在逢十的诞生日举行，且如上所说对整十的寿辰有特定的称谓。庆寿要比平时隆重得多。古时候的寿分上中下，100岁称上寿，80岁称中寿，60岁称下寿。还有一种是以120岁为上寿，100岁为中寿，80岁为下寿。旧时做寿还有条件，一是要有孙儿，二是父母已经去世。一个人只要父母健在，哪怕自己已过了50岁，也不能在家中做寿，只能是做生，这就是古人所说的"尊亲在不敢言老"。这些礼俗，某些农村仍在流行。

2. 了解男女做寿习俗

所谓男做"上"，就是"做九不做十"，如50岁的寿庆在49岁的生日做，60岁的寿庆在59岁的生日做，以此类推。女的则恰恰相反，要做"满"，只有满了50岁、60岁，才做50岁、60岁的生日。这种习俗也叫做"男不做十，女不做九"。它来源于我国的阴阳观念。在阴阳观念中，古人单数视为阳，双数视为阴。男为阳，阳数之极，女性庆寿则放在逢八之年。此外，广州地区忌"女做齐头，男做初一"。就是说，女的不能在50、60、70这一类整数年祝寿，男的不能在51、61、71这类带1的年头祝寿。如有违犯，则被认为太不吉利。

3. 做寿日可酌定

做寿的具体日期可以变动，就是说可以不一定就在生日的那天。只不过按多年来的传统习惯，日期如果要变动的话，只能提前，而不能延后。之所以要允许祝寿的日期可以变动，是因为如果寿星的身体不太健康，得要考虑寿星的身体情况。再者，若是能将祝寿活动与寿星的事业、工作结合起来，既是若干周年大寿，又是从事某项事业若干周年，这样就更有意义，寿星也会更加高兴。

（二）遵循寿典丰俭的原则

岁数愈大，寿礼就愈隆重。这是因为年岁愈高，愈受人尊敬；年岁愈高，子孙愈多；年岁愈高，来日愈少。

筹办者除了按俗规选择好举行寿典的时间外，接下来就是选择祝寿的形式，再然后就是寿典前的准备工作了。庆寿的准备工作比寿礼的准备工作要简单，较传统的寿礼主要是发送请柬、布置礼堂、筹备寿宴这三件大事。

1. 寄柬发函

庆寿的请柬也叫寿贴。当代做寿，一般首先由做寿者家属发红请柬，通告寿诞日期，邀请亲朋好友光临庆贺。现在市场上有定制精美的寿贴出售，需由使用者填写的内容都留有空白。

请柬最迟在寿典前半月发出。也有的不发请柬，而用一封书信或用口信邀请。直系亲属一般不发请柬。

农村中一般不发大红请柬。得知某人做寿，亲朋好友送贺礼，做寿主家则口头邀请。也有的是主家先口头邀请，待做寿日祝者再携礼祝寿的。

2. 布置寿堂

寿堂是给老人祝寿的场所。如在家里设寿宴，一般是将寿堂设在寿星家的厅堂屋里。如寿宴安排在饭店、酒店，则寿堂设在吃寿筵的饭店、酒店中。

3. "寿"字装饰

"寿"字是寿堂布置中最突出的装饰。千百年来，我们的祖先在筹划寿礼，特别是布置寿堂时，充分发挥了我国传统的书法艺术，将一个繁体的寿字变化出了若干种写法。很多写法已经不再是一种书法，而成了图案化和艺术化的图形，甚至成了一种吉祥符号。

4. 横幅装饰

当代城市一般在寿堂挂一横幅，上书某某几十大寿。在寿堂的正面墙壁上挂一个很大的寿字或百寿图。农村还在大门、二门上贴较小一点的寿字，在其他有关的器物和食品上则贴更小的寿字，在窗子上也常贴变体的寿字图案。

5. 寿图装饰

在小城镇和富裕农村，除了挂"寿"字外，也挂传统的八仙庆寿、五福捧寿、蟠桃献寿、鹿鹤同春等寿图。讲究一点的则男女有别：如果是给男性祝寿，就挂南极仙翁图、双龙献寿图；如果是给女性祝寿，就挂瑶池王母图、麻姑献寿图。这类挂在墙上的大型祝寿图一般都讲究装裱，装裱之后则叫做寿幛。有的还在堂屋中间悬挂彩带。

6. 礼案摆设

在寿堂正面的墙壁之上一般要摆上一张礼案（即一张方桌），上面根据不同情况摆放祝寿用的鲜寿桃或用白面蒸馍制作的寿桃。烛面印有金色"寿"字或"福如东海"、"寿比南山"等吉语，祝寿时置于寿堂香案烛台之上，寿礼开始时点燃，既有祝贺之意，又增欢庆气氛。

7. 寿联布挂

在寿堂和寿幛的两边，要挂上或贴上专门为祝寿而准备的寿联。寿联可以由寿星自己编写，也可以由寿星家中自主准备，但大多是亲友送的。

8. 陈设寿礼

在饭店、酒楼，寿堂之下便是宴席。在农村，寿堂的两边主要是摆放客人坐的椅子，有的在一边或一角放一张较大的桌子，专门陈列客人送来的寿礼。

我们在这里介绍的是较"豪华"的寿堂设置，当然平常人家都是比较简单的。我们提倡寿堂布置应以简单为好，挂上个大"寿"字，贴几副对联，摆一样祝寿吉祥物就可以了。

(三) 典礼程序

城市与农村的寿典程序有别。城市中较简单的祝寿仪式是由主持人讲话，或单位负责人讲话。农村流行的仍是传统式寿礼，我们分别加以介绍。

1. 城市寿典程序

城市如在饭店、酒楼设宴庆寿，仪式讲究的会聘请专业主持人主持，乐队演奏，至少也会请一位有主持仪式能力的人主持，并请好司仪。入口处有一至两位寿星的子孙辈迎接客人，也有寿星的家属在门口接受礼品的。完整的仪式程序如下。

（1）宣布某人多少岁寿庆仪式开始。

（2）请寿星就位。一般是由儿孙辈中的最小者或儿孙辈中最受寿星钟爱者在旁边搀扶着,坐于寿堂中礼案之前的椅子上。

（3）奏乐,同唱《生日快乐》歌。

（4）寿星的子孙们给寿星献花,行鞠躬礼。

（5）如果来宾中有比较重要的人物而大家又不太熟悉的话,由司仪向大家进行介绍。如果到场的来宾送来的贺词、贺信、寿联、寿诗等比较多,可以选择其中有代表性者由司仪当场宣读。

（6）主持人简要介绍寿星的经历以及对社会、家庭的贡献,表示对来宾的感谢。

（7）向寿星献祝寿辞,顺序一般为：先是寿星晚辈,后是有关亲戚,最后是无亲戚关系的朋友、同事等。祝寿辞都不长,为了慎重,一般都事先写好。有的地方在祝寿时,晚辈要行三鞠躬礼,其余的可以灵活掌握,可以是一鞠躬。

（8）寿星的晚辈代表答谢讲话。旧时在这种场合,寿星本人不作正式的答谢,这种做法叫做"避寿",表示自己不愿意有劳大家前来为自己祝寿,以示谦虚。今天也有的寿星致答词,谈些平生感受,并向大家表示谢意。

（9）歌手唱歌,或推荐来宾演唱,至席散。这种方式既传统又现代,比较简便、文明。

有的寿典还安排别的仪式,如寿星点蜡烛、吹蜡烛等。

2. 农村寿典程序

（1）寿典仪式一般在家中厅堂举行,多由一位司仪来主持仪式。这位司仪一般是由寿星的兄弟或长子担任,但也可请寿星晚辈中具有担任司仪能力的人担任。

（2）有的村则由老年协会出面,多致祝寿辞,赞扬其在有生之年取得的成绩和作出的贡献。

（3）点寿烛,置拜垫。仍有人先由儿孙祭祀神灵和祖先。

（4）行"拜寿"仪式,即寿星接受儿孙小辈叩拜。拜寿时,寿星坐上方,亲朋好友位列两旁。

（5）如来客向寿星拜寿,则寿星的子孙行答拜礼。

（6）有的主家做寿会演戏或放电影、唱词,以表祝贺。

（四）寿宴

寿宴是传统式祝寿的重要一环,一般是祝寿仪典结束即请吃寿宴。就宴会本身来讲,寿宴与一般的宴请没有更多的区别,但是有几项内容是必不可少的。

1. 宴席席位

现在城市不讲究席位排列的精细,寿星是主要当事人,是大家祝寿的对象,自然应该上座。座次是以靠近寿星接受拜寿的方位为重要席位,安排寿星的直属亲戚和贵宾坐在这主席位上,其余的则任由坐席。农村则仍讲究席位排列,一般是按长幼尊卑排定席位。

2. 吃长寿面

寿日吃面,表示延年益寿。吃长寿面是我国千百年来祝寿的传统。面条在我国食品中为绵长,俗称长寿面。有的地方寿面是午餐、晚餐都吃,有的地方则是午餐吃。

3. 祝寿工艺菜

懂得寿庆文化的厨师,至少要安排一道有吉祥寓意的工艺菜,如"松鹤延年"之类。有的则在菜数、菜种、菜名等方面讲究。

4. 菜数重"九",即菜的总数要取九或九的倍数

因为"九"在个位数中是最大的数,是阳之极数;再者"九"谐音"久",有"天长地久"的寓意,是个吉数,借以比喻老人高寿,祝愿老人高寿。故上菜的总数要取九或是九的倍数。寿筵上的不少菜名均暗切三、六、九,如三鲜(仙)兽头、挂炉(六)烤鸭、韭(九)黄鸡丝、罗汉(十八)大会、重阳(九九)寿糕等等。"三"和"九"相关,三加六得九,三乘六得十八,而十八又是九的倍数。菜名多用民间故事或神话传说来命名,借以烘托喜气氛围,如双龙抱柱、瑶池赴会、麻姑献寿、八仙过海、鹿鹤同春、寿星罗汉等。

相关链接

当代城市的祝寿礼物

1. 送食物:寿桃、寿面、寿酒、寿糕、馒头、肉、蛋、鱼、酒、苹果、石榴、桃等传统的老人过寿礼品。

2. 送生活用品:衣服、鞋帽、手杖、软垫靠背椅、老花镜、放大镜等。

3. 送礼品:写有祝寿字句的寿幛、寿联、寿屏和寿匾。送保健药品、保健食品、营养品。也有朋友送戏、送电影庆贺的。

4. 送花:如菊花、松树、铁树、万年青、寿星草、长寿花、鹤望兰等。

5. 送钱(送礼金、送现金):农村、生活条件差的地方还比较适合,生活水平较高的地方显得品位较低。

案例:

宝幢社区为10名80岁老人集体过生日

"祝你生日快乐,祝你生日快乐……"3月27日,宝幢社区十位80周岁的老人在石溪乡的叶山农家小院度过了一个特殊的生日。伴随着温情的《生日快乐》歌,寿星们在社区工作人员的祝福声中,吹灭了生日蜡烛,举杯共庆生日。这是宝幢社区第一次为年满80周岁的老人集体过生日。

"我和老伴同岁,从没正经地庆祝过生日,在这样的生日派对中作为主角还真是头一次呢。那么多社区同龄人一起过生日好热闹,感谢社区工作人员。"该社区的80岁老人周岳皋说。

其实在头一天晚上,得知要集体过生日的消息后,周岳皋夫妇就很是兴奋。睡前,他俩把儿女给他们买的新衣服从衣柜里拿了出来,穿起来互相给对方看了一遍,才安心躺下睡觉。从年轻开始,周岳皋就一直在忙碌的生活当中度过,对节日什么的也不讲究。近两年虽然空闲下来了,可老伴的身体状况不佳,一直没能和老伴庆祝节日。平日里,他就和老伴一起看看报纸,逛逛公园,生活比较平淡。这次活动对他和老伴而言尤为特别,他说感受到更多的是一种温情。

相比较,张留仙老人"幸福"多了。每年,在青田的儿女都会请张留仙的朋友们到酒店或是家里举行生日派对;在国外的儿女也不忘打电话回来道贺并寄回礼物。但对于张留仙来说,最幸福的莫过于和同龄人一起过生日,热闹且轻松,没有了往日与孙子、儿女的代沟。

"虽然今年80岁了,但我们还想象着自己90岁、100岁时候的样子。"言语间,张留仙显得特别开朗乐观,"低调点说,就是我们老人家要开开心心过好每一天;高调点说,就是下定

决心活到一百岁,继续与同龄人一起过百岁生日!"

这场生日宴融入了宝幢社区工作人员的关爱,似乎味道也更加鲜美。看着老寿星们一个个神采奕奕、其乐融融,一些较为年轻的工作人员开始将生日会上的一些剩余瓜果打包,"这是一场长寿宴啊,这里的物品都沾上了寿星们的喜气,当然要带点回去。"

记者了解到,此次活动的组织者是金宪法,他是宝幢社区老年人协会的会长,今年73岁。"7年,还有7年就轮到我了。"金宪法掐着指头算了起来,昨日,他也沉浸在欢乐当中,与寿星们一起憧憬未来的日子。金宪法说,宝幢社区一直提倡尊老爱幼,念着老人们都辛苦了大半辈子,就想着为他们做点什么,因此,金宪法就提议为80岁老人集体过生日。

"我们要把这种活动当做社区传统节日,并一直延续下去。"金宪法说,他觉得真正重要的不是生日的日期,而是社区里的这种氛围。

(2012-03-28　来源:《青田侨报》)

▼ **思考题**

1. 老年人为什么喜欢有人为自己操办生日?
2. 为老年人过集体生日的意义是什么?
3. 分析:在这次集体生日中,社区工作人员做了哪些工作,起到了什么样的作用。

参考书目及相关文献

[1] 罗国杰,马博宣,余进.伦理学教程[M].北京:中国人民大学出版社,1997.
[2] 许启贤.中国民政职业道德概论[M].北京:中国矿业大学出版社,1991.
[3] 阎绍武,等.职业伦理学[M].北京:航空工业出版社,1993.
[4] 金正昆.服务礼仪教程[M].北京:中国人民大学出版社,2009.
[5] 金正昆.社交礼仪教程[M].北京:中国人民大学出版社,2009.
[6] 陆凤,罗杰,刘润兵.浅谈老年人的心理护理[J].中外医疗,2009.
[7] 李强.应用社会学[M].北京:中国人民大学出版社,2009.
[8] 朱凤莲,王红.老人护理员上岗手册[M].北京:中国时代经济出版社,2011.